법학총서

법 학 입 문

[제5판]

이 상 돈

法 文 社

머 리 말

이 책의 효시는 1997년 봄 삼성 SDS에서 운영했던 사이버 대학의 『법과 현대생활』 강좌이다. 벌써 20년 전의 일이다. 그 강의안들을 모으고 다듬어 그 해 가을 『법학입문』이라는 이름의 책을 펴냈다. 그 책은 출간 후 12년간 15쇄를 할 만큼 많은 독자들의 사랑을 받았다. 이후 로스쿨체제가 도입되면서 이 책은 로스쿨을 준비하는 학생들에게 편의를 제공하기 위해 53개의 사례문제(Q&A)을 첨가하고 『로스쿨을 위한 법학입문』이란 이름으로 거듭났었다. 하지만 이전의 법학입문보다 오히려 독자들에게 가까이 다가가지 못한 것 같다. 무려 8년의 시간이 흐른 이제 법학입문은 다시 본래의 법학입문으로 되돌아가려고 한다.

그 이유는 첫째, 그 동안 법학입문을 강의 교재로 사용해 본 경험에서 볼 때, 법학입문은 좀 더 단순한 법학입문서가 더 적합하다는 생각을 갖게 되었다. 그래서 기존의 『로스쿨을 위한 법학입문』에서 다소 학문적인 성격이 강한 「법의 발전」과 「법의 미래」 장을 제거하였고, Q&A도 일부는 참고적인 성격의 삽입글로 전환하고, 일부는 삭제하였다. 그리고 2009년 이후의 바뀐 법률상태를 반영하였다.

이 책이 다시금 작은 법학입문서가 되고자 하는 또 다른 이유는 나의 다른 책 『기초법학』과의 역할분담 때문이기도 하다. 법학입문이 법학공부에 들어가려는 사람들에게 초점이 맞춰져 있다면, 『기초법학』은 법학을 이미 공부한 사람으로서 법의 근본에 대한 심도 깊은 이해를 갈망하는 사람들에게 초점이 맞춰져 있다. 물론 두 책은 다루는 내용이 일정 부분 중첩된다. 하지만 『기초법학』은 같은 주제라도 훨씬 심도 깊게 다루며, 법학입문에서 다루기에 적절하지 않은 많은 전문적이면도 근본적인 법의 문제들, 예컨대 법의 역사성, 시민운동과 법, 법의 전문화와 세계화, 여성주의와 법, 법과 문학, 법정신분석학, 법과 춤, 법과 예술 등을 학제적 연구의 방법으로 깊이 있게 다룬다는 점에서 법학입문과 차별화된다.

물론 법학을 처음 공부하는 사람도 『기초법학』을 이해 가능한 범위에서 — 특히 학제적 연구의 방법이 많이 사용되는 부분일수록 더욱 더 — 읽어 보는 것은 매우 바람직하고, 법학을 오랫동안 공부하고 실무를 해온 사람도 『법학입문』을 다시금 읽어보는 것은 기본기에 충실한 법률가가 되는 데 적지 않은 도움을 줄 수 있을 것이다.

끝으로 이 책을 펴낸 법문사 사람들께 깊은 감사의 마음을 전하고 싶다. 이 책의 교정을 담당한 고려대학교 대학원 박사과정 최샘 양의 노고에도 고마움을 전한다.

2017. 7.

장마 속에서

이 상 돈

주요목차

세부목차

제1부 법의 임무

[1] 법과 정의

[2] 국가의 기본원리: 민주적 법치국가

제2부 법의 기초

[3] 계약과 법

[5] 범죄와 형벌의 법

[6] 소송법의 기초와 원리

제3부 법의 적용

[7] 법률의 해석방법과 적용

제4부 법의 내용

[8] 법과 도덕

[9] 법과 정치

[10] 법과 경제

제1부

법의 임무

1

법과 정의

Ⅰ. 현대사회에서 법의 모습

착한 사람을 두고 흔히 '법 없이도 살 사람'이라고 말한다. 이때의 법은 착함, 선함(善) 또는 덕망 등과 대항적인 의미로 이해된다. 한국의 전통사회에서 사람들이 법에 거는 기대는 매우 작은 것이었다. 이러한 법의식은 법 이외의 다른 규범(예: 윤리규범, 관습)이 사회질서를 형성했던 전통사회에서 전승된 것이다. 하지만 오늘날에도 이런 법의식은 작은 단위의 비공식적인 생활세계(예: 친구관계, 가족관계)에서는 여전히 남아 있다.

1. 법제화

현대사회에서 법 없이도 살 사람은 없다. 세계관이나 가치관이 다원화되고, 이해관계의 대립도 매우 첨예화되어 있는 현대사회에서 전통사회의 사회규범들은 더 이상 이해관계를 조정하고, 분쟁을 해결하고 사람들에게 행동준칙을 제공하는 힘을 발휘할 수 없기 때문이다. 법은 그런 규범들을 대신한다. 게다가 오늘날 사람들은 법의 힘을 빌어 자신의 '이익'을 실현하고 권리를 세우며, '윤리적 주장'과 '정책적 목표'를 달성하려고 한다. 이런 경향은 공적인 생활에서 뿐만 아니라 사생활영역에까지 확산되고 있다. 이러한 현상을 법제화(Verrechtlichung)라고 부른다.

■ 법제화의 의미 ① 법제화란 인간의 삶이 법규범에 의해 규율되는 것을 말한다. 이에는 법의 확장과 법의 치밀화가 속한다. ② 법의 확장(Ausdehnung des Rechts)은 '이제까지는 비공식적으로 규율되던 현실영역을 법으로 새롭게 규율하는 것'을 가리킨다. 예컨대 가정 내의 폭력은 대부분 법이 관여하지 않는 사적 문제로 방치되었지만, 1998년부터는 「가정폭력범죄의 처벌 등에 관한 특례법」이 이를 규율하고 있다. ③ 법제화는 '대강의 법규에 의해 규율되던 것을 좀 더 개별적인 법규로 특수하게 규율하는 것', 즉 '법의 치밀화'(Verdichtung des Rechts)를 포함한다.[1] 이에는 동일한 법률이 계속 규율내용을 증가시켜가는 경우, 판례를 통해 동일한 법률(텍스트)이 새로운 현실영역으로 규율을 확장하는 경우(예: 피인수회사의 자산을 담보로 은행에서 대출을 받아 그 회사를 인수하는 차입매수(LBO) 방식의 M&A에 대한 업무상 배임죄의 적용), 각종 법률에 대하여 시행령(대통령령)이나 시행규칙(부령)이 법률이 정한 사항을 자세하게 정하는 경우가 속한다. ④ 현대사회에서 법제화는 불가피한 현상이지만 과도한 법제화는 다양한 역기능(예: 트릴레마 현상)을 발생시키므로 규율을 최소화하고, 사회(또는 시장)의 자율적인 규율기제(예: 협상, 조정, 중재)를 확대하는 것이 필요하다.

현대사회에서 법에 대한 사람들의 수요는 언제나 커져만 간다. 이 수요는 세계관과 가치관의 다원화가 진행될수록 그만큼 더 높

---

1) 자세하게는 R. Voigt, "Verrechtlichung in Staat und Gesellschaft", in: ders. (Hrsg.), Verrechtlichung(Ffm. 1980), 16쪽 참조.

아진다.

2. 법의 도구화

법에 대한 높은 수요는 집단과 계층의 구분도 없다. 가령 사회적 강자들은 ① 자신들의 '이익'을 관철하거나 ② 자신들의 '윤리적 관점'을 보편화하기 위한 수단으로 법을 사용한다. 정부도 ③ 다양한 '정책'을 현실에 실행하는 방편으로 주로 법을 사용한다.

> 예를 들어 ⓐ 「의료사고 피해구제 및 의료분쟁 조정 등에 관한 법률」은 의료인의 안정적인 진료환경 조성이라는 이익을 대변해주고, ⓑ 「성매매알선 등 행위의 처벌에 관한 법률」은 매춘을 윤리적으로 죄악시하는 성윤리를 보편화하고 여성주의적 정책목표(남성의 이중적 성모럴의 제거)를 실현하며, ⓒ 「독점규제 및 공정거래에 관한 법률」은 특정 기업의 시장독점을 방지하는 정부의 정책을 실행한다. 이때 법은 정책을 현실에 옮기는 수단(implementation of policy)이 된다.

다른 한편으로 법은 사회적 약자들에게도 무기가 된다. 특히 법은 사회적 약자들이 자신들의 지위를 향상시키는 운동을 조직화할 때에 구심점이 된다. 오늘날 사회적 약자는 계층, 지역, 직업을 불문하고 도처에 퍼져 있다.

> 예를 들면 ⓐ 소비자들이 시장을 지배하고 있는 거대기업이나 생산자의 횡포에 맞서는 운동을 조직화하는 것도 법(예: 「소비자기본법」, 「약관의 규제에 관한 법률」, 「증권관련 집단소송법」 등)이고, ⓑ 여성들이 남성들의 가정폭력이나 성폭력으로부터 벗어나기 위해 주장하는 것도 법(예: 「가정폭력방지 및 피해자보호 등에 관한 법률」)과 「성폭력범죄의 처벌 및 피해자보호 등에 관한 법률」)이며, ⓒ 노동자가 사용자에 대해 자신의 이익을 관철하기 위한 운동을 조직화하는 것도

법(예: 「노동조합 및 노동관계조정법」)이다.

이처럼 현대사회에서 법은 누구나 자신의 이익이나, 윤리적 관점 또는 정책적 목표를 관철하려고 할 때 원용하는 근거가 된다. 그래서 현대사회에서는 법의 홍수사태(Flut der Gesetze)가 나기 마련이다. 현대사회는 "법규범에 대한 채워지지 않는 굶주림"[2]을 보인다.

■ 법의식과 법무의식의 이원성 현대사회에서 법은 모든 삶의 영역에서 분쟁을 해결하고, 질서를 형성하며, 권리를 체계화하는 것이라는 인식(=법의식)은 보편적이다. 하지만 법률문제가 발생했을 때 소송을 통해 처리하는 것을 (매우) 바람직하지 않다고 보는 편이 여전히 상당하며, 법이 권위적이라거나 불공평하다는 느낌도 강하게 남아 있다.[3] 이는 전통사회의 법의식과 연장선상에 있는 것이면서 일본의 식민지 지배체제에서 법이 억압적 통치의 수단으로 작동한 역사 속에서 형성된 한국인의 법에 관한 집단적인 무의식, 즉 법무의식(the unconscious of law)이 남아 있기 때문이다. 이처럼 법의 필요성과 합리성을 인정하는 법의식과 법의 억압적 통치기능에 대한 법무의식 사이의 분열은 법을 원하면서 동시에 배척하는 법에 대한 이중적 태도를 낳는다.

Ⅱ. 국가법과 시민법

우리사회에서 법의식과 법무의식, 즉 법을 긍정하는 법의식과 법을 부정하는 법무의식은 국가법과 시민법의 간극을 보여준다.[4]

---

2) Horn, *Einführung in die Rechtswissenschaft und Rechtsphilosophie*(Müller 2006), 1쪽.

3) 이세정·이상윤, *국민법의식조사*(한국법제연구원, 2008), 102쪽 아래, 147쪽 아래 참조.

4) 국가법과 시민법의 구분을 처음으로 한 문헌은 이상돈, *헌법재판과 형법정책*(고려대출판부, 2005) 참조.

1. 국가의 강제규범

흔히 법이라고 하면 국가의 법을 생각한다. 법과 국가는 마치 동의어인 것처럼 인식되기도 한다.

(1) 국가법의 개념

그렇기에 법은 흔히 '인간의 공동생활을 규율하고 인간들 사이의 갈등을 해결하는, 국가에 의해서 보장된 일반적인 규범의 총체'라고 정의된다. 법과 국가의 역할은 분리되지 않는다. 이런 전통은 계몽의 정치철학(사회계약론)에서 비롯된다. 시민들 사이의 수평적 사회계약의 내용이 법이라면, 그것을 지키는 국가를 창설하는 것은 수직적 사회계약의 내용이 된다. 어쨌든 이런 일반적인 법의 개념 정의만으로도 법규범은 사회규범과는 달리 국가라는 조직화된 권력에 의하여 (강제적으로) 관철된다는 본질적인 차이점이 드러난다.

> 예를 들어 ⓐ 빌린 돈을 반환하지 않는 채무자에 대하여 채권자는 법원에 반환청구소송을 제기할 수 있고, 법원은 채무이행판결을 내리고, 필요한 경우 집행관이 그 판결을 집행한다. ⓑ 또한 중앙선을 침범하여 사람을 다치게 한 자는 그의 범죄로 인해 처벌을 받음으로써 다시는 중앙선을 침범하는 운행을 하지 않도록 강제된다.

이런 법의 개념은 정의(正義)의 실현이라는 법의 고유한 기능을 포착하지 못한다. 왜냐하면 이런 법의 개념은 정치적으로 독재체제에 의해 제정된 실정법(예: 1936년 나치체제하에서 제정된 실정법)에도 해당될 수 있기 때문이다. 그렇기 때문에 라드부르흐(Radbruch)는 '법률적 불법과 초(超)법률적인 법'(Gesetzliches Unrecht und übergesetzliches Recht)[5]을 구분한 바 있다.

---

5) G. Radbruch, *Gesetzliches Unrecht und übergesetzliches Recht*(Berliner

■ 라드부르흐의 공식과 5·18 특별법과 초법률적 법　① 라드부르흐 공식이란 법률의 옷을 입고 있는 불법도 있고, 법률에 없는 법도 있다는 명제이다. ② 가령 1980년 광주항쟁을 진압한 범죄행위를 소급입법에 의해 공소시효를 연장하여 처벌하게 한 「5·18민주화운동 등에 관한 특별법」은 '초법률적 법'으로 이해할 수 있다. 초법률적 법은 자연법을 가리킨다. 이런 자연법은 "사안에 따른 평등 취급의 정의"[6]를 해친다는 점에서 실정법의 정당성기초를 위축시키고, 또한 실정법을 정치의 도구로 기능하게 만들 위험이 있다는 점에서 실정 "법의 도덕적 카테고리를 파괴"[7]한다.

이렇듯 국가법은 법률적인 불법일 수 있는데, 국가권력이 그 불법을 강제로 관철하는 경우에 개인은 그의 자유로운 실존이 법에 의해 억압되는 체험을 하게 된다. 그런 체험이 역사적으로 축적되면 법을 부정하는 집단무의식(법무의식)이 생성될 수 있다.

(2) 국가법의 정의구조

현대국가는 민주적 법치국가로 발전해왔다. 실정법이 최대한 초법률적인 '법'과 일치될 수 있게 하는 기제는 민주적 의사형성과 의견수렴의 과정을 통해 실정법을 제정하는 것이다.

㈎ 절차적 정의와 실체적인 정의　오늘날 국가법이 정의로운 실정법이 된다는 것은 민주적 정당성(democratic legitimacy)이 있는 법이 됨을 의미한다. 의회제도, 선거제도 등은 실정법이 민주적 정당성을 얻을 수 있게 하는 인프라이다. 물론 법형성의 민주성은 현실에서는 그것을 실현하는 제도의 불완전성 때문에 언제나 완전하긴 어렵다.

Wissenschaftsverlag, 1946) 참조.

6) 홍영기, "소급효금지원칙의 확립 근거와 구체적 적용", 안암법학 제22권(2006), 103쪽.

7) 이상돈, *형법학: 형법이론과 형법정책*(법문사, 1999), 221쪽.

국가법의 정의는 이런 절차적인 정당성을 넘어 실체적인 정의의 차원을 갖고 있다. 즉, 국가는 사회질서의 토대를 이루는 도덕을 유지하고, 그 구성원들을 정치적으로 통합시키며, 국민이 잘 먹고 살 수 있도록 다양한 재화의 생산과 분배에서 효율을 달성할 수 있어야 한다. 요약하면, 국가법은 도덕적 정당성, 정치적 통합 그리고 경제적 효율성을 충족할 때 가장 정의로운 규범이 될 수 있다.

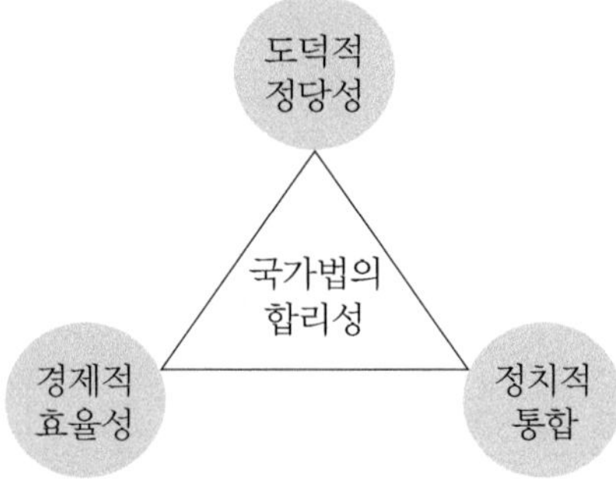

(나) 국가법의 합리성　그러나 현실의 실정법이 이 세 가지 요소를 모두 균등하게 충족하기는 매우 어렵다. 가령 자본시장통합법은 증권시장에서 (배분적 정의를 좇는) 누진제의 소득세를 부과하지 않고 증권시장의 성장을 좇음으로써 경제적 효율성에 중점을 두고 있는 반면, 국민건강보험법은 모든 국민이 의료재화를 형평 있게 향유하게 하는 사회보장적 기획[8]을 좇음으로써 정치사회적 통합을 달성하는 데 중점을 둔다. 이와 같은 중점의 차이는 법의 정치적 이념의 차이(예: 증권시장은 자유주의, 의료시장은 사회주의)에서 비롯되는 것이라기보다는 현대사회의 특징인 법체계의 기능적 분화와 법의 전문화에서 비롯된다고 보아야 한다. 그렇기에 국가법이 이 세 요소를 차등적으로 충족시키는 것 자체를 막을 수는 없다. 그런 차등적 충족은 국가의 목적(임무)을 실현하는 데 불가피한 것일 때에는 합리적인 차등이 된다. 이런 점에서 도덕

8) 이에 관해 자세히는 이상돈, *의료체계와 법*, 고려대출판부, 2000 참조.

적 정당성, 경제적 효율성, 정치적 통합(가능성)은 국가법이 정의로운 것이 되기 위해 항상 동시에 충족되어야 하는 실체적 내용이라기보다는 국가법의 (사회적) 합리성(rationality)을 구성하는 요소라는 성격을 더 많이 갖게 된다.

2. 시민사회의 정당한 질서

라드부르흐가 말하는 법률적 불'법'에서 '법'은 곧 초법률적인 '법', 다시 말해 실정법 위의 자연법(Naturrecht)을 가리키는 것이었다. 자연법의 확실성이 사라진 현대사회에서 자연법은 이론적으로 더 이상 지탱되기 어렵다. 하지만 그 실천적 유용성은 자연법의 의미를 시민법으로 재해석함으로써 계승할 필요가 있다.

(1) 국가법의 배후로서 시민법

실정법 위의 자연법을 실정법 배후의 또는 실정법 옆의 시민법(civic law)으로 재하석하는 것이다. 시민법이란 시민들이 그들의 삶의 세계에서 타당성을 인정하는 법규범의 총체를 의미하는 가설적 개념이다. 시민법은 국가법(예: 형법전)처럼 고정된 양의 법규범이거나 명확한 텍스트를 갖고 있는 법규범이 아니다. 그것은 시민들이 살아가는 세계(생활세계 life world)에서 일상적으로 공감되는 정의의 규범들로서 생활세계의 정당한 질서를 구성하는 요소들을 말한다. 그런 규범들은 더 많은 사람들이 그 타당성을 인정할 수 있는 방향으로 끊임없이 변해간다.

물론 시민법은 법형성기제(예: 의회, 선거)가 민주적 법치국가의 이상을 실현하는 경우일수록 국가법에 수용되기 쉽다. 그럴 경우 시민들의 (실정)법에 대한 의식(법의식)은 긍정적인 것이 된다. 국가법은 이처럼 자신의 배후에, 또는 그 옆에 있는 시민법을 후원자로 둘 때 본래의 기능을 수행할 수 있다.

> ■ 법의 네 가지 기능 국가법과 시민법이 일치할수록, 법과 정의가 함께 할수록 법은 다음의 네 가지 기능을 수행한다. ⓐ 즉 법이 정의를 실현할 때, 사람들은 법규범의 타당성을 승인하고 또한 준수한다. 이처럼 사람들이 법규범을 일반적으로 준수한다는 것은 법규범에 따라 사람들이 자신의 행동방향을 정돈한다는 것을 말한다(행위방향 설정기능). ⓑ 사람들이 어떤 상황에서 취하여야 할 행동의 바른 방향에 대하여 같은 판단을 한다는 것은 사람들이 동질적인 의미구조, 즉 하나의 (사회)질서 속에 편입된다는 것을 뜻한다(사회적 통합기능). ⓒ 또한 하나의 질서에 편입된 사람들 사이에는 평화가 실현된다(평화질서 보장기능). ⓓ 그 밖에 법이 정의를 실현한다는 것은 시민들이 서로 공평하게 자유이익을 누리게 됨을 뜻한다(자유보장기능).

하지만 국가법과 시민법은 결코 완전히 서로 포개질 수가 없다. 이는 국가법의 타당성을 시민들이 인정하지 않을수록, 좀 더 정의로운 내용의 법이 되라는 시민들의 요구, 특히 '조직화' 형태의 요구인 (국가법에 대한 복종을 거부하는) 시민불복종(civil disobedience)이나 (새로운 입법을 추진하는) 인권운동의 현상에서 알 수 있다. 시민운동의 형태로 전개되는 법개혁의 운동들은 시민법을 국가법으로 실현하려는 개혁의 한 과정일 뿐이다.

(2) 시민법의 정의구조

각자 삶의 세계에서 살아가는 대다수의 시민들이 바라보는 법의 타당성은 세 가지 요소에 의해 구조화할 수 있다. 즉, 법은 이성적으로 옳고(right), 윤리적으로 좋으며(good) 그리고 심미적으로 아름다운(beautiful) 것일 때 정의로운 것이다.

가령 기부금을 소득세에서 공제해주는 법은 부담(기부금출연)과 이익(세금혜택)을 맞대응시킨다는 점에서 — 권리와 의무의 형평분배를 실현한다는 점에서 — 이성적으로 옳고, 사회적 약자를 위한 기금을 형성시킨다는 점에서 윤리적으로 좋은(바람직한, 선한) 일이며, 아울러 아름다운 일이기 때문에 정의로운 것이다.

국가법은 이런 정의의 구조적 요소를 모두 충족할 때 비로소 정당한 시민법이 된다. 이런 정당성을 생활세계적 정당성(legitimacy of life world)이라고 부를 수 있다. 현실의 국가법은 이런 세 가지 구조적 요소(옳음, 좋음, 아름다움)를 모두 충족하기는 매우 어렵다.

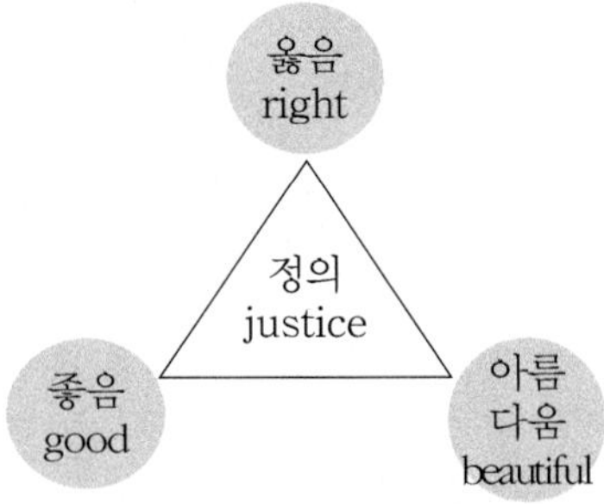

가령 연쇄살인범의 사형은 응보사상에서 보면 옳은 것이고, 또 다른 살해를 완전하게 막음으로써 다수의 생존을 확보한다는 점에서는 윤리적으로도 좋은 일일 수 있지만, 문명화된 사회에서 사형은 결코 아름다운 일이 아니다.

이처럼 국가법과 이상적인 시민법 사이의 차이를 어떻게 메워나아갈 것인가는 국가법의 정당성 마련을 위한 중요한 과제가 된다.

Ⅲ. 법의 임무로서 정의의 실현

어떤 규범이 시민들로부터 정당한 규범으로 승인받고(시민법의 생활세계적 정당성), 민주적 입법절차를 통해 국가법으로 실정화될 가능성(국가법의 민주적 정당성)은 — 국가법과 시민법이 포개질 수 있는 가능성은 — 어디에 있는가? 그것은 법에 의해 정의가 실현된다는 점에 있다. 비록 국가법과 시민법이 그 정의의 구조에서 차이가 있다 하더라도, 정의는 국가법과 시민법이 서로 교차하고 만나는 결절점과 같다.

1. 법적 정의의 불확실성

그럼 정의란 내용적으로 무엇일까? 법에서 정의는 흔히 법의 이념(Rechtsidee)으로 이해되곤 했다.

(1) 법의 이념으로서 정의

법의 이념은 전통적으로 평등(예: 좁은 의미의 정의), 합(合)목적성(예: 사회정의나 공공복리), 법적 안정성(예: 법적 평화)이라고 말한다. 여기서 평등은 정의의 형식(Form)이고, 합목적성은 정의의 내용(Inhalt)이며, 법적 안정성은 정의의 기능(Funktion)이라고 이해되는데, 정의란 이들 세 이념이 동시적으로 충족되는 상태를 말한다.[9]

(2) 법적 정의의 모호성

그러나 이러한 정의개념의 유형적·체계적 분류가 정의에 관한 명확하고, 통일적이며, 구체적인 기준을 마련해주는 것은 아니다. 무엇보다 세 가지 이념들은 서로 충돌하고, 그 조정의 평형점을 찾기가 쉽지 않기 때문이다.

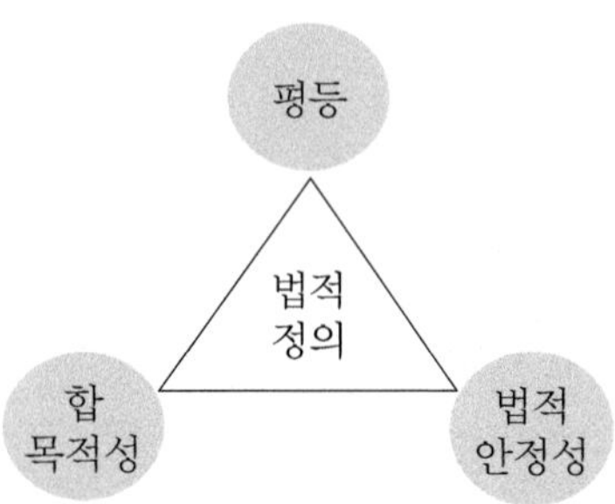

9) Arthur Kaufmann, *Grundprobleme der Rechtsphilosophie*(C. H. Beck, 1994), 139쪽 아래 참조.

첫째, 평등은 합목적적이 아니라 맹목적이기 쉽다. 예컨대 월급여액이 600만원인 회사원과 300만원인 회사원이 25%의 동일세율로 소득세 부담을 진다면, 이런 평등은 부의 형평배분과 그를 통한 사회적 총효용의 극대화라는 목적을 이루기 어렵다.

둘째, 합목적성은 법적 안정성보다는 역동적 변화를 필요로 한다. 예컨대 환경보호의 목적을 위해서는 관계당국이 일정한 공장이나 축산시설에서 배출하는 폐수의 허용치를 정하고, 그 의무를 위반하면 제재를 할 필요가 있다. 그러나 시민들은 그런 법적 의무에 대해 빠짐없이 정보화되기 어렵고, 따라서 예측할 수 없는 제재를 받게 될 법적 불안정성에 처하게 된다.

셋째, 합목적성은 불평등을 가져올 수 있다. 가령 상장주식의 양도차익에 대해 주권상장법인의 대주주만 소득세[10]를 부담한다면, 그것이 소득규모를 고려한 형평과세의 목적을 실현하기 위한 것이지만 대주주와 기타 주주 사이에 극심한 불평등을 가져온다.

이처럼 평등, 합목적성, 법적 안정성의 동시적 실현은 불가능하거나 매우 어려운 것임을 알 수 있다.

2. 정의기준의 불확정성

그러므로 법은 평등, 합목적성, 법적 안정성을 모두 실현하되, 서로 다른 비중으로 실현할 수밖에 없다. 그러나 어느 정도 비중의 차이를 두어야 하는지도 확정할 수가 없다. 이는 현대사회의 특징들, 특히 정의의 기준이 불확실하고(아래 (1)) 법적 정의와 사회적 합리성 사이에 구조적 괴리가 상존한다(아래 (2))는 점 때문이다.

---

10) 이런 법적 규제는 소득세법 제94조 제1항 3.가.1)에 근거하며, 이 조항의 위반(상장주식양도세포탈죄)에 대한 형사처벌의 위헌성에 관해 자세히는 이상돈, *조세형법론*(세창출판사, 2009), 181쪽 참조.

(1) 정의기준의 불확실성

정의기준이 불확실한 이유는 현대사회의 두 가지 특징 때문이다.

㈎ 정의판단기준의 세분화 첫째, 과학과 기술에 의해 현실이 관리되는 현대사회에서는 과학과 기술의 성장에 비례하여 정의에 관한 판단기준이 점점 더 세분화된다는 점이다. 예를 들어 누진소득세율을 결정하는 기준은 직업종류의 급격한 증가나 국민재화의 생산에 대한 각 직업군의 기여도 등에 따라 이전 사회보다는 더 세분화될 수 있다. 폐수방출행위에 대한 형사처벌의 기준은 하천의 자연적 정화능력이나 다른 오염원인들의 오염기여도, 오염원인들 간의 상호작용형태(예: 중화가능성) 등 이루 헤아릴 수 없는 요소들에 의해 거의 무한대로 세분화될 수 있다. 이처럼 현대사회에서 정의의 판단기준은 과학과 기술의 성장과 함께 점점 더 세분화될 수밖에 없다.

㈏ 정의판단기준의 다원화 둘째, 판단기준의 결정요소들을 선별하는 관점이 점점 더 다원화되어 간다는 점이다. 예컨대 현재의 시장구조가 자유직업종사자(예: 변호사, 연예인 등)에게 그들이 수행하는 노동의 실질적 가치보다 부당하게 훨씬 더 많은 부를 가져다주고 있다는 비판적인 관점에 서느냐 여부에 따라 자유직업종사자에게 봉급생활자보다 더 높은 소득세율을 적용할 것인지 여부를 결정할 수 있게 된다. 다양한 환경위태화행위에 대한 형사처벌의 기준도 각 행위에 대해 사람들이 어떤 환경의식을 갖고, 얼마만큼의 관용을 가지느냐에 따라 각기 다르게 설정될 수 있다.

이처럼 정의판단관점의 다원화는 문화적으로는 '세계관과 가치관의 다원화'에서 비롯되지만 과학적으로는 각각의 가치관을 뒷받침할 수 있는 '이론과 지식의 다원적 성장'(과학에서 다원주의)에 의해 뒷받침되고 있다.

■ 동성애의 혼인권 ① 동성애는 오랜 역사 동안 많은 사회에서 범죄로 규정되고 형사처벌의 대상이었다. 그러나 문화가 다원화된 현대사회에서는 인권의 차원에서 규율되고 있다. 예컨대 동성애를 이유로 고용에서의 차별을 받거나, AIDS 강제검사의 대상집단이 되는 바와 같은 인권침해를 받지 않는다. 최근 동성애는 인권의 차원을 넘어 (심지어 헌법상) 혼인권을 인정하는 바와 같은 전면적인 합법화의 단계에서 논의되고 있다. ② 동성혼의 전면적인 합법화는 현행 헌법 제36조 제1항("혼인과 가족생활은 개인의 존엄과 양성의 평등을 기초로 성립되고 유지되어야 하며, 국가는 이를 보장한다")에 정면으로 위배된다. 즉 동성혼의 합법화는 개헌을 필요로 한다. 그러나 제36조 제1항을 고치는 것은 양성을 기초로 한 전통적인 가족제도의 문화를 지지하는 사람들의 문화권을 침해할 우려가 있다. 포스트모던 사회에서 문화적 '차이'(difference)[11]의 존중은 법적 정의의 또 다른 내용이 된다. 또한 동성애자가 혼인권을 누려야 한다면, 그 밖의 대안가족형태도 동등한 수준의 법적 보호와 승인을 받게 하여야 한다. ③ 따라서 동성혼의 적극적인 헌제화보다는 '혼인을 하지 않았다는 이유로 차별받지 아니한다'는 형태의 차별금지조항을 둠으로써, 독신여성의 입양권이나 한 가족을 이루어 살아가는 이혼여성들의 사회보장급부의 상호적 수혜(예: 건강보험의 피보험자 인정)와 같은 권리를 인정하는 것이 바람직하다.

(2) 법적 정의와 사회적 합리성 사이의 구조적 괴리

현대사회의 새로운 정의기준으로, 재화는 특수한 영역 속에서 공동체구성원들의 이해관계에 따라 얻어진 이유와 기준에 의해 분배하자는 제안을 생각해볼 수도 있다. 즉 '의료와 같은 복지는 필요에 의하여, 처벌과 명예는 공과에 의하여, 교육은 재능에 의하여, 부는 자유교환에 의하여, 정치권력은 논쟁과 투표에 의하여 분배'

11) 포스트코던 사회에서 차이의 존중은 차별금지라는 평등원칙과 구별되는 새로운 법원리가 되어 가고 있다. 이에 관해 자세히는 이상돈, *법의 춤*(법문사, 2012), 39~41쪽 참조.

하자는 제안(복합평등론)이다.[12] 이런 제안이 전제하고 있는 점, 예컨대 단순 평등이 정의가 될 수 없다는 점이나 사회가 다원적이고 복합적으로 분화된 하위영역들로 구성된 경우에 그런 하위영역들을 모두 포섭하는 보편적 원리의 정의기준이 존재하기 어렵다는 점은 타당하다.

하지만 이런 제안으로도 현대사회에서는 법적 정의의 일반적인 기준이 마련되지 않는다. 예컨대 의료영역에서 복지의 필요에 의해 정의기준이 설정될 필요가 있다고 하더라도, 현재 우리나라의 사회보장적 의료체계처럼 평등이념이 자유이념보다 과도하게 지배하여 다양한 병리적 현상(예: 방어의료, 의료전달체계의 왜곡, 의료신기술개발의 저해)이 발생하고 있음을 주목해보면, 복지의 필요에 따른 배분도 거시적으로 정의의 이념을 실현하는데 한계가 있음을 알 수 있다.

이런 한계는 근본적으로는 현대사회에서 — 하위영역별로 차별화된 내용으로 구체화된 — 법적 정의와 다양한 사회적 합리성 사이에 괴리가 있고, 때로는 그 둘이 서로 충돌한다는 점에서 비롯된다.

예를 들면 생명을 절대적으로 보호하라는 법적 정의의 요청과 아직 생존확률이 제로에 이르지 않으나 의학적 유용성은 사라진 환자에 대해 치료를 중단하는 의학적 합리성[13]은 서로 충돌한다. 어느 해에 수익을 많이 올린 기업이 다음 해의 어두운 경기전망에 대비하여 수익의 일부를 계상하지 않고 다음 해에 계상하는 회계('이익의 유연화'[14])는 합리적 경영의 하나가 될 수 있으나, '진실에

---

12) 오세혁, *법철학사*, 2004, 411~412쪽; Walzer는 이런 정의를 복합평등(complex equality)으로 개념화한다(Michael Walzer, *Spheres of Justice: A Defence of Pluralism and Equality*, 1982 참조).

13) 이에 관해 자세히는 이상돈, *치료중단과 형사책임*(법문사, 2002), 특히 38쪽 아래 참조.

14) 이에 관해 자세히는 이상돈, *부실감사법*(법문사, 2007), 130쪽 참조.

어긋나는 회계(분식회계)를 하지 말라'는 법적 정의의 요청과는 충돌한다. 또한 보증보험회사 대표가 회사의 수익증대를 위한 경영상 판단으로 재무상태가 불투명한 회사에 대하여 보증보험계약을 인수하였으나 그로 인해 회사의 손해가 발생한 경우에 수익증대를 위한 경영상 위험감수의 요청과 손해의 위험을 회피하라는 법의 요청은 서로 충돌한다.[15)]

3. 법의 임무

이런 현대사회의 구조적 특성을 고려할 때 법적 정의는 존재론적으로 확고한 일정한 내용을 가질 수 없다.

(1) 정법의 불확실성

그럼에도 불구하고 한국사회에서는 흔히 정의를 내용으로 하는 법을 1990년대까지는 주로 '자연법'(Naturrecht)으로 그리고 최근에는 주로 '인권'(human rights)이라는 개념에 의해 파악한다. 즉, 정법(正法)과 자연법 또는 인권은 거의 동의어로 이해된다. 한국사회에서 시민들은 자신들이 관철하려고 하는 권리나 이익 또는 윤리적 관점을 대개 자연법이나 인권이라는 그릇에 담는다. 따라서 정의의 불확실성은 곧 자연법이나 인권의 불확실성[16)]을 의미한다. 다시 말해 구체적인 사안에서 무엇이 자연법이며 인권의 내용인지를 명확하게 확정할 수가 없다. 인생관, 세계관, 종교관 그리고 정치이

---

15) 이런 충돌은 예컨대 합리적 경영판단에 따른 회사의 손해에 대해서 이사의 책임을 부정하는 경영판단원칙(business judgement rule)에 의해 조정되고 있다. 자세히는 이상돈, *경영판단원칙과 형법*(박영사, 2015) 참조.

16) 근대적 인권은 자연권으로서 명증성을 가진 것으로 이해되었으나 다원주의사회에서 인권의 보편성은 항상 도전받고 있다. 이를 인권의 절차화, 세계화, 지역화(생활세계화, 과학기술화, 소외현상화)로 파악하는 이상돈, *인권법*(세창출판사, 2005); 기초법학(법문사, 2008), 133~162쪽 참조.

념 등에 따라 자연법이나 인권의 내용이라고 생각하는 바가 매우 다를 수 있기 때문이다.

(2) 법의 딜레마

여기서 현대사회에서 법이 처해 있는 어려움을 알 수 있다. 즉, 한편으로 법은 과거의 사회보다 시민들로부터 훨씬 더 많은 기대(정의 실현의 요구)를 받고 있지만, 다른 한편으로 법은 정의의 기준이 — 아무리 자연법이나 인권의 개념으로 포장하더라도 — 불확실해짐에 따라 과거 사회보다 자신의 임무(정의의 실현)를 달성하기가 훨씬 더 어렵게 되었다. 이러한 법의 딜레마를 해결하기 위한 방안으로는 두 가지를 생각할 수 있다.

- 첫째, 법에게 가능한 한 '적은 임무'만을 부과한다(절차주의적 법제화).
- 둘째, 법체계의 내부에 최대한 많은 사람들이 동의할 수 있는 '정의발견의 민주적 절차'를 짜 넣어 정의(자연법 또는 인권)의 불확실성을 제거한다(법적 대화의 확산).

2

국가의 기본원리: 민주적 법치국가

Ⅰ. 민주적 법치국가

1. 법질서의 의미

자연법의 내용이 불분명해진 시대에 법이 정의의 이념을 실현할 수 있기 위해서는 법의 형성과 적용이 가능한 한 많은 개인들의 (민주적) 참여가 최대한 보장된 상황 속에서 이루어져야 한다.

(1) 대화원칙과 법질서

법의 내용이 가질 수 있는 편파성이나 이데올로기적 성격은 「민주적 참여가 최대한 보장된 의사소통적 상황」 속에서 가장 잘 극복될 수 있기 때문이다. 법규범은 그런 민주적 참여가 최대한 보장된 의사소통적 상황 속에서 가능한 한 많은 사람들이 합리적인 동기에 의하여 그 법규범의 타당성(올바름)에 대하여 동의(Konsens)할 수 있을 때 비로소 타당성이 인정될 수 있다. 이를 '민주주의원칙'(Demokratieprinzip)이라고 부를 수 있다.[17] 여기서 말하는 '민주적 참여가 최대한 보장된 의사소통적 상황'이란 법이 제도로서 갖고 있는(시간적, 공간적, 사항적 그리고 인적 또는 물적 설비의) 제약 속에서 철학자 하버마스(J. Habermas)가 말하는 '합리적 대화'를, 그리고 '민주주의원칙'은 '대화원칙'을 각각 현실적으로 가능한 한 최대로 실현하는 것을 말한다.

▪ 합리적 대화와 대화원칙 민주적 참여가 최대한 보장된 의사소통적 상황의 이상적인 모습을 하버마스는 '합리적 대화'(rationaler Diskurs)라고 불렀다. 합리적 대화란 「모든 개인들이 어떤 규범의 타당성(올바름)에 대하여 (개별)주제설정, 의견개진, 정보화 및 근거제시를 공적인 (대화의) 마당에서 자유롭고 기회균등하게 할 수 있는 의사소통조건 속에서 펼쳐지는 상호이해의 과정」이라고 할 수 있다.[18] 또한 대화원칙(Diskursprinzip)이란 「하나의 규범은 그것의 적용을 받는 모든 사람들이 그 규범의 타당성에 관한 합리적 대화에 참여한 가운데 모두 동의할 수 있는 경우에만 타당할 수 있다」는 것을 말한다.

(2) 법질서의 정합성과 상호합법성

어떤 법공동체가 정당한 질서를 이루고 있다는 것은 바로 이와 같은 대화원칙의 관점 아래에서 타당성이 인정될 수 있는 규범들이 하나의 정합적인 짜임새를 갖고 있다는 것을 말한다. 여기서 정합성(coherence)이란 획일성·균등성의 함의를 갖는 '통일성'이 아니라 '다양한 것들의 어울림(다원적인 조화)'을 의미한다.[19] 법질서의 통일성은 현대사회에서 문화가 다원화되고, 자율적인 사회체계

17) 이상돈, *형법의 근대성과 대화이론*, 1994, 66, 67쪽; 새로쓴 법이론(세창출판사, 2005), 292쪽 아래 참조.
18) Habermas, *Faktizität und Geltung*(Ffm. 1992), 138쪽.
19) 법의 정합성에 대한 상세한 이론적 논의는 이상돈, *법이론*(박영사, 1996), 제2절(정합성의 대화이론적 재구성), 316쪽 아래 참조.

가 독립적으로 기능하고, 그에 따라 법이 전문화[20]되며, 법이 국경을 넘는 세계화 또는 초(超)국가화(transnationalization) 현상으로 인해 더 이상 달성될 수 없게 되었다. 그러므로 오늘날 정합적인 체계를 구성하는 법의 보편성은 언제나 '다투어질 수 있는 보편성'(contested universal)이다.

법체계의 정합성은 상호합법성(interlegality)[21]과 접점을 가지기 쉽다. 상호합법성이란 각 국가에서 민주적으로 형성되는 서로 다른 법이 그때그때의 사안을 규율할 수 있고, 그런 가능성을 서로 승인하는 것을 말한다.

가령 노동시장이 유연한 미국에서 해고의 자유를 인정하는 법도, 정반대로 부당해고를 처벌하는 한국의 법도, 그것이 대화적인 모습의 민주적 의사형성에 의해 제정되는 한, 각 국가에서는 정의로운 것일 수 있다. 그렇기에 노동시장의 유연성을 확보하려고 정리해고의 법제화를 강요하는 IMF의 조건부 자금지원행위는 상호합법성을 부인하고, 더 나아가 자금지원을 받는 국가의 법체계가 구축한 정합성(예: 해고금지법제와 헌법 제32조 제1항의 '근로의 권리'의 체계적 정합성)을 깨뜨리는 것이다.

■ **차도르 착용금지의 인권침해와 상호합법성** ① 이슬람권에서는 차도르의 착용이 강제되는데, 이것이 인권침해인지는 그 국가의 국내공론에 의해 결정되어야 하고, 그 결정에 대해서도 '다투어질 수 있는 (초국가적) 보편성'을 인정하여야 한다. 서구의 관점에서 인권침해라 단정하고 그런 침해를 제거하기 위해서 '인도적 개입'이 허용된다는 식의 논리는 서방국가의 이슬람국가에 대한 정치적 지배의 기획으로 이용될 수 있다. 세계사회는 초국가적 공론을 형성하여, 이슬람

---

20) 이에 관해 자세히는 이상돈, *기초법학*(법문사, 2008), 501쪽 아래 참조.
21) 상호합법성에 대해 자세히는 이상돈, *인권법*(세창출판사, 2005), 140쪽 아래.

권 국가내의 공론을 변화시키는 영향력을 확대해나가는 책무를 이행할 수 있을 뿐이다. ② 하지만 우리나라의 공립학교에서 이슬람계 여교사의 차도르 착용은 우리나라 학생들의 교육인권(종교적 상징 없는 교육을 받을 권리)을 침해하는 반면, 여교사의 차도르 착용금지를 법으로 강제하면 그 여성의 종교적·문화적 인권이 침해된다. 여기서 우리나라의 공교육 현장에서는 한국인의 자유가 우선하고, 이슬람 국가에선 그들의 종교적·문화적 권리가 우선한다는 식의 국제법상 '상호주의'에 따른 해결은 한계가 있다. ③ 종교·문화적 다양성에 대한 관용의 원칙으로써 상호합법성을 구성하는 방안으로, 1인의 교사가 차도르 착용하면 종교적·문화적 다원성이 사라지는 반면, 수십 명 중 일부의 이슬람계 학생이 차도르를 착용하는 것을 금지하면 종교적·문화적 다원성이 사라진다. 그러므로 한국 학교의 이슬람계 여교사는 한국사람들의 차도르 배척을 관용하고, 한국사람들은 한국 학교에서 공부하는 이슬람계 여'학생'의 차도르 착용을 관용하는 것을 생각할 수 있다. 따라서 이슬람계 여교사가 한국인이 포함된 여러 교사들 가운데 1인으로, 즉 팀티칭의 방식으로 교육에 참여하는 경우에는 법이 차도르의 착용을 금지해서는 안된다.

2. 민주적 법치국가의 기획

이런 의미에서 한 법공동체가 정당한 질서가 되도록 하는 가장 현대적인 국가형태는 오늘날 민주적 법치국가(demokratischer Rechtsstaat)라고 볼 수 있다.

(1) 법치국가

첫째, 여기서 말하는 법치국가(法治國家)란 시민에 대한 국가의 모든 행동이 법률과 법에 구속되어 이루어지는 국가를 말한다.

㈎ 법에 의한 국가권력의 구속 오늘날 대개의 법치국가는 헌법을 갖고 있다. ① 헌법은 그 법공동체의 근본가치를 담고 있을 뿐만 아니라 개인이 누려야 할 기본권(헌법 제2장)을 규율하고 있다.

각종의 기본권들은 실천적으로는 개인의 실존조건(예: 생명, 신체, 명예, 인격, 재산 등)을 보장하는 것이지만, 이론적으로 보면 정당한 질서를 창출하기 위한 전제인 의사소통적 자유를 보장하는 것이라 할 수 있다.[22] ② 헌법이 국가권력을 입법(헌법 제3장), 행정(헌법 제4장), 사법(헌법 제5장)으로 분리시켜 서로 견제와 균형(checks and balances)의 관계를 이루도록 하는 것('권력분립제도')도 국가의 권력 행사가 기본권을 비롯한 법공동체의 근본가치를 실현하는 데에만 국한되도록 하기 위함이다.

(나) 인권　　법치국가는 인권을 법으로 제도화한 국가이다. 헌법상 기본권은 인권을 제도화한 대표적인 법제이다. 그러나 인권은 헌법상의 기본권과 그로부터 연역적으로 파생되는 실정법상의 권리들(예: 소유권, 저작권, 성적 자기결정권 등)에 완전하게 담기지 않는다. 그 이유는 ① 초국가적 인권(예: 이중국적의 자유)이 존재하며, ② 아직 우리나라에서는 인정되지 않지만, 자발적 성매매와 같은 형태의 성적 자기결정권처럼 헌법상 기본권(예: 직업권)에서 연역되는 것이 아니라 헌법체계 밖에서 문화적으로 성장하는 인권도 존재하며, ③ 헌법상의 기본권(예: 생명권)의 규범영역에 분명히 속하기는 하지만 예컨대 뇌사자에게 생명권을 인권[23]으로 인정할 것인지는 — 아니면 정반대로 뇌사자의 장기에 대한 가족의 처분권을 인정할 것인지는 — 기본권과 그 해석에 의해 연역적으로 확정될 수 없기 때문이다.

■ 이중국적의 자유　　① 국적법 제12조는 성년(이 된)자에게 2년

22) 이러한 해석으로 K. Günther, "Die Freiheit der Stellungnahme als politisches Grundrechts", in: Koller u.a(Hrsg.), *Theoretische Grundlagen der Rechtspolitik, ARSP~Beiheft 5 I* (1991), 58쪽 아래.
23) 뇌사자의 인권문제에 관해서 이상돈, "뇌사와 인권", *법철학연구*(제2권, 1999), 251~270쪽 참조.

내에 이중국적 가운데 하나를 선택할 의무를 부과하고 선택하지 않을 때에는 대한민국 국적을 상실시킨다. 단일국적제는 단일민족의 국가(nation)를 유지하고, 국민의 의무(예: 병역, 납세 등)를 충실히 이행시키기 위한 제도이다. ② 우리나라는 이제 다문화, 다민족의 국가로 접어들었고, 국민의무의 충실한 이행은 이중국적자의 국적국가들 사이가 적대관계일 때 비로소 위태로워질 수 있는 것이다. 아직 세계시민사회가 충분히 성장하지 않은 상태일지라도 적대국가가 아니면 이중국적을 인정하더라도 단일민족국가의 목적에 위배되지 않는다. ③ 이중국적제는 인간은 그가 원하는 곳이면 세계사회 그 어느 곳에서도 자유롭게 거주할 권리를 가진다는 초국가적인 인권의 하나이다. 이중국적을 허용하지 않는 국내법은 국내의 공론에 의해 지지되고, 민주적 입법절차에 따라 제정될 수 있고, 국내 헌법에 위배되지 않을 수 있지만 이와 같은 개별국가의 주권행사는 초국가적 인권과 충돌하게 된다. 세계화의 시대에 그런 국내공론은 반성적으로 변화되어야 한다. 이중국적을 허용하는 경우에도 이중국적자는 국민의 모든 의무를 다해야 한다. 다른 국적의 국가에서 징병제를 채택하고 있을 경우에는 이중국적자에게 대체복무(예: 영사업무에 대한 공익봉사)를 통해 병역의무를 이행할 수 있게 할 필요가 있다.

여기서 중요한 점은 오늘날 인권의 내용은 불확실하다는 점이다. 이는 인권을 법으로 제도화하는 기획을 좇는 법치국가의 내용에도 불확실성을 가져다준다.

(2) 민주국가

법치국가는 민주주의를 필요로 한다. 국가가 구속되어야 하는 법은 민주적으로 제정됨으로써 그 정당성을 확보하는 것이다. 이는 법치국가가 실현하는 인권의 내용이 불확실해질수록 더욱 그러하다.

㈎ 국민의 자기지배 민주국가라 함은 모든 국가권력이 국민으로부터 나오는 국가를 말한다('국민주권')(헌법 제1조 제2항). 즉, 국민

은 모든 국가권력의 정당성의 기반이다. 따라서 국가권력은 특히 국민이 참여하는 선거에 의해 구성되고, 국민투표에 의해 통제될 수 있어야 한다. 법률을 제정하는 의회뿐만 아니라 대통령도 국민에 의하여 직접 선출된다. 특히 의회는 국민을 대표하여 국가의 의사를 형성하는 중심기구로 기능한다. 의회에서 제정되는 법률은 헌법을 구체화하고, 행정기관의 활동을 구체적으로 지시하는 프로그램을 담으며, 법원의 재판규범으로 기능한다. 이로써 《국민 → 의회 → 법률 → 행정 · 사법 → 국민》이라는 관계 속에서 국민은 스스로를 지배하게 된다.

(나) 주권 　국민의 자기지배라는 이념을 좇는 민주국가는 기본적으로 주권국가이다. 근대서구사회에서 민족단위의 국가(nation)는 흔히 국민, 영토, 주권이라는 세 요소로 구성된다. 이때의 주권은 다른 국가에 대한 독립성을 유지하는 국가의 대외적인 힘을 말한다. 이런 힘은 대내적으로는 그 국가의 모든 국민에게 귀속될 수 있다. 그 힘을 모든 국민에게 미분(微分)시키면 주권은 국민 개인이 누리는 국가형성력이 된다. 반면에 국민 개인들의 국가형성력을 적분하면 그것이 국가의 독립성을 유지하는 대외적인 힘으로서 주권이 되는 것이다. 이런 의미의 국민주권은 선거권으로 표현되고, 선거권으로 형성된다.

(3) 법치국가와 민주국가의 내적 통합

오늘날 법치국가와 민주국가의 이념은 따로 떨어져 있는 것이 아니라 상호관련적이며, 상호보완적이다.

(가) 민주주의를 제한하는 법치국가 　예컨대 선거에 의해 직접 또는 간접적으로 정당화된 국가기관도 자신의 권한을 남용하거나 악용할 수도 있다. 국가기관의 권한행사가 법률과 법에 구속되어 이

루어져야 한다는 법치국가의 이념은 바로 이러한 남용이나 악용을 막는 데 기여한다. 특히 헌법재판제도(헌법 제6장, 헌법재판소법)는 국가권력의 남용이나 악용을 막는 데 크게 기여한다. 헌법재판은 의회의 정치적 의사결정으로 제정되는 법률이 헌법질서에 위반하는지를 판단함으로써 의회의 정치작용에 제한을 가한다. 그 한에서 헌법재판은 헌법을 실현하는 것이지만 동시에 '소극적으로 정치'를 하는 것이기도 하다.[24]

(나) 법치국가를 제한하는 민주주의 그러나 다른 한편 국가의 권력행사가 구속되어야 하는 법률과 법은 정의를 실현하는 것이어야 하며, 이를 위해서는 단지 법률이 국민의 선거에 의해 구성되는 의회에 의해 제정되었다는 점만으로는 불충분하다. ① 법의 형성과 적용과정에 가능한 한 많은 시민들의 '민주적 참여'가 보장되어야 한다. 입법이나 행정 및 사법작용에서 시민들에게 의견개진의 기회를 부여하는 다양한 청문절차(hearing)나 심문절차가 증대하는 것은 그런 '민주적 참여'를 높이기 위한 것이라 할 수 있다. ② 또한 의회의 입법은 정치세력에 의해 당파적으로 좌우되기 쉬우므로 시민사회와 미디어가 함께 공론(Öffentlichkeit)을 형성하여 지속적으로 시민들 사이에 상호이해되는 (바꿔 말해 공론경쟁력이 높은) 견해들이 의회의 입법에 정치적 영향력을 미치게 할 필요가 있다. 이런 점에서 오늘날 민주주의 없는 법치국가란 있을 수 없다.

(다) 인권과 주권의 변증 ① 그런데 시민들이 공론을 형성하고 그에 참여하여 지속적으로 정치적 영향력을 미치는 것은 주권의 행사를 선거에 국한하지 않고 일상생활에까지 확장하는 것이다. 바로 이런 의미의 일상적인 주권행사는 올바른 법의 제정을 도모함

24) 자세한 내용은 이상돈, *헌법재판과 형법정책*(고려대출판부, 2005) 참조.

으로써 실질적인 법치국가의 전제조건이 된다.

■ 방송의 민주화[25] ① 방송의 민주화란 방송이 공론의 인프라로서 기능하는 것을 의미한다. 시민사회에서 자연적으로 생성되는 다양한 관점을 공평하게 다룰 수 있는 기능을 수행하는 것이다. 「방송법」이 방송통신위원회에 미디어다양성위원회(제35조의4)를 두어 방송사업자의 시청점유율[26] 조사·산정, 매체간 합산 영향력지수 개발, 여론 다양성 증진을 위한 조사·연구 등을 하게 하는 것도 이를 위함이다. ② 방송이 공론의 인프라로 기능하려면 방송이 권력집단이나 자본세력에 의해 독점되어서는 안 된다. 이러한 독점의 규제는 방송의 매체형태에 따라 다를 수 있다. 첫째, 매체영향력이 직접적이고 매우 큰 '공중파' 방송(예: KBS 등)에는 국내 및 외국의 거대자본의 참여를 상당히 제한해야 한다. 예컨대 대기업이나 신문이 지상파방송의 주식 또는 지분을 10%를 초과하여 소유할 수 없게 하고(제8조 제3항), 구독률이 20% 이상인 신문사의 방송사 겸영이나 주식 또는 지분소유를 금지한다(제8조 제4항). 둘째, 유선·지역종합방송(OS)에는 국내의 거대자본 참여를 좀 더 많이 허용하며, 국가 간 상호주의에 따라 외국 자본의 참여가능성을 열어줄 수 있다.[27] 셋째, 인터넷방송은 그 매체의 초국가적 성격과 다문화적 성격을 고려할 때 국내외 자본세력이 차등없이 참여할 수 있게 하여야 한다. ③ 방송에 대한 권력의 장악을 견제하기 위해서는 방송사의 인사권을 정치적, 사회적으로 다

---

25) 이 내용은 이상돈, *인권법*(세창출판사, 2005), 83~84쪽을 수정·보완한 것임.

26) 「방송법」 제69조의2는 방송사업자의 시청점유율은 100분의 30을 초과할 수 없도록 하고, 일간신문사가 방송을 겸영, 주식 또는 지분을 소유하는 경우에는 일간신문의 구독률을 시청점유율로 환산하여 해당 방송사업자의 시청점유율에 합산하며, 시청점유율 초과 사업자에 대하여는 방송통신위원회가 방송사업 소유제한, 방송광고시간 제한, 방송시간의 일부양도 등의 필요한 조치를 명할 수 있게 한다.

27) 「방송법」 제14조 제2항 및 제3항은 종합편성을 하는 방송채널사용사업 또는 중계유선방송사업에 대한 외국자본의 출자 또는 출연을 해당 법인의 주식 또는 지분 총수의 100분의 20을 초과할 수 없도록 하고, 보도전문편성을 하는 방송채널사용사업에 대해서는 100분의 10을, 위성방송사업에 대해서는 100분의 49를 각각 초과할 수 없도록 하고 있다.

원화된 세력이 분점하게 하고, 방송인들의 독립된 편집권을 보장하며, 시청자들이 방송물의 생산에 직·간접적으로 참여하는 기제(예: 시청자위원회 등)를 확대해가는 것이 필요하다.

② 다른 한편 일상적인 주권행사를 위해서는 모든 국민이 자유롭게 정치적 의사를 형성할 수 있어야 하고, 미디어(예: 방송, 정보통신, 언론, 출판 등)의 자유나 시민단체의 결성 또는 정당활동의 자유 등, 폭넓은 정치적 자유를 누릴 수 있어야 한다. 그런 정치적 자유를 누리기 위해 개인들은 실존조건(예: 생명, 신체, 재산, 인격, 명예 등) 뿐만 아니라 양심, 표현, 예술과 학문 등의 자유를 누려야 한다. 그렇기 때문에 법치국가가 보장하는 인권은 민주주의의 전제조건이 된다.

③ 여기서 인권과 주권은 인권 없이는 주권이 행사될 수 없고, 주권 없이는 인권이 보장될 수 없는 내적 연관관계 속에 놓인다. 따라서 인권을 보장하는 법치국가와 주권의 행사를 내용으로 하는 민주국가는 언제나 하나의 '민주적 법치국가'(demokratischer Rechtsstaat)로서만 가능한 것이다.

■ 장애인 이동권[28] ① 인권은 시민의 자유를 내용으로 하는 자유권적 인권, 사회적 약자의 소외된 권익을 내용으로 하는 사회권적 인권, 그리고 참여권적 인권으로 발전해왔다. 자유권으로서 이동권 가령 신체활동의 자유를 보호하는 형법의 체포감금죄(제276조)는 혼자의 몸으로는 전혀 이동할 수 없는 장애인에게도 적용된다. 이때 체포감금죄가 보호하는 인권은 소극적인 권리이다. 장애인도 자신이 휠체어나 소형전동차를 구입하여 원하는 바대로 이동할 수 있다는 것이 근대적 인권의 의미이다. ② 자유권의 주체로서 장애인이 실제 이동하려면 전철을 타기 위한 엘리베이터나 장애인이 이동하기 쉬운

28) 이 내용은 이상돈, *인권법*(세창출판사, 2005), 30~31쪽을 수정·보완한 것임.

구조의 건물진입시설이 필요하다. 이런 설치를 사회 곳곳에 하는 것은 장애인의 이동권을 적극적으로 보장하기 위한 수단이다. 이는 사회보장적 법제에 의해 뒷받침되어야 한다. 「교통약자의 이동편의 증진법」은 장애인이 "장애인 등 교통약자가 아닌 사람들이 이용하는 모든 교통수단, 여객시설 및 도로를 차별없이 안전하고 편리하게 이용하여 이동할 수 있는 권리를 가진다."(제3조)고 명시한다. 이 법에 따라 국토해양부장관은 장애인의 이동편의 증진을 위해서 5년 단위의 계획(교통약자의 이동편의 증진계획)을 수립해야 하고(제6조), 시장, 군수는 저상버스를 도입할 의무를 진다(제14조 제3항). ③ 장애인전용리프트와 같은 장애인전용시설은 장애인과 비장애인을 시각적, 심미적, 심리적으로 구별시킨다. 그렇기에 장애인들이 스스로 그 이용을 기피하게 되기도 한다. 장애인전용 진입시설이 아니라 건물진입시설을 장애인과 비장애인이 자연스럽게 함께 이용할 수 있도록 (가급적 계단구조를 피하고) 완만하게 경사진 진입시설을 설치하는 것이 바람직하다. 이런 인권은 장애인 당사자의 입장에서 그 내용이 형성되는 셈이다. 이런 인권을 당사자주의적 인권 또는 넓은 의미에서 참여권적 인권이라고 부른다. ④ 인권에서 당사자주의적 관점이 실효성 있게 관철되기 위해서는 장애인 이동권의 내용이 당사자의 참여를 전제한 공론화와 민주적 입법과정에 의해 구성되어야 한다.

④ 하지만 인권과 주권이 변증된다고 해서 언제나 그 둘이 완전하게 하나가 되는 것이라고 오해되어서는 안된다. 예컨대 외국인에게 참정권을 부여한다면 지방자치단체 선거에서만 가능하고, 국회의원이나 대통령 선거에는 불가하다. 왜냐하면 지방자치는 지역사회의 주민들의 인권을 실현하는 측면이 강하다면, 국가권력의 구성은 국민들이 주권을 행사하는 측면이 강하기 때문이다.

(4) 민주적 법치국가의 성찰적 기제

만일 민주적 법치국가가 '이상적으로' 구현된다면 모든 권익은 모든 사람들이 동의할 수 있는 실정법의 '정합적인' 질서 속에 '빈틈없이' 자리 잡을 것이다.

㈎ **합법성과 정당성의 결핍** 그런 이상은 '공식적인 입법기제'(예: 의회, 행정입법, 법원의 구체적 법규범형성)가 모든 사람의 관점을 형평있게 그리고 최대한 교환시켜 진정한 의미의 합의에 도달케 하는 — 하버마스가 말하는 — "이상적인 대화상황"(ideale Sprech-situation)[29]을 보장할 수 있을 때에나 가능할 수 있다. 현실의 입법기제가 갖는 대화적 의사형성을 통한 법형성의 역량은 대화의 시·공간적 제약과 대화자들의 당파성이나 전략적 행동경향으로 인해 언제나 제한적이다. 이처럼 공식적인 입법기제로 제도화된 실정법체계는 그 입법기제가 갖고 있는 민주적 의사형성의 역량에 비례하는 정당성을 지니면서, 동시에 그런 역량의 한계에 비례하는 정당성의 결핍을 갖게 된다. 그러므로 합법성(Legalität)이란 정당성(Legitimität)과 실정성(Positivität) 사이에 존재하게 된다.

㈏ **시민운동[30]의 보완기능** ① 인권운동, 시민불복종운동, 공익소송운동과 같은 시민운동[31]은 실정법에서 구현하지 못하고 있는

---

29) 이 개념은 J. Habermas, *Vorstudien und Ergänzungen zur Theorie des kommunikativen Handelns*(Ffm. 1984), 127쪽 참조.

30) 이에 관해 자세히는 이상돈, *시민운동론* (세창출판사, 2007) 참조.

31) 인권운동이 입법기구에 적극적(positive)으로 인권사상을 밀어 넣는다면, 시민불복종운동은 현행법에 대한 소극적인(negative) 거부를 통하여 법체계의 변화를 촉발시킨다. 또한 공익소송운동은 권리를 실현하거나 새로운 권리를 구성하긴 하지만 직접 의회의 입법을 추진하는 것이 아니라 구체적인 권리구제를 추진할 뿐이며, 그런 점에서 시민불복종운동처럼 소극적이라고 할 수 있다. 하지만 공익소송은 재판을 통해 새로운 법규범을 형성한다는 점에서는 역시 적극적이라고 할 수 있다.

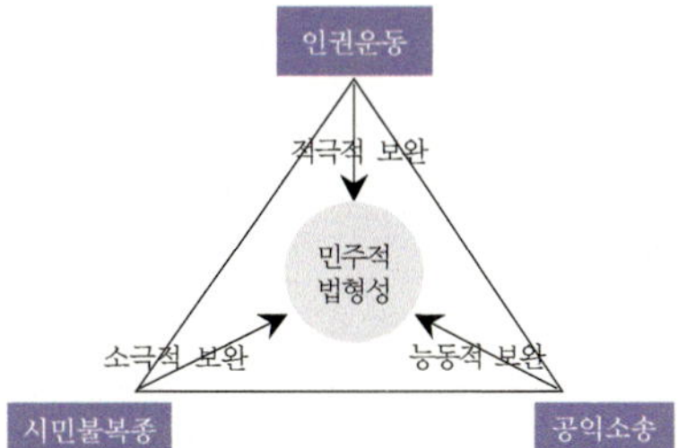

정의의 내용을 제안함으로써 합법성에 완전히 구현되지 못한 정당성의 공백을 메우는 기능을 수행한다. 하지만 민주적 법치국가에서는 시민운동의 기획자들이 자신들의 주장에다 인권, 공익 또는 불복종의 권리라는 이름을 붙인다고 해서 그것이 곧바로 정의가 되는 것은 아니다. 그런 주장들에 의해 시민사회의 공론이 활성화되고, 그 공론 속에서 타당성 경쟁을 펼친 다양한 견해들 가운데 우월한 (공론)경쟁력을 보이는 주장들이 법체계로 수용될 수 있을 뿐이다. 다시 말해 민주적 법치국가에서 합법성은 법제정권력자의 권위로 환원될 수도 없지만, 자연법적 정의에 대한(시민단체들의) 주관적 확신으로 대체되어서도 안 된다. 이처럼 인권운동, 시민불복종운동, 공익소송운동은 모두 민주적 법치국가의 공식적인 입법기제가 민주적 의사형성을 다하지 못하는 부족부분을 메워주는 민주적 법치국가의 성찰적 기제이다. ② 시민운동은 이념적 동질성, 조직적 연대성, 공익성 등의 테두리조건을 갖고 있다. 그러나 포스트모던 사회에서 시민운동은 촛불집회(예: 박근혜 전대통령 탄핵시위)에서 보듯 그런 테두리조건[32]을 충족하지 못한다. 이념적인 다원성, 비조직성, 다원화된 이해관계를 갖고 있으면서도 특정 쟁점에 관하여 이질적인 시민들이(예: 좌파와 우파의 적대세력들도) 각기 다양한 접점을 갖고, 그 접점들이 무수하게 연쇄되어 거대한 시민연대를 이룬다. 이를 등가성연쇄(chains of equivalence)라고 한다. 이 등가성연쇄는 흔히 '광장'에서 이루어지곤 한다. 의회정치의 대척점으로 광장정치를 말할 수는 있으나, 광장정치는 인권운동, 시민불복종운동, 공익소송운동처럼 의회정치의 민주적 한계를 보완하는 반성적

이 두 가지 특성을 아울러서 공익소송은 능동적(aktiv)으로 민주적 법형성의 부족을 메우는 기제가 된다고 할 수 있다.

32) 자세히는 이상돈, *시민운동론*(세창출판사, 2007), 41~47쪽 참조.

성찰의 기제로만 기능해야 하는 것이지, 의회정치를 대체할 수 있는 것은 아니다.

Ⅱ. 법공동체의 조직화

1. 보충성의 원칙

모든 개인이 법의 형성과 적용과정에 자유롭고 기회균등하게 참여해야 한다는 (민주주의) 요청은 공동체의 규모가 작은 경우에는 (예: 고대 그리스의 폴리스) 충족될 수 있지만, 수천만 또는 수억 명의 시민으로 이루어진 국가 단위의 공동체에서는 충족될 수가 없다. 그렇다고 해서 국가 단위의 법공동체를 해체할 수도 없다. 오히려 더 큰 단위의 법공동체(예: 유럽연합)가 형성되기도 한다.

(1) 민주적 참여의 확대로서 보충성원칙

여기서 법공동체를 국가 아래의, 국가보다 작은 단위의 공동체들에 의해 다층적으로 조직하고, 그 작은 하위(下位) 단위의 공동체(예: 광역자치단체, 기초자치단체)들은 자기 스스로를 규율할 권한을 최대한 가지며, 국가는 그 하위의 공동체들이 자율적으로 규율할 수 없는 것만을 규율할 필요가 있다. 왜냐하면 그렇게 함으로써 모든 개인의 '민주적 참여' 이념은 좀 더 많이 실현될 수 있기 때문이다. 하위의 각 공동체는 자치규율을 위하여 국가로부터 이양 받은 범위(授權範圍) 내에서 법을 형성·적용할 권한을 가진다. 이와 같은 법공동체의 구성원리를 '보충성원칙'(Subsidiaritätsprinzip)이라고 한다.

(2) 보충성원칙의 구현

㈎ 지방자치제도　지방자치제도(헌법 제117, 118조)는 단지 주민근거리행정을 실현하는 국가작용이 아니라, 이와 같은 의미의 보충성원칙을 실현하는 대표제도이다. 즉, 지방자치단체는 주민의 복리에 관한 사무를 처리하고 재산을 관리하며, 법령의 범위 안에서 자치에 관한 규정(예: 條例)을 제정할 수 있다.

그러나 지방자치단체도 이미 대규모의 구성원으로 이루어져 있기 때문에(예: 광역자치단체), 그 단체의 자치규율을 최대한 민주적으로 만드는 조직(예: 지방자치단체의 의회, 단체장 선거 등)이나 절차(예: 자치단체의 각종 심의청문절차)가 마련되어 있다고 하더라도 개인에게 자유롭고 평등한 자치규율의 권한을 충분하게 부여하지는 못한다.

㈏ 집단적 자치　그러므로 지방자치단체보다 작은 단위의 공동체가 자치할 수 있는 제도가 필요하다. 예컨대 종교의 자유(헌법 제20조)를 근거로 종교단체는 교단 내부의 사무를 자주적으로 규율·관리할 수 있다.

■ 종교교육의 한계　① 기독교 계통 학교의 채플시간 운영은 종교의 자유(신앙, 종교의식, 선교와 종교교육, 종교적 집회와 결사의 자유)의 한 내용(헌법 제20조 제1항)이지만 국교는 인정되지 않기 때문에(헌법 제20조 제2항) 국공립학교에서는 종교교육 이수의 의무화가 금지된다. 기독교 학교 학생인 甲은 국공립학교의 학생들에 비해 차별을 받은 셈이며, 기독교를 믿지 않을 종교의 자유를 침해받고 있다. ② 채플을 졸업필수과목으로 정한 학교의 학내질서형성은 민주적 법치국가의 조직화원리로서 보충성원칙이 기획하는 '자치'의 한계를 넘어선다. 민주적 법치국가가 법으로 규정하지 않고 시민사회의 자치사항으로 맡겨두는 것은 그런 자치가 동등한 참여의 기회 속에서 합

의적 방식으로 그 질서의 내용을 형성하는 경우로 국한되어야 하기 때문이다. ③ 학교의 종교의 자유와 학생의 종교의 자유가 조화를 이루기 위한 방법으로 첫째, 학생이 종교단체 운영학교에 관한 충분한 정보를 제공받고, 둘째, 그런 학교 이외의 학교를 실질적으로 선택할 수 있는 가능성이 있고, 셋째, 입학 후에도 종교과목은 선택이거나 필수라도 대체이수과목을 들을 수 있어야 한다. 예컨대 강제배정제로 입학이 결정되는 중·고등학교의 경우에는 두 번째 요건이 충족되지 않는다.

또한 노동조합은 사용자와 단체협약(Tarifvertrag)을 체결하여 노사관계의 다양한 내용을 자치적으로 형성해 나갈 수 있다.

■ 단체협약 단체협약은 노사가 그들의 근로관계를 자주적으로 규율하는 제도이다(「노동조합 및 노동관계조정법」 제3장). 노동조합이 그 조합원들을 대표하여 사용자(개인 또는 단체)와 임금, 근로시간, 휴가 등 근로관계의 내용이나 체결 및 종결에 관한 협약을 맺으면 사용자는 노동조합원 개인과 이 단체협약의 내용보다 불리한 근로관계를 맺을 수 없다(법 제33조). 노동조합은 단체협약의 유효기간 중에 소속 조합원들이 단체협약에서 약정한 사항에 반하는 쟁의행위를 하지 않도록 노력할 의무를 부담한다. 이러한 노사관계의 자치규율은 일정한 요건 하에 당해 사업장의 근로자에 대해 일반적 구속력(법 제35조)을 가지며, 일정한 요건 하에 행정관청은 당해 지역에서 종업하는 동종의 다른 근로자와 사용자에 대해 이 자치규율을 적용할 수 있다(법 제36조).

㈐ 사적 자치 ① 사적 자치(私的自治, Privatautonomie)도 보충성의 원리를 실현하는 제도이다. 즉, 개인들 간의 법률관계는 원칙적으로 각 개인들이 자율적으로 형성한다. 예컨대 일정한 물건을 매매할 경우, 매매의 조건이나 각 당사자가 누릴 권리나 부담할 의무의 내용 등을 매매계약의 당사자가 자율적으로 형성한다. 만일

국가의 법규범이 그것을 정한다면, 그것은 개인의 자유와 권리의 본질적인 내용을 침해하는 것이 되며, 헌법은 이를 금지한다(헌법 제37조 제2항). ② 물론 사적 자치도 헌법과 법률의 수권범위 내에서 허용될뿐이다. 예를 들어 국가법인 민법에 정해져 있는 일반원칙에 — 이를테면 신의성실의 원칙(민법 제2조 제1항)이나 권리남용금지원칙(동법 제2 조 제2항), 공서양속의 원칙(동법 제103조), 공정의 원칙(동법 제104조) 등에 — 위반하거나 헌법상의 기본권(예: 언론출판의 자유(헌법 제21조 제4항))[33]을 침해하는 경우에(기본권의 대사인적 효력(對私人的 效力)), 개인들이 자율적으로 형성한 법률관계는 무효가 된다.

2. 법의 통일성

이처럼 법적 규율의 권한이 (권력분립원칙에 의해) 수평적으로[34] 그리고 (보충성원칙에 의해) 수직적으로 분배될 경우 각 규율권한을 가진 단체나 개인들이 행하는 규율기능들이 지속적으로 상호모순된다면 각 단체나 개인들은 하나의 국가, 하나의 법공동체로 통합될 수가 없다. 따라서 권한은 분배되지만 각각의 규율기능은 서로 보완하고 서로 조정하는 관계를 유지함으로써 각각의 규율기능이 하나의 통일성을 갖도록 할 필요가 있다.

---

33) 개인들간의 법률관계에 직접 적용될 수 있는 효력을 지닌 기본권으로 다수학자들은 언론출판의 자유 이외에 행복추구권(헌법 제10조), 근로자의 노동 3권(제33조), 근로조건의 보장규정(제32조 제3항, 제4항, 제5항), 참정권(제24조, 제25조, 제72조, 제130조 제2항) 등을 든다.

34) 법형성에서 수평적 권력분배는 의회, 행정부, 법원 사이에서만이 아니라 헌법재판소와 이들 국가기관 사이에서도 요구된다. 또한 헌법과 개별법(예: 민·형법) 사이에도 수평적인 상호작용이 존재한다. 헌법과 개별법의 수직관계는 법효력의 논리적 차원에서 타당하다(이에 관해 자세히는 이상돈, *헌법재판과 형법정책*(고려대 출판부, 2005), [2]단락 참조).

(1) 위헌 · 위법심사제도

예컨대 입법기능을 부여받은 국회에서 제정한 법률이 그 권한을 부여한 헌법에 위반되는 경우에는 법원의 제청에 의해 헌법재판소가 그 법률의 효력을 심판하고(헌법 제107조, 헌법재판소법 제2조),[35] 행정부가 만든 명령 · 규칙 또는 처분이 헌법이나 법률에 위반되는 경우에는 — 재판에 계류되어 있음을 전제로 — 대법원이 그 명령 · 규칙의 효력을 심사한다(헌법 제107조 제2항). 즉, 행정은 의회에서 제정한 법률에 구속되고('행정의 법률구속성'), 법원은 헌법과 의회에서 제정한 법률에 의하여 독립하여 재판을 행한다(헌법 제103조 제1항).

(2) 지방자치단체의 입법한계

그 밖에 지방자치단체 등의 하위의 공동체도 자치규율을 위하여 법규범을 제정할 수 있다. 그러나 이러한 하위 공동체의 법적 규율은 헌법과 법률 또는 행정부가 제정한 명령이나 규칙 등 법령의 범위 안에서만 허용된다. 특히 주민의 권리제한 또는 의무부과에 관한 사항이나 벌칙을 정할 때에는 법률의 위임(委任)이 있어야 한다. 이는 국가의 법적 규율과 하위 공동체의 법적 규율이 서로 모순되지 않게 함으로써 수직적인 법적 통일성을 확보하게 한다.

▪ **조례의 규율범위와 죄형법정주의** ① 조례는 지방자치단체의 의회가 지방자치단체의 자치구역 안에서 주민의 복리에 관한 사무를 처리하고 재산을 관리하는 사항을 규율하기 위해 제정하는 법규범이다. ② 조례는 위임입법의 하나이다. 헌법은 대통령령(제75조), 총리

---

35) 하지만 현행 헌법재판소법 제68조 제1항은 법원의 재판을 헌법소원심판의 대상에서 제외시키고 있다. 법정책적으로 이 제외조항은 삭제되는 것이 민주적 법치국가의 구현을 위해 바람직하다.

령과 부령(제95조) 그리고 대법원규칙(제108조)만을 위임입법의 형식으로 규정하지만 지방자치법 제22조는 법률의 위임이 있으면 지방자치단체가 그 사무에 관하여 조례를 제정할 수 있게 한다. 제15조는 주민에게도 조례제정·개폐청구권을 인정한다. ③ 법률에 위임이 있다고 해도 형벌법규를 조례에 의해 정하는(예: 서울시 의회가 공무원의 증언거부, 허위진술·감정에 대하여 3개월 이하 징역 또는 10만원 이하의 벌금에 처하는) 것은 헌법 제12조 제1항(죄형법정주의)에 위배되어 무효가 된다. 죄형법정주의는 헌법상 원칙으로서 헌법보다 효력이 낮은 법인 법률에 의해 그 효력이 제한될 수는 없기 때문이다. 조례위반행위에 대해서는 과태료만 부과할 수 있다.

(3) 행정부와 사법부의 계층구조

법의 통일성은 행정부와 사법부 내부에서도 도모된다. 예컨대 행정관청은 피라미드형의 계층구조를 이루고 있어, 상급관청은 하급관청의 행위가 합목적성(合目的性)이 있는지를 통제할 뿐만 아니라 법령의 적용을 일관성 있게 조정한다. 사법부의 재판권도 지역적으로 분배되어 있을 뿐만 아니라('토지관할'), 피라미드형의 계층구조를 이루는 상·하급법원에 분배되어 있어('심급관할'), 상급법원, 특히 대법원은 하급법원의 법령해석을 교정하고 각종 대법원규칙(예: 형사소송규칙)이나 예규(예: 송무예규)를 통하여 법령해석의 일반적 지침을 제시함으로써 법해석의 통일성을 도모한다. 물론 행정부나 사법부 내에서도 각 관청들 사이에 협동적인 조정이 이루어진다.

여기서 이렇게 도모되는 법의 통일성은 법'체계'의 차원에서만 도모될 뿐이다. 법규범의 내용적 차원에서 법의 통일성이란 언제나 '다투어질 수 있는 보편성'일 뿐인, 수많은 법규범들 사이의 정합성을 의미한다. 이는 다원주의 사회의 불가피한 특성이기도 한다.

Ⅲ. 법의 실효성 보장

1. 합법적 절차에 의한 정의의 추구

어떤 실정법의 내용이 정의롭지 못하다는 의문이 남아 있을 경우 그 법은 '정의의 실현'이라는 관점에서 보면 집행되어서는 안 될 것이다. 그러나 법체계는 실정법의 정의실현에 대한 회의도 '합법적 절차'(예: 입법절차, 행정구제절차, 상소절차)에 의하여 펼칠 것을 요구한다. 그렇지 않을 경우 각 개인이나 단체는 자신이 생각하는 정의를 자기의 힘으로 관철(自力救濟 Selbsthilfe)하기 쉽고, 이는 다른 개인이나 단체의 또 다른 자력구제를 불러온다. 결국 사투(私鬪 Fehde)의 악순환이 초래된다. 그렇기 때문에 민주적 법치국가에서 정의는 합법적인 절차를 '통'하여 실현되는 것이지 합법적인 절차 '밖'에서 실현되는 것이 아니다. 다만 다음의 두 경우는 예외이다.

(1) 긴급상황과 자력구제

① 합법적인 절차에 의한 법과 정의의 실현이 '사실상' 불가능할 경우에 법공동체는 개인에 의한 자력구제를 허용한다. 예컨대 외딴 골목에서 강도가 칼로 위협하는 경우에 경찰이 그 피해자의 생명과 신체 및 재산을 보장하는 것은 시간적·공간적으로 불가능하다. 이 경우 피해자는 스스로 강도의 생명·신체를 훼손해서라도 자신을 지킬 수밖에 없다('정당방위')(형법 제21조, 민법 제761조 제1항). ② 또한 도사견이 달려들 때에도 경찰에 도움을 청할 여유가 없으며 피해자는 자신을 지키기 위해 바로 옆집의 문을 열고 들어가서 피신(주거침입) 할 수밖에 없다('긴급피난')(형법 제22조, 민법 제761조 제2항). 이처럼 '국가에 의한 법적 정의의 보장이 사실상 미

치지 못하는 영역', 바꿔 말해 법익보호의 사각지대에서 개인은 자기 또는 타인을 스스로 방위할 수밖에 없고 법공동체는 그런 긴급행위를 정당한 것으로 허용한다.

(2) 저항권과 시민불복종

법체계 전부가 총체적인 불법상태에 있고(예: 나치체제) 다른 모든 합법적 수단을 동원해도 그런 총체적인 불법상태를 극복할 수 없는 경우(저항권의 '보충성')에, 국민들은 이른바 저항권(Widerstands-recht)을 행사할 수 있다.

■ 저항권의 행사요건　저항권은 유럽의 정신사적 전통에서 보면 실정법에 대립되는 자연법상의 권리로 이해된다. 즉, 실정법이 초실정적인, 자연법적 근본원칙에 반한다는 이유로 그 실정법에 저항하는 권리이다. 우리나라 헌법에도 저항권에 관한 명문규정이 없다. 그러나 독일 기본법은 저항권규정을 명문으로 두고 있다(기본법 제20조 제4항): "이 질서를 제거하려는 시도를 하는 모든 사람에 대하여 모든 독일사람은 만약 다른 제거수단이 없을 때에는 저항할 권리가 있다." 이 규정은 독일에서 긴급사태법(Notstandsgesetze)이 제정됨으로써 좌파들에게 엄습한 정치적 불안감을 제거해주어야 할 필요성이 있던 1968년의 독일 정치상황에서 도입되었다. 이 실정법화에 의하여 '다른 제거수단이 없을 때'라는 보충성원칙이 저항권의 행사요건으로 자리잡게 되었고, 이에 따르면 저항권은 권력분립원칙이나 법치국가원칙 등 근본적인 헌법상의 원칙이 제거되는 상황에서만 허용될 수 있다. 예를 들어 정리해고제 등의 도입여부와 같은 정부의 정책이나 '국회입법과정의 절차적 하자' 등은 저항권행사의 대상이 되지 않는다.

저항권을 행사할 수 있는 경우처럼 총체적 불법상태는 아니고 어느 정도 민주적 법치국가의 체제가 터잡은 국가에서 합법적 절차나 공식적인 입법절차에 의하여 자신이 생각하는 정의(정당한 권리나 정치적 통찰)를 더 이상 모색할 수 없을 때, 시민들은 자신이 생각하는 정의의 규범적·윤리적 근거를 공개적으로 널리 알릴 목적으로 법을 의식적으로 위반함으로써 상징적인 항거를 할 수 있다. 이를 시민불복종(civil disobedience)이라고 부른다.

예컨대 국영방송의 편파보도를 시정할 수 없을 때 시청료납부를 거부하거나, 핵폐기물저장시설의 설치에 대해 평화적이지만 실정법에 위반하는 시위를 하는 행위, 불합리한 통행료징수를 거부하는 행위 등을 들 수 있다.

시민적 불복종은 한편으로는 합법적인 절차에 의해 형성된 실정법을 깨뜨린다는 점에서 법의 효력은 물론이고 민주주의체제의 근간인 의회의 입법상 다수결원칙도 깨뜨린다. 그럼에도 시민불복종은 민주적 법치국가의 '현실'이 그러한 불복종의 에너지를 고갈시킬 만큼 정치적 의사결정이나 법의 형성과정의 민주성이 충분하게 실현되지 못한 데서 비롯된다. 민주적 법치국가는 시민불복종을 자신의 반성적 성찰의 계기로 삼아야 한다.

■ **시민불복종** ① 시민불복종으로 승인되려면 시민성(=불복종운동의 주체가 이질적 구성원들의 자발적인 조직일 것), 비폭력성, 공공성(=불복종을 '공식 천명'하고, 실정법상의 처벌을 감수하겠다는 자세), 보충성(=모든 법적 절차에 의해 불복종하는 실정법을 변화시킬 수 있는 가능성이 없을 것), 비례성(=그 실정법에 의해 침해되는 이익이 불복종운동이 침해하는 제3자의 이익보다 중대할 것), 공론경쟁력(=운동이 주장하는 바가 공론영역에서 기존의 법규범과 함께 정당성 경쟁을 동등 그 이상의 수준으로 펼칠 수 있을 것)이 있어야 한다. ② 실정법 위반행위에 대한 통상적인 효과(예: 유죄 실형)의 인정은 권위적 합법주의를 낳기 쉽고, 반면에 확정적인 정당성의 인정(예: 불법의 조각)은 시민운동가의 정의확신이 공식적인 민주적 입법

기제의 정당성 창출력을 밀쳐내는 도덕적 엘리트주의에 빠지기 쉽다. 유죄를 인정하되 시민불복종임을 양형(예: 집행유예)에서 고려하는 것이 적절하다.

2. 국가권력에 의한 법의 관철

법은 합법적 절차에 의해 법을 변경하려는 비판적 운동과 예외적으로 자력구제가 허용되는 긴급상황의 경우를 제외하고는 자신을 침해하는 모든 행위에 대하여 강제적으로 관철된다. 조직화된 권력인 국가는 법의 확실한 관철가능성을 유지하는 임무를 수행한다. 그래서 법은 국가에 의해 그 관철이 보장된 규범(국가법)이 된다. 이처럼 조직화된 권력인 국가에 의해 강제적 관철이 보장된다는 점에서 법과 그 밖의 규범 사이에는 현저한 차이가 있다.

(1) 법적 절차에 의한 법의 관철

국가에 의한 법의 관철은 개인의 자력구제와는 달리 다시금 법적으로 규제된 방법과 절차에 따라 이루어진다. 인간의 행동을 규율하는 법규범(행태규범)을 '제1차적 법규범'이라고 한다면, 법을 관철하는 절차를 규율하는 법규범은 '제2차적 법규범'이라고 부를 수 있다. 민사소송법이나 형사소송법, 행정소송법 등은 그런 법규범의 대표적인 예이다. 이 법들은 원고, 피고(피고인), 증인, 감정인, 법관, 수사기관 및 집행관 등이 법을 관철하는 절차에서 어떻게 행동해야 하는지에 관한 규율을 담고 있다. 그런 법적 규율에는 진실발견에 이바지 하는 규정뿐만 아니라 절차에 참여하거나 관련되어 있는 개인의 기본권을 보장하는 규정까지 포함되어 있다.

예를 들어 증인은 법원의 소환에 의해 법정에 출석할 의무(형사소송법 제152조, 민사소송법 제312조)를 지지만 일정한 요건 아래 증언을 거부할 수도 있다(형사소송법 제148조, 제149조, 민사소송법 제314조, 제315조). 이 증언거부권은 증인 또는 그와 밀접한 관계에 있는 자의 기본권(예: 프라이버시권)을 보호한다.

법을 관철하는 방법과 절차를 규율한 법은 국가가 법의 실현을 이유로 또 다른 부정의를 초래하는 것을 최대한 방지한다.

(2) 법의 관철 메커니즘의 유형

법을 관철하는 메커니즘은 다양하다. 다음 세 가지 유형으로 분류할 수 있다: 강제이행, 제재, 효력의 부인.

㈎ 강제이행 아직 이행되지 않고 있는 법적 의무를 강제로 이행시킨다. 예를 들어 ① 영업소의 폐쇄명령을 받은 음식점 주인이 계속 영업을 할 경우 행정관청은 직접 그 영업소의 간판을 제거하는 등의 실력적 방법으로 영업소 폐쇄의 의무를 이행시킨다('직접강제')(「식품위생법」 제79조). ② 돈을 빌린 채무자가 변제기일이 넘도록 빚을 갚지 않을 경우 채권자는 법원에 소송을 제기하고 법원으로부터 지급판결을 받는다. 이 판결에도 불구하고 채무자가 빚을 여전히 갚지 않을 때에는 법원으로부터 집행문이 있는 판결정본을 부여받아(민사집행법 제28조 이하) 그것에 의해 강제집행을 행한다. 즉, 집행관이 채권자의 신청에 의해 채무자의 동산을 압류하고, 경매하여 그 경매대금을 채권자에게 교부한다. ③ 제2차 법규범이 부과하는 의무도 강제로 이행되기도 한다. 예컨대 법원에 의해 증인으로 소환된 자가 출석하지 않는 경우 법원은 그 증인을 강제로 구인할 수 있다(형사소송법 제152조, 민사소송법 제312조).

㈏ 제재 법적 의무의 강제이행이 불가능한 경우에는 제재(Sanction)를 가한다. 예컨대 자동차를 몰 때에는 음주상태에서 운전하지 않아야 할 의무가 있음에도 불구하고(「도로교통법」 제44조 제

1항), 술에 만취한 상태에서 차를 몰다가 보행자를 치어 다치게 한 경우에 법은 ① (민법상으로는) 피해자(또는 유족)의 청구에 의해 그 가해운전자로 하여금 손해배상을 하게 하고(민법 제750조), 만일 그 운전자가 공무를 수행하는 중이었다면 ② (공법적으로는) 그 공무원이 소속한 국가나 공공단체도 피해자에게 손해배상의 책임을 지게 한다(헌법 제29조 제1항, 「국가배상법」 제2조 제1항). 또한 ③ (형법적으로) 국가는 가해운전자에게 형벌을 부과할 수 있다(형법 제268조, 「교통사고처리특례법」 제3조, 「도로교통법」 제107조의2 제1호). 법적 의무의 불이행에 대한 제재는 이 밖에도 ④ 행정법 또는 소송법에 의해서도 이루어진다. 예컨대 주차금지구역에서 주차한 사람에 대하여는 시장 등에 의해 과태료가 부과되며(「도로교통법」 제115조의2 제3항), 법원에 의해 소환된 증인이 법정에 출석할 소송법상의 의무를 이행하지 않은 경우에도 과태료가 부과되기도 한다(형사소송법 제151조 제1항). ⑤ 법적 제재 가운데는 공법·사법·형법 어느 분야에 전속하지 않고 중간영역에 위치하는 과징금(예: 공정거래법위반기업에 대한 공정거래위원회의 과징금부과)이나 징벌적 손해배상도 있다.[36)]

⑥ 이와 같은 제재는 다른 사람들에게도 법적 의무를 준수하도록 유도하며('일반예방적 효과'), 법적 의무를 위반한 사람으로 하여금 장래에 똑같은 의무위반을 하지 않도록 유도한다('특별예방적 효과').

㈐ **효력의 부인** 　법의 관철은 법을 깨뜨린 행위의 효력을 부인하는 방식으로도 이루어진다. 먼저 국가기관의 법형성 및 법적용의 행위도 그 효력이 부인될 수 있다. 예컨대 ① 국회가 제정한 법률이 헌법에 위반될 경우에는 법원의 위헌심사제청과 헌법재판소의

---

36) 중간법의 성장에 대해서 이상돈, "공정거래질서와 형법정책", *법제연구*(통권25호, 2003), 167~195쪽; *윤리경영과 형법*(신영사, 2005), [2] 단락 참조.

위헌결정에 의하여 무효로 선언될 수 있고(헌법 제107조 제1항, 제111조 제1항), ② 위법한 행정행위는 행정소송에 의하여 취소될 수 있으며, ③ 법원의 판결도 위법한 경우에는 상소절차에 의하여 파기될 수 있다. 또한 ④ 개인이 행한 거래행위도 선량한 풍속에 반하는 것일 경우(예: 인신매매계약)에는 법원은 그 행위의 무효를 선언할 수 있다.

■ 무효와 취소 무효인 법률행위는 이해당사자의 주장 없이도 당연히 그 효력이 없는 반면, 취소할 수 있는 법률행위는 취소권자가 취소권을 행사하기 전까지는 여전히 유효하다. 무효인 법률행위는 시간의 경과와 무관한 반면, 취소할 수 있는 법률행위는 일정한 존속기간 내에 취소권을 행사하지 않으면 취소할 수 없다. 어떤 사유를 법률행위의 무효사유 또는 취소사유로 할지는 법정책의 문제이다.

3. 국제사회

국가 단위의 법공동체와는 달리 국제법공동체는 아직 국가와 같은 '조직화된 법공동체'의 단계에 이르지 않았다. 즉, 국제법규범의 강제적 관철을 담당할 중앙기관을 갖고 있지 않다. 달리 표현하면 세계는 아직 하나의 국가(세계국가)로 조직화되지 않았다.

■ 세계국가와 세계시민사회 국제사회가 하나의 세계국가를 이룰 수 있다고 하여도 그것이 바람직한 것인지는 의문이다. 한편으로는 국제법규범들이 강제적으로 관철되고 국가 간의 갈등과 (때로는 무력을 수반하였던) 분쟁을 평화적으로 해결할 수 있다는 전망을 해볼 수 있지만, 소수의 선진국가들이 득세하여 현재의 국가간 정치·경제적 힘의 불균형을 더욱 심화시킬 위험이 있다. 또한 세계국가의 권력이 하나의 국가에 짜인 민주적 법치국가의 체제를 재현하지 못한다면 권력의 집중이 이루어져, 결국에는 전제정치로 나아갈 위험성마저 있다. 한 국가는 다른 국가들, 즉 세계시민사회의 여론을 고려해야만

하는 데에 비해, 하나의 세계국가는 외부세계의 견제세력이나 고려해야 할 그 세계국가 밖의 여론이 존재하지 않기 때문이다. 탈중심화된, 다원주의적 세계시민사회에 대한 구상,[37] 예컨대 문화적 다원성을 서로 인정하면서 인류의 보편적 가치를 대화적 방식으로 창출·확장해가는 시민사회들 사이의 수평적 연대가 세계국가론보다 더 전망이 밝다.

외형상 국제공동사회의 중앙기관이라고 할 수 있는 ① UN총회의 결의도 대개는 단순한 권고로서의 성질, 즉 단순한 정치적 압력수단의 성격을 가질 뿐이다. 또한 ② 헤이그 국제사법재판소(ICJ)의 판결은 국제사법재판소의 재판권에 승복하는 국가들에게는 구속력이 있으나 그 판결의 강제적 집행은 이루어지지 않는다. ③ 이 점은 국제형사재판소(ICC)의 경우에도 마찬가지이다. 또한 국제형사재판소의 경우는 그 관할범죄가 인류의 공적(公敵)처럼 보이는 범죄들(예: 침략전쟁, 집단학살, 인도에 반하는 범죄)이지만 그 재판규범인 국제인도법의 보편성이 — 특히 중동 원리주의 국가의 입장에서는 — 언제나 심각하게 다투어지고 있다.

■ 국제형사재판 ① 국제형사재판소는 1948년 유엔총회의 제260 결의인 「집단학살의 예방과 처벌을 위한 조약」(Convention on the Prevention and Punishment of the Crime of Genocide), 1953년 유엔총회의 「국제형사재판소 설립을 위한 규정 초안」 발표 그리고 (1990년대 구 유고와 르완다 분쟁 등을 계기로 그 설립필요성이 국제사회의 공감대를 얻으면서) 1998년 제52차 유엔총회에서 채택된 「로마규정」(Rome Statute of the International Criminal Court)에 의해 2002년 헤이그에 세워진 상설재판소이다. ② 국제형사재판소는 국제인도법의 가장 중대한 범죄들(예: 전쟁범죄, 반인도적 범죄 그리

37) 이러한 구상이 잘 드러난 이상돈·클라우스 귄터·변종필, "세계화에 따른 법문화의 변화와 법개혁의 과제", *법철학연구*(제7권 제1호, 2004), 7~38쪽 참조.

고 집단살해죄)을 관할하며, 그런 범죄를 저지른 개인을 재판할 수 있다. 그러므로 甲은 K 국가의 국민에 대한 집단학살행위로는 국제형사재판소의 재판을 받을 수 있지만 핵무기 개발을 이유로 재판을 받지는 않는다. 핵무기 개발은 핵무기확산금지조약(NPT)에 의해 통제되고 있을 뿐이고 국제형사재판소의 관할이 아니다. 유엔은 핵무기 개발의 중지와 폐기를 결의하거나 안전보장이사회를 통한 직접적인 제제만을 할 수 있을 뿐이다. ③ 이슬람권 국가 중에는 현재 로마규정을 비준한 국가가 하나도 없으므로 국제형사재판이 구속력을 가질 수 없다. 이는 근본적으로 전범이나 반인도적 범죄에 대한 규정이 서구의 선진국가들에 의해 장악되고 있는 현실에서 비롯된다. 또한 국제인도법에 위반하는 범죄들이 때로는 그 국가의 국내여론에서 상당한 지지를 받기도 한다. 그런 국내여론이 보여주는 그 국가의 법의식은 세계화 시대의 (법)다원주의를 구성하는 것일 수 없다. 집단학살 등은 국제정치적 관계를 초월하여 인류문명의 발전사에서 이미 보편적인 범죄라고 보아야 하기 때문이다. 그런 법의식은 인류의 문명과 충돌하는 것이며, 다원주의적인 법문화를 구성한다고 볼 수 없다.

④ 세계무역기구(WTO)도 이 기구의 분쟁해결기관(Dispute Settlement Body)이 패널보고서를 채택한 후, 분쟁당사국(패소국)이 분쟁해결기관(DSB)의 권고와 결정을 이행하지 않을 경우 이를 강제이행하는 조직화된 권력은 갖고 있지 않다. 단지 WTO라는 다자체제의 통제를 받는 사실상 보복(retaliation)에 의해 국제무역법규범(예: 1948년 GATT가 발효된 이후 발전되어온 상품무역에 관한 국제규범과 1994년 종결된 우루과이라운드다자무역협상(UR협상)에서 채택된 서비스무역과 무역관련 지적재산권 등 새로운 국제무역법규범)의 준수를 도모할 뿐이다. 지역블록의 형성은 그러한 보복조치의 실효성을 확보하는 방편이 되기도 한다. 오늘날 WTO체제의 기능은 매우 미미해졌고, 국가간의 FTA협정을 통해 세계질서가 다원적으로 형성되어가고 있다.

제2부

법의 기초

3

계약과 법

Ⅰ. 법의 계약적 기초

계약(contract)은 법적 구속력이 인정되는 '합의'이다. 계약은 모든 법의 가장 근본적인 형상이며, 자율적인 시민상을 전제로 한다.

1. 사법과 계약

(1) 사적 관계의 자율적 형성

계약은 특히 사적 자치(Privatsautonomie)가 인정되는 법영역(예: 「민법」), 즉 법적 관계의 자율적 형성이 개인들에게 허용되는 사법의 영역에서 개인들이 상호간의 이해를 조정하고, 상호관계의 내용을 형성하는 가장 기본적인 행위방식이다. 계약을 통하여 임대차와 같은 채권관계는 물론이고, 부동산소유권이전합의와 같은 물권계약, 그리고 결혼과 같은 가족관계의 구체적 내용이 형성된다. 계약을 맺음으로써 개인들은 서로에게 일정한 권리를 부여하고 동시에 서로에게 일정한 의무를 부담시킨다.

(2) 계약을 통한 자율적 분쟁해결: 중재

더 나아가 계약은 새로운 법제를 만드는 제도로서 기능하기도 한다. 예컨대 분쟁당사자들은 자율적으로 그들이 미리 정한 제3자가 그들 사이의 분쟁에 대해 판정을 내리면 그 판정을 분쟁당사자 모두에게 구속력이 있는 것으로 상호 승인하고, 분쟁을 그 판정의 내용에 따라 해결하도록 하는 계약('중재합의' Arbitration Agreement)을 맺을 수 있다. 이런 계약의 지속적인 확산과 관행화는 「중재법」이라는 현대적인 법제를 형성하였다. 여기서 '현대적'이라는 것은 국가법이 분쟁관계를 내용적으로 '직접' 규율하는 근대법의 패러다임에서 벗어났다는 의미이다.

2. 공법과 계약

(1) 국가와 법의 정당성기초로서 계약

계약은 사법영역에서 뿐만 아니라 공법영역에서도 법을 형성하는 기초가 되기도 한다. 먼저 계약이 개인을 권리의 창출자로 만든다는 논리는 '실정법의 형태로 행사되는 법의 지배(rule of law)'를 도덕적으로 정당화하는 데 활용될 수 있다.[1] 즉, 사회계약이론에 의하면 법은 모든 개인들이 공평하게 자유를 누리기 위해 모두가 지켜야 하는 행동의 한계에 관한 합의(계약)이며, 국가도 그 계약내용의 이행이라는 목적을 위한 수단으로 존재한다. 다시 말해 법과 국가의 궁극적인 정당성기초는 개인들 사이의 합의가 된다.

■ 국적변경의 자유 예를 들어 오늘날 헌법상 거주이전의 자유(헌법 제14조)에 포함되는 것으로 해석되는 '국적변경의 자유'는 개인들에게 당연히 인정될 수밖에 없다. 헌법에 의해 표현되는 국가질서는

1) Habermas, "Wie ist Legitimität durch Legalität möglich?" *KJ*(1987), 6쪽.

바로 개인들이 (사회)계약을 통하여 창설한 것이기 때문이다.

(2) 행정법적 관계의 계약적 형성

또한 계약은 공법, 특히 행정법적 관계를 구체적으로 형성하는 법개념이 되기도 한다. 예를 들어 「도로법」에 의하면 서울특별시와 인천광역시에 걸쳐 있는 도로는 두 자치단체가 계약(협의)에 의해 그 노선을 인정하고(동법 제16조), 그 관리청 및 관리의 방법도 계약(협의)에 의하여 정한다(동법 제20조 제1항).

(3) 형법에서 계약

형법영역에서도 계약은 비록 극히 제한적인 범위이긴 하지만 구체적인 법적 관계의 내용을 형성하는 도구가 된다. 예를 들어 모욕죄(형법 제311조)와 같은 친고죄(형법 제312조 제1항)의 경우에 가해자와 피해자가 '형사책임을 묻지 않는다'는 합의를 하여 그 합의서를 수사기관에 제출한 경우에는 형벌권이 행사되지 않는다. 형사소송의 실무에서 범죄사실을 인정하고 양형상의 혜택을 받는 사실상의 계약도 광범위하게 이루어지기도 한다.

3. 초국가적 법과 계약

계약은 전통적으로 국제법을 형성하는 중심적인 개념이 된다. 국가 간의 각종 조약이나 협정은 일종의 계약이다. 또한 세계화 시대에 계약은 '국가가 전제되지 않은 세계법'(global law without a state)[2]을 형성해간다. 이를테면 국제통화기금(IMF)이나 세계은행(WB)은 재정지원의 조건으로 개별국가의 경제관련법에 구조적 변

2) 이 개념에 대해 Teubner, Global Law without a State(Dartmouth, 1997) 참조.

화를 가져오는 자문을 행하는 방식으로 세계법을 형성한다. 더 나아가 계약은 '초국가적 법규범'(transnational law)을 형성하기도 한다. 이를테면 기업들 사이 또는 기업과 국가 사이의 국제거래에서 계약이 위반될 경우에 계약에서 합의한 절차에 따라 국제적인 중재재판소에 의한 분쟁해결이 이루어지고, 이러한 분쟁해결에 의해 축적되는 기준은 '초국가적 상법'(lex mercatoria)을 형성한다.

■ 계약적 사고의 법문화 한국사회도 계약적 사고의 법문화가 많이 성장했지만 그렇지 않은 경우들도 있다. 가령 대법원은 교통사고에서 승객에 대한 운전자의 손해배상책임을 '여객운송계약'의 위반이 아니라 불법행위로 인한 손해배상으로 구성한다. 이는 계약관계가 없는 제3의 피해자, 이를테면 공인회계사가 부실감사한 회사의 주식을 매수한 투자자의 손해에 대한 공인회계사의 배상책임을 불법행위책임이 아니라 (제3자의 보호효가 있는) 계약(공인회계사와 피감사회사의 외부감사계약)에 기초한 책임으로 구성하는 독일 연방법원의 태도와 뚜렷하게 대비된다. ② 계약은 형법의 영역에서도 등장한다. 대법원은 타인의 법익을 침해하는 행위를 정당화하는 근거로서 주로 전통윤리의 함의를 갖고 있는 "사회상규" 규정(형법 제20조)을 사용하는 반면, 개인의 권리를 중심으로 한 "정당방위"나 "긴급피난" 규정(형법 제21조, 제22조)은 상대적으로 훨씬 덜 사용한다.

Ⅱ. 계약의 구속력과 도덕적 내부구조

1. 계약의 구속력의 근거

계약은 개인들에게 그들 사이의 법적 관계를 자율적인 의사에 따라 형성하게 하는 제도이다. 계약제도의 구속력은 의사의 합치를 이루게 된 모든 개인들의 자율적인 의사에 대한 상호적 존중에서 나온다. 즉, 개인들이 자율적으로 의사의 합치를 이룬 경우, 각 개인은 자신이 그 합치된 의사내용대로 행동하는 한, 상대방도 그 의사내용대로 행동할 것을 기대한다. 이러한 상호성(相互性 Reziprozität) 또는 상호존중의 원칙으로부터 '계약은 지켜져야 한다'(pacta sunt servanda)라는 가장 기초적인 법원칙이 도출된다.

■ 약속이론과 신뢰이론　계약의 구속력은 계약의 두 축인 '약속'과 '신뢰'에서 비롯된다. 그러나 '약속(또는 약속자의 의사) 그 자체로부터 이행의무가 생기'거나('약속이론'), '약속에 의해 형성된 상대방의 신뢰 그 자체 때문에 이행의무가 생기'는 것('신뢰이론')은 아니다. '약속'과 '신뢰'는 그 자체로서 구속력을 발휘할 수 없고, 그것이 '상호적'일 때에만 비로소 구속력을 발휘한다.

2. 의사의 자치와 신뢰보호

이처럼 '계약은 지켜져야 한다'는 원칙은 계약당사자의 의사에 대한(상호적) 존중을 전제로 한다. 그러나 각 당사자가 계약시 상대방의 진정한 의사와는 다른 의사에 대하여 자신의 의사를 합치시킨 경우가 있을 수 있다. 즉, 상대방의 진정한 의사와는 다른 의사에 대하여 신뢰를 가지고, 또한 그런 신뢰를 바탕으로 다른 행동을 계속하게 된 경우가 있을 수 있다.

(1) 의사의 자치와 신뢰보호의 갈등관계

이런 경우에는 의사(意思)의 자치(자율성)에 대한 보호와 '신뢰보호' 또는 '법적 안정성'은 갈등을 빚게 된다. 법은 이런 갈등에 대해 어느 한 쪽의 이념만을 편들지 않고, 그 두 이념의 조화로운 실현을 꾀한다.

예를 들어 소를 사육하기 위해 과수원을 매입하였으나 매매계약 후에 그 과수원땅이 시설녹지로 편입되어 있음을 안 매수인은 매도인이 소 사육을 위한 매수임을 알고 있었던 경우에는 "계약내용의 중요한 부분"에 대한 착오(민법 제109조 제1항 1문)를 이유로 계약을 취소할 수 있다. 과수원 운영은 매수인의 의사가 아니기 때문이다.

민법은 착오뿐만 아니라 사기나 강박에 의해 의사표시를 한 경우에도 의사표시를 취소할 수 있게 하고 있다(민법 제110조 제1항). 또한 형법은 사기나 강박에 의해 상대방으로 하여금 재산처분의 의사표시를 하게 한 자를 사기죄(형법 제347조 제1항)와 공갈죄(형법 제350조)로 각각 처벌하고 있다.

그러나 다른 한편 민법은 의사표시자가 중대한 과실로 착오를 한 경우(민법 제109조 제1항 2문) 또는 계약상대방이 제3자가 의사표시자에 대해 행한 사기나 강박에 대해 알지 못했고 알 수도 없었던 경우(민법 제110조 제2항)에는 의사표시를 취소할 수 없게 하고 있다. 착오로 인한 의사표시이든 사기, 강박에 의한 의사표시이든 선의의 제3자에게는 대항하지 못하게 하고 있다(민법 제109조 제2항, 제110조 제3항).

(2) 약속과 신뢰의 상호성

위의 예에서 취소제도는 '사적 자치'가 개인의 진정한 의사의 바탕 위에서 이루어지게끔 하는 기능을 발휘한다. 이 경우 '사적 자치'는 진정한 '의사의 자치'인 셈이다. 즉, 취소제도는 의사의 자치를 보호한다. 다른 한편 민법은 일정한 경우 취소를 할 수 없도록 함으로써 계약상대방의 '신뢰'를 보호하고, '법적 안정성'을 실현한다.

그러면 어떤 경우에 의사의 자치를 보호하고, 또 어떤 경우에 신뢰를 보호해야 하는가? 이 문제는 궁극적으로는 어떤 경우에 계약의 구속력의 기반인 약속이나 신뢰의 '상호성'이 유지될 수 있는지에 달려 있다. 예컨대 민법이 중대한 과실이 없이 착오로 계약한 사람이나 사기 또는 강박에 의해 계약한 사람이 자신의 의사표시를 취소할 수 있게 하는 것은, 그 어느 경우에도 약속이나 신뢰가 결코 상호적일 수 없으며, 상호성이 흠결된 계약은 더 이상 구속력을 가질 수 없다는 점 때문이다. 또한 중대한 과실로 착오하여 계약한 사람이나 사기, 강박의 사실을 모르는 계약상대방에 대하여 의사표시를 취소를 할 수 없게 하는 것도 의사표시자는 상대방과의 약속이나 그 이행에 대한 신뢰가 '상호적'인 것임을 부정할 자격이나 근거를 갖고 있지 않기 때문이다.

3. 의사자치와 행위기초

(1) 보편적 법규범으로서 사정변경원칙

계약이 진정한 의사의 합치로 이루어진 경우에도 그 계약의 기초가 되었던 사정, 즉 행위기초(Geschäftsgrundlage)가 사후에 중대하게 변경되어 계약의 이행을 기대할 수 없는 경우에 그 계약은 더 이상 지켜져야 할 필요가 없다. 이를 사정변경의 원칙(clausula ebus sic stantibus)이라 한다. 예를 들어 매매계약을 맺은 후 잔대금을 지불하기까지 오랜 시간이 지났고, 그 사이 인플레이션이 극심하였던 탓에 매수인이 계약상의 잔대금만을 지급하면 매도인의 입장에서 '현저하게' 불이익을 받게 되는 경우에 그 계약은 더 이상 구속력이 없게 된다. 이러한 사정변경의 원칙은 민법뿐만 아니라 국제법(특히 국제상사계약법)에서도 일반적인 법원칙이 되고 있다.

■ 사정변경원칙의 보편적 법규범화 대표적인 예로 유럽계약법위원회(Commission on European Contract Law)가 제정한 유럽계약법원칙(Principles of European Contract Law Article 6:111)을 들 수 있다. 이 원칙에 의하면 계약의 이행이 "사정변경으로 인해 극단적으로 문제성 있게"(excessively onerous because of a change of circumstances) 되는 경우로서 ⓐ 그 사정변경이 계약이 체결된 이후에 발생하고, ⓑ 그 사정변경의 가능성이 계약을 체결한 시점에 합리적으로 고려해 넣을 수 없는 것이어야 하며, ⓒ 그 사정변경의 위험을 계약에 따라 당사자가 마땅히 감수해야 하는 것이 아닐 때(이상 Article 6:111 (2))에 계약은 수정되거나 종료될 수 있다. 유럽계약법원칙 이외에도 국제상사법위원회(UNCITRAL)의 「국제물품매매계약에 관한 UN협약」(United Nations Convention on Contracts for the International Sale of Goods), 사법통일국제협회(UNIDROIT)의 「국제상사계약에 관한 일반원칙」(Unidroit Principles of International Commercial Contracts) 등도 사정변경원칙을 수용하고 있다.

(2) 사정변경원칙의 도덕적 구조

이 사정변경의 원칙은 의사자치(자율성)의 기반을 무너뜨리지 않는다. 사정변경원칙은 계약당사자가 계약의 이행에 대한 신뢰를 '상호적'으로 더 이상 갖지 않게 된 경우, 바꿔 말해 계약의 이행이 더 이상 도덕적이지 않게 되는 경우에만 적용되기 때문이다.

이처럼 계약의 구속력을 배제시키는 사정변경은 당연히 도덕적 근거를 갖고 있어야 한다. 그 근거는 약속의 준수에 대한 계약당사자 쌍방의 신뢰가 더 이상 상호적일 수 없을 때에는 약속은 지켜야 한다는 원칙이 적용될 수 없다는 점에 있다. 여기서 상호적인 신뢰의 존속여부에 대한 판단은 계약당사자의 '주관'이나 — '거래의 공정성'(fair dealing) 또는 '신의칙'(good faith)이라는 기준의 형태를 띠고 이루어지는 — 주관적인 가치판단이 아니라 객관적인 '거래의 관행'을 기준하여야 한다. 거래의 관행에서 볼 때 계약의 이행에 대한 신뢰가 일반적이라고 판단되는 경우라면 계약의 이행에 대한 신뢰가 어느 한 편에게만 남아 있거나 거꾸로 다른 한 편에게는 더 이상 남아 있지 않다고 해서 사정변경원칙이 적용될 수는 없다. 사정변경으로 인한 계약의 구속력 상실을 단지 사정변경이 현저한 경우(예: 극도로 이례적인 인플레, 전시 또는 그에 준하는 비상사태)에 국한시키는 이유도 이런 점에서 비롯된다.

■ 사정변경원칙　가령 甲은 부동산투기가 한창이던 2006. 10. 10. 32평형의 D 아파트를 乙로부터 6억원에 매입하였고, 11. 1. 계약금과 중도금으로 총 4억원을 지급하였으며, 잔금일인 11. 10. 직전 乙은 아파트 시세가 8억원으로 급등하자 매매계약을 해제하고 4억원을 돌려주겠다고 한 사안을 가정하자. ① 부동산의 급등·급락에 대한 예측은 부동산 투자결정의 중심요소를 이루고, 그런 예측의 오류로 인한 투자의 실패는 매수인이든 매도인이든 스스로 짊어져야 하는 것이 거래의 관행이라고 볼 수 있다. 이 매매계약의 준수에 대한 신뢰의 상호성은 사라지지 않았으며, 乙의 계약해제는 도덕적으로 타당하지 않다. ② 乙의 계약해제는 법적으로는 해제사유가 있어야 한다. 예컨대 잔금을 받기 이전 시가상승이 매매가의 가령 20% 이상 이루어지면 해제할 수 있다는 특약이 있었거나 甲이 乙에게 강박이나 기망을 하여 매도결정을 하게 하거나 甲이 중도금을 지불하지 않았던 경우 등에 관철될 수 있다. 이 사안처럼 부동산 가격이 6억에서 8억으로 2억 가량 오른 것을 두고 사정변경원칙을 적용할 수는 없다.[3)] 계약이행의 신뢰가 상호적인지 여부는 '신의칙'(Good Faith) 또는 '거래의 공정성' 개념을 사용하더라도 '거래의 객관적 관행'을 살펴서 판단하여야 한다.

---

3) 대법원은 이런 경우 계약의 해제권이 발생하지 않는다고 본다(대판 1963. 9. 12, 63다452). 그러나 대법원은 계속적 보증(특히 회사 임원의 지위에서 부득이하게 체결한)에서는 사정변경을 이유로 해지권을 인정하기도 한다(대판 1992. 5. 26, 92다2332).

Ⅲ. 계약의 자유와 그 제한

1. 계약의 자유

법적 관계를 계약의 형태로 자유로이 형성할 수 있는 가능성(사적 자치)은 계약의 자유라는 형태로 제도화된다.

(1) 계약의 자유

모든 개인은 법률관계를 형성함에 있어 자유로이 계약을 체결할 지를 결정하고(계약체결의 자유), 체결할 경우에도 어떤 방식(예: 서면 또는 구술)으로 할 지(계약방식의 자유), 그리고 어떤 내용으로 할지에 관하여도 자유로이 결정할 수 있다(계약내용의 자유). 계약의 자유는 법영역에 따라 다양하게 제한된다.

㈎ 물권법 예를 들어 물권(예: 소유권, 저당권 등)의 종류는 법률 또는 관습법에 의하는 것 외에는 개인이 자유로이 정할 수 없으며(민법 제185조), 소유권을 이전시키기 위해서는 계약당사자간의 소유권이전에 대한 합의뿐만 아니라 등기명의의 이전이라는 방식을 따라야만 한다(민법 제186조). 이는 '법적 거래의 안전'을 위한 것이며, 또 다른 자유의 조건이 된다.

㈏ 가족법 자유의 제한은 가족법에서 더욱 강하다. 예컨대 유언의 방식을 자필증서·녹음·공정증서·비밀증서 또는 구술증서의 다섯 가지에 국한시키는 것(민법 제1065조)은 법적 거래의 안전을 위한 것이다. 가족법의 자유제한은 대부분은 윤리적인 이유에서이다. 근친혼을 금지하거나(민법 제809조), 혼인한 사람에게서 또 다른 사람과 혼인할 자유를 박탈하는 것(민법 제810조) 등을 그 예로 들 수 있다. 이처럼 윤리적 이유에 의해 사적 자치가 제한되는

것은 윤리관의 역사적 변화와 더불어 해제될 수 있다. 동성동본불혼규정(구 민법 제809조)에 대한 헌법재판소의 헌법불합치결정(헌재결 95헌가6 내지 13)이나 간통죄의 위헌결정(헌재결 2009헌바17)은 그 예이다.

㈐ 형법　형법에서는 물권법이나 가족법에서보다 더 철저하게 계약의 자유가 배제된다. 예를 들어 범죄행위가 있을 경우 가해자와 피해자가 책임면제계약을 체결한다고 해서 형벌권이 행사될 수 없게 되지는 않는다. 또한 형사소송에서도 검사와 피고인 사이에 피고인이 특정한 범죄사실을 자백하고, 검사는 형을 낮게 구형한다는 계약이 이루어져도 법원은 그 계약내용대로 범죄사실을 인정하거나 낮은 형량을 선고해야 하는 것은 아니다. 또한 그런 계약이 체결된 바 있으나, 검사나 피고인 중 어느 한 당사자만 계약을 이행하지 않은 경우에도 국가형벌권의 행사에는 아무런 영향을 미치지 않는다. 형사법은 사적 자치가 인정되지 않는 법영역이기 때문이다. 즉, 형법은 오직 국가형법이며, 형벌은 공형벌일 뿐이다.

■ 피해자사법과 형사조정제도에서 계약의 기능　피해자의 지위를 강화하는 회복적 사법 또는 치료적 사법의 경향에서는 형사사법에서도 계약의 자유에 대한 제한이 실질적으로 완화되는 추세를 보여준다. 예컨대 검찰의 수사단계에서, 범죄피해자지원센터(法人)가 주관하는 형사조정절차에서 그리고 특히 민사적 형사분쟁사건(예: 채무불이행과 사기의 중간영역에 속하는 행위)에서, 가해자가 피해자와 배상 등에 관한 합의(계약)를 하면 공소를 제기하지 않는 등과 같이 계약이 형사사법에서 점차 중요한 의미를 갖기 시작하고 있다. 현재 「범죄피해자보호법」 제41조~제46조에서 형사조정을 제도화하고 있다.

(2) 사법규정의 임의성과 보통거래약관

㈎ 임의규정　계약의 자유에 대한 제한이 존재하지 않는 경우

에는 계약내용에 관한 사법규정들은 계약당사자가 특정한 합의를 하지 않은 경우에만 보충적으로 적용된다. 예를 들어 매매한 물건에 하자가 있는 경우를 규율하는 하자담보책임규정(민법 제570조 내지 제584조)은 계약당사자들이 그런 규정의 내용과 다른 약정을 하지 않은 경우에만 적용된다. 이런 규정을 임의규정이라고 부른다.

(나) **보통거래약관** 그런데 오늘날 자동차매매, 보험계약, 은행거래 또는 신용카드가입계약 등에서 볼 수 있듯이, 기업과 불특정 다수의 소비자 사이에 전형적·대량적·반복적으로 이루어지는 계약에서는 임의적인 민법규정의 적용을 배제하는 표본화된 약정이 양식화된 계약서에 인쇄된 채 자동적으로 부과된다. 이것을 '보통거래약관'(Allgemeine Geschäftsbedingungen)이라고 한다. 보통거래약관은 거래관계를 명확히 하고, 거래에서 발생할 수 있는 위험에 대한 예견가능성을 높이며, 집단적 거래를 신속히 그리고 합리적으로 처리할 수 있게 해준다. 그러나 보통거래약관은 거래에서 발생할 수 있는 위험을, 약관을 작성한 계약당사자(예: 회사, 은행)에게 유리한 방향으로 분배할 가능성이 높다. 즉 소비자에게는 다른 약정의 선택자유는 주어지지 않고 거래관계에 들어가느냐 마느냐의 자유만 주어지게 되는 것이다. 보통거래약관의 보편화는 사적 자치 자체를 구조적으로 위축시킨다. 그런 구조적 위축 속에서 기업과 소비자간의 계약은 불평등하게 된다.

■ 면책약관과 신의성실 예컨대 「대인배상 자동차종합보험계약」에 딸린 자동차종합보험약관과 같은 보통거래약관에는 "자동차의 운전자가 무면허운전을 하였을 때에 생긴 사고로 인한 손해에 대하여는 회사가 보상하지 아니한다"는 규정이 들어 있다. 이런 규정에 따르면 운전자가 차열쇠를 차안에 그대로 놔두고 자리를 비운 사이에 무면허의 제3자가 차를 몰다 사람을 다치게 하여 운전자가 그 피해자에

게 손해배상을 해준 경우에, 보험회사에 대해 보험계약에 따라 배상금에 대한 보험금청구를 할 수 없다. 보험계약자나 피보험자는 그런 무면허운전을 지배할 수 없다는 점에서 이런 약관은 '신의성실의 원칙에 반하여 공정을 잃은 조항으로서 무효'가 된다(대판 90다카23899).

법은 그러한 구조적 위축에 대해 공정성(公正性)의 이념으로 대처한다. 예컨대 「약관의 규제에 관한 법률」은 신의성실(信義誠實 Treu und Glauben)의 원칙에 반하여 공정성을 잃은 약관조항을 무효로 선언하고(동법 제6조 제1항), 사적 자치의 이념을 실현하는 각종 법적 메커니즘의 배제를 내용으로 하는 다양한 약관조항의 유형들을 구체적인 무효사유로 규정하고 있다(동법 제7조 내지 제14조). 그 밖에 「방문판매 등에 관한 법률」이나 「할부거래에 관한 법률」도 약관규제적 기능을 발휘한다.

또한 정보화사회에서 보통거래약관은 정보보호의 법원리에 의해서 그 공정성이 심판될 수 있다. 이를테면 정보적 자기결정을 부당하게 침해하는 보통거래약관은 무효로 보고, 개인정보의 수집목적외의 사용에 대해 법적 책임을 물을 수 있다.

■ 데이터베이스 마케팅과 정보적 자기결정 　가령 통신회사 K는 가입계약서에 가입회원의 이름, 전화번호, 주소 등을 원하는 제3자(다른 기업)에 제공하는 것에 대한 포괄적 동의조항을 집어넣었고, 이렇게 수집한 회원정보로 구축한 데이터베이스를 원하는 기업에 팔고(데이터베이스 마케팅 Data Base Marketing) 그 이익의 일부를 전화요금할인의 혜택으로 가입자에게 돌려주었으며[4] 데이터베이스를 제공받는 기업 600여개의 명단도 K 통신회사 홈페이지에 게시한 사

4) 「정보통신망 이용촉진 및 정보보호 등에 관한 법률」 제22조는 제2항은 정보통신서비스 계약의 이행에 필요하거나, 요금정산을 위해 또는 법률에 특별한 규정이 있는 경우(예: 「신용정보의 이용 및 보호에 관한 법률」 제33조, 제34조)에는 이용자의 동의없이 개인정보를 수집 이용할 수 있게 한다.

안을 가정하자. ① 이와 같은 DBM에 대해 제3자를 특정하여 개별 회원에게 일일이 동의를 받게 하면 정보적 자기결정권은 두텁게 보호되지만 DBM의 시장은 기능하기 어렵게 되는 반면, 보통거래약관에 의한 포괄적 동의를 법적으로 허용하면 그 반대의 결과가 빚어진다. ② 양자를 조화시키기 위해 민감정보(사상, 종교, 정치성향, 病歷, 성생활, 유전자 및 주민번호)는 개별적 동의 없이는 DBM의 대상이 될 수 없게 하고, 제공받을 제3자를 특정 또는 그 범주를 특정하거나 개인식별정보를 삭제한 익명정보만을 제공하게 한다는 전제하에 포괄적 동의를 인정하되, 언제든 철회할 수 있게 하고, 제공받은 제3자의 정보이용이 불법적으로 정보주체의 권리를 침해하는 경우에는 법적으로 연대책임을 지게 하는 등의 방법으로 정보지배권의 인격적 차원과 경제적 차원이 조화될 수 있다.[5)]

(3) 사적 자치의 한계와 도덕률

약관규제의 원리인 '신의성실'은 비단 보통거래약관이 부속된 거래에만 적용되는 것은 아니다. 민법은 '신의성실원칙'(제2조 제1항)과 '권리남용금지'(제2조 제2항)를 기본원리로 선언하고 있다. 또한 민법은 '선량한 풍속'이나 '사회질서'에 위반한 내용의 법률행위(제103조) 또는 '불공정한' 법률행위(제104조)를 무효로 하고 있다. 이러한 규정에 비추어 보면, 사적 자치는 원래부터 개인들의 법적 관계를 완전히 자의적(恣意的)으로 구성할 수 있게 하는 제도가 아니라, 공정성의 규범적 테두리 안에서 개인들로 하여금 그들의 법적 관계를 자율적(自律的)으로 형성할 수 있게 하는 제도임을 알 수 있다. 물론 이와 같은 민법상의 일반조항들은 법적 관계의 구체적 내용을 특정 집단의 윤리나 이데올로기로 채색시킬 위험성을 안고 있다.

---

5) 이 사안에 대한 정보보호법적 분석으로 이상돈 · 전현욱, "정보이용동의: 정보적 자기결정의 새로운 차원", *고려법학*(제47호, 2006.10), 87~122쪽 참조.

2. 계약자유의 제한

사적 자치가 '자의적인' 자치가 아니라 '자율적인' 자치라면 사적 자치는 일정한 제한을 받게 된다. 이때 제한은 사적 자치에 내재된 도덕률에 의한 한계라는 점에서 내재적인 제한이라고 할 수 있다. 그러나 계약의 자유는 다양한 정책적 이유에 의해 제한될 수 있다. 정책적 이유는 사적 자치라는 도덕적 제도 밖에 있는 것이므로 정책적 이유에 의한 제한은 '외재적 제한'이 된다. 물론 이러한 계약의 외재적인 제한도 계약을 통해 형성되는 법적 관계의 내용적 정의를 실현하기 위한 것이다.

(1) 사회적 연대성

계약의 자유를 제한하는 정책은 우선 사적 자치의 제도가 불가피하게 초래하는 부정적인 결과를 제거하는 사회국가적 프로그램에 관계한다. 즉, 사회적 강자와 약자의 불평등계약을 교정하는 것이다. 자유롭고 평등한 개인상을 전제하는 민법은 사회적 약자의 보호를 도모하는 법제들에 의해 수정된다. 예컨대 고용계약(민법 제655조 내지 제663조)은 그 기간의 약정이 없으면 언제든지 계약해지의 통고를 할 수 있으나(제660조), 근로기준법에 의하면 사용자는 근로자를 "정당한 이유없이" 해고할 수 없다(근로기준법 제23조 제1항). 또 다른 예로 주택의 임대차계약도 민법상의 임대차제도(민법 제618조 내지 제654조)와는 달리 「주택임대차보호법」에 의하면 "등기가 없는 경우에도" 임차인(賃借人)이 주택을 인도(引渡)받고 전입신고를 하면 그 다음 날부터 제3자에 대하여 효력(대항력 등)이 생긴다(주택임대차보호법 제3조 제1항).

(2) 공공재의 생산 · 분배

현대사회에서 계약의 자유를 제한하는 정책적 이유로는 사회적 연대성보다 공공재(公共財)의 생산과 분배에 관련되는 경우가 더 많다. 예를 들어 통신, 운송, 수도, 전기, 가스 등의 사업체는 각각의 근거법령에서 정당한 이유 없이 서비스의 제공을 거절할 수 없게 하고 있다. 예컨대 일반수도사업자는 수돗물의 공급을 원하는 자에게 정당한 이유 없이 그 공급을 거절해서는 안 되고(수도법 제39조 제1항), 발전사업자 및 전기판매사업자는 "정당한 사유없이" 전기의 공급을 거부하여서는 아니된다(전기사업법 제14조).

■ 계약자유의 직업윤리적 제한 　공증인이나 의료인 또는 약사 등의 전문직업인들은 각각의 근거법령(예: 공증인법 제4조 제1항[촉탁인수의무], 의료법 제15조 제1항[진료거부금지], 약사법 제24조 제1항[조제거부금지])에 의해 자신들의 전문적인 서비스를 제공하는 계약체결을 거부하지 못한다. 이들 업무의 공익적 성격 때문이다. 이런 거부금지는 전통적인 직업윤리규범(예: '병이 있는 곳에 의술이 있다')을 법규범화한 것으로서 일종의 윤리적 제한의 성격을 띠기도 한다.

4

손해의 전보와 법

Ⅰ. 손해전보제도의 두 가지 의미

법은 타인에게 손해를 끼친 자가 그 손해를 전보(塡補) 하게 함으로써 정의를 실현하면서, 동시에 손해전보의 요건을 합리적으로 제한함으로써 개인들에게 자유를 보장한다.

1. 정의의 실현

법은 개인들에게 자유로운 행동의 공간을 보장한다. 그리고 어떤 사회적 관계를 형성할 것인지도 개인의 자유에 맡겨 놓는다. 이를 사적 자치(私的 自治 Privatautonomie)라고 한다. 그러나 자유의 향유는 타인의 권리나 보호할 가치가 있는 이익을 침해하지 않는 한에서만 바꿔 말하면 타인에게 손해를 발생시키지 않는 한에서만 인정될 수 있다. 따라서 타인에게 손해를 끼친 사람은 그 손해를 전보해야 한다. 이것은 '평균적 정의'의 요청이다. 여기서 정의의 문제는 어떤 요건(법적 요건) 하에서 손해를 전보할 법적 의무를 지게 되는가라는 구체적인 문제로 전환될 수 있다. 그런데 현대사회에서 손해전보에 관한 법제도의 발전은 특히 사회적 강자(예: 근로자에 대한 사용자, 환자에 대한 의사, 소비자에 대한 기업)의 손해전보의무를 강화하는 방향으로 나아가고 있다. 이것은 거꾸로 손해전보의무를 부담하기 위한 법적 요건이 완화되고 있음을 의미한다.

■ 손해전보의무요건의 완화 예를 들어 ⓐ 「근로기준법」에 의하면 근로자가 업무상 부상을 입은 경우에는 사용자에게 고의 또는 과실이 없어도 그 비용으로 필요한 요양을 행하거나 또는 필요한 요양비를 부담하여야 한다(제78조). 또한 ⓑ 「자동차손해배상 보장법」에 따르면 자동차를 몰다가 사람을 다치게 한 경우에 운전자는 '자신이 주의의무를 게을리하지 않았고, 피해자나 제3자에게 고의 또는 과실이 있으며 또한 자동차의 구조상의 결함 또는 기능에 장해가 없었다는 것'을 증명하지 못하거나 '승객이 고의나 자살행위로 사망하거나 부상한 경우'가 아닌 한 피해자에게 배상할 의무를 진다(제3조). ⓒ 「제조물책임법」에 의하면 제조업자는 '당해 제조물을 공급한 때의 과학·기술수준으로는 결함의 존재를 발견할 수 없었다는 사실' 등의 사유(제4조)를 입증하지 않는 한, 제조물의 결함으로 인하여 생명·신체 또는 재산에 손해를 입은 자에게 그 손해를 배상하여야 한다(제3조). ⓓ 「자본시장과 금융투자업에 관한 법률」은 증권신고서나 투자설명서에 중요한 사항에 관한 거짓의 기재 또는 표시가 있음으로써 증권취득자가 손해를 입은 경우에 그 배상의 책임을 질 자로 하여금 '상당한 주의를 하였음에도 불구하고 이를 알 수 없었음을 증명(제125조제1항)' 하지 못하는 한 피해자에게 배상할 의무를 지게 한다. ⓔ 「정보통신망 이용촉진 및 정보보호 등에 관한 법률」은 '통신과금서비스이용자의 고의 또는 중과실로 인한 경우'가 아닌 한, 통신과금서비스제공자에게 통신과금서비스를 제공함에 있어서 통신과금서비스이용자가 입은 손해를 배상하게 한다(제60조). 이상과 같은 손해전보책임은 민법상 불법행위규정(제750조)에 의한 손해배상에서 입증부담이 피해자에게 주어지는 것과는 달리 입증부담을 가해자에

게 부담시키는 것이라 할 수 있다. 입증책임의 전환을 통해 실질적으로는 고의나 과실이 없이도 배상책임을 질 수 있게 된다.

2. 자유보장의 기획

이러한 손해전보제도의 발전방향은 과거보다는 좀더 '배분적 정의'(配分的 正義)를 지향하는 것이라고 말할 수 있다. 왜냐하면 예를 들어 근로자, 자동차사고 피해자, 제조물소비자, 일반투자자, 인터넷서비스이용자 등에 대한 보호는 약자에 대한 보호의 성격을 가질 수 있기 때문이다.

물론 손해전보제도를 오로지 '평균적 정의'(平均的 正義)의 실현을 위한 제도로만 보는 것은 타당하지 않다. 어느 정도까지는 배분적 정의도 도모될 수 있다. 그러나 손해전보제도(책임법제)에서 배분적 정의를 과도하게 추구해서는 안 된다. 왜냐하면 손해전보제도(책임법제)는 시민의 자유를 보장하는 기획도 갖고 있기 때문이다. 즉 손해전보법은 '귀책사유'(歸責事由)가 없는 한 어떤 법적 책임도 지지 않고, 안심하고 자유롭게 살아갈 수 있다는 법적 안전을 보장해주는 제도이기 때문이다. 손해전보의 의무를 너무 쉽게 인정하게 되면 법이 개인에게 허용하는 자유로운 행동의 반경은 그 만큼 더 좁아지게 된다. 여기서 근대 민법전이나 형법전이 왜 '고의' 또는 '과실'이 없이는 책임을 인정하지 않았는지(귀책주의 Verschuldensprinzip)를 이해할 수 있다. 민법전과 형법전은 모두 '시민의 자유'를 최대한 보장하려는 기획을 추구한 법이었다.

Ⅱ. 손해전보법의 분화

오늘날 손해의 전보는 기본법영역인 공법, 사법, 형사법의 세 영역에 따라 세 가지 형태로 나타난다. 예를 들어 공무원이 공무수행을 위해 차를 몰다가 교통신호등의 신호대로 횡단보도를 건너던 행인을 치어 다치게 한 경우, 민법적으로는 손해배상책임(민법 제750조)이, 형법적으로는 업무상 과실치상죄(형법 제268조, 「교통사고처리 특례법」 제3조)에 의한 형벌부과가 그리고 공법적으로는 국가의(공무원의 직무상 위법행위로 인한 손해에 대한) 배상책임(「국가배상법」 제2조 제1항)이 각각 문제된다. 교통사고를 낸 운전자가 공무원이 아니고 일반시민인 경우에는 손해배상책임과 형사책임만이 문제가 된다.

■ 민법상 손해배상의 두 가지 근거 　손해의 전보를 민법에서는 「손해배상」이라고 한다. 민법에서는 계약관계에 있는 사람들 사이에 손해를 끼치는 행위를 계약위반(채무불이행)행위라고 하고, 계약관계가 없는 사람들 사이에서 손해를 끼치는 행위를 불법행위라고 부른다(민법 제750조). 물론 의사가 환자에게 과실로 손해를 야기한 경우처럼 두 가지가 경합하는 경우도 있다.

1. 국가배상책임의 발전

먼저 공법적인 국가의 배상책임이 제도화된 것은 20세기에 들어와서의 일이다. 이는 국가가 '위법하게' 국민의 기본권을 침해하는 것을 막기 위한 제도로서 법치국가원리를 구성하는 한 요소가 된다. 「국가배상법」은 "공무원 또는 공무를 위탁받은 사인이 직무를 집행하면서 고의 또는 과실로 법령을 위반하여 타인에게 손해를 입"힌 경우에 국가나 지방자치단체의 손해배상책임을 인정한다.

영미에서는 전통적으로 '왕은 불법을 행할 수 없다'는 사상(주권면책론)에 의해, 독일에서는 국가와 공무원의 관계는 위임계약관계이므로 공무원의 위법행위의 결과는 공무원에게만 귀속하고 국가는 책임을 지지 않는다는 이론(위임이론 Mandatstheorie)에 의해 국가는 특권적 지위를 누렸다. 그러나 국민의 권리의식 성장과 함께 독일에서는 1919년 바이마르 헌법, 미국에서는 1946년 연방불법행위배상청구법(Fedeal Torts Claims Act), 영국에서는 1947년 국왕소추법에 의해 국가의 배상책임제도가 확립되었다.

(1) 손실보상과의 구별과 그 완화

그러나 현대사회에서는 손실보상제도, 즉 '적법한 공권력의 행사로 인한 개인의 손실(損失)을 보상하는 제도'(헌법 제23조 제3항)가 비약적으로 성장하여 국가배상제도와의 경계를 무너 뜨려 가고 있다. 국가의 손실보상을 제도화한 실정법으로는 「공익사업을 위한 토지 등의 취득 및 보상에 관한 법률」이 대표적이다. 이 법률은 '적법'한(rechtsmäßig) 행정활동으로 인한 손실을 보상하는 법이다. 그러나 최근에는 손실보상의 범위가 확대되고 있다.

㈎ 수용유사침해 예를 들어 1980년 당시 국군보안사령부 정보처장의 협박으로 문화방송의 주식을 소유한 대표이사가 그 주식을 국가에 증여한 경우에 정보처장의 행위는 위법하지만 '직무상'의 행위가 아니므로 대표이사에게는 국가배상청구권이 인정되지 않는다. 또한 국가의 주식취득은 비록 사실상 수용(유사침해[6]))이지만 '적법한' 수용이 아니라 '위법한' 수용이라는 점에서 손실보상청구도 할 수 없다. 그러나 '적법한 재산권제약'(收用)이 국가에게 손실보상의 의무를 발생시키는 반면, 이 경우처럼 '위법한 재산권제약'이 국가에게 그런 의무를 발생시키지 않는다는 것은 타당하지 않다는 이론(수용유사침해이론 enteignungsgleicher Eingriff)에 따르면 이 사건에서도 국가는 손실보상의 의무를 지게 된다.

---

6) 그러나 대판 1993. 10. 26, 93다6409는 이 사건에서 대한민국의 주식취득이 공권력의 행사에 의한 수용유사적 침해에 해당한다고 보지 않았다.

(나) **수용적 침해** 또 다른 예로 서울시의 적법한 지하철공사로 인하여 그 공사가 진행되는 도로에 인접한 약국에 손님이 줄어 결국 폐업하게 된 경우를 들 수 있다. 이 경우 약국주인은 국가배상도 청구할 수 없고, 직접 자신의 땅이나 건물이 수용당한 것은 아니므로 손실보상도 청구할 수 없다. 이처럼 적법한 행정작용에 의해 시민의 재산권에 비전형적이며 의도하지 않은 피해가 발생한 경우에도 손실보상을 인정하는 이론('수용적 침해이론' enteignender Eingriff)에 의하면 약국주인은 국가에게 손실보상을 청구할 수 있다.

(2) 국가배상책임의 요건완화

현대사회에서는 국가배상책임의 요건도 완화되고 있다. 예를 들어 강풍에 가로등이 쓰러져 교차로상의 교통신호등이 고장 나고, 이로 인해 교차로를 통과하던 자동차들이 충돌한 경우 사고피해자들은 국가에게 과실이 없었다고 할지라도 국가배상을 청구할 수 있다(「국가배상법」 제5조). 이와 같은 현상들을 고려해 보면 국가의 '배상책임'에서 책임의 성격이 점차 엷어지고, '보상'의 성격이 점차 강해지고 있다고 볼 수 있다.

2. 민사책임과 형사책임의 분화

형사책임과 민사상 손해배상책임은 가장 오래된 법제도이다. 원시법공동체에서 두 책임은 분화되지 않았지만 — 역사적으로는 아직 분명하지 않지만[7] — 적어도 서양의 근대사회에서 이 두 책임은 분화되었다고 볼 수 있다(법체계의 분화). 그러나 우리나라에서는

7) 현승종 · 조규창, *게르만법*(박영사, 1988), 432쪽에 의하면 게르만-프랑크시대의 책임법에서도 형사책임과 민사책임, 불법행위책임과 채무불이행책임이 분화되지 않았다고 한다.

민사상 손해배상책임과 형사책임의 분화가 아직 완전하지 않은 상태에 있다. 즉, 많은 시민들은 형벌을 받으면 민사상 손해배상책임도 함께 지워지고, 그 반대로 — 항상 그런 것은 아니지만 특히 범죄의식이 마비된 교통사고영역에서는 — 민사상 손해배상을 하면 형벌을 받을 필요가 없는 것으로 생각한다. 예컨대 교통사고피해자의 손해를 배상할 경제적 능력이 없는 운전자가 감옥살이로 때워 사건을 해결하겠다는 생각을 한다든지, 거꾸로 피해자에게 충분한 배상을 해주었는데도 왜 감옥살이를 해야 하느냐는 생각을 들 수 있다. 또한 민사사건인 단순한 계약위반에 대해서도 사기죄로 고소하는 경향이 매우 높다.

■ **민사적 형사분쟁과 형사조정** 사람들이 민사책임과 형사책임을 분리하지 않는 법의식,[8] 즉 채무를 이행하지 않아 사기죄로 처벌되면 채무불이행에 대한 손해배상책임을지지 않아도 된다고 느끼는 사안(예: 사기적인 채무불이행)을 민사적 형사분쟁이라고 부른다. ② 검사는 이런 사안을 피해자지원센터에 설치된 형사조정위원회에 — 형사조정(「범죄피해자보호법」 제41조 내지 제46조)을 의뢰할 수 있다. 형사조정제도는 가해자와 피해자 사이의 오해를 풀고, 원망과 서운한 대립감정들을 녹여 이전의 사회적 관계를 회복하면서도 가해자와 피해자에게 이행가능한 범위에서 차례로 빚을 갚아 나아가는 데에 합의할 수 있게 한다. 이럴 경우 가해자(채무자)는 징역을 살지 않을 수 있고, 피해자(채권자)는 채권을 가능한 최대로 추심 받을 수 있으며, 아울러 그 둘 사이의 관계도 회복되는 장점이 있다. 검사는 진실을 밝히기 위해 수사를 하지 않아도 되므로 사법의 경제성이 높아지기도 한다.

8) 이런 법의식은 단순한 채무불이행(계약위반)과 같은 민사사건까지도 형사고소를 하는 고소남발 현상을 초래하기도 한다. 우리나라에서는 고소사건의 약 10~20% 내외만이 혐의를 인정받아 기소되는 경향을 보인다.

민사책임과 형사책임은 근본적으로는 별개의 것이다. 민사책임은 '가해자와 피해자 사이에 손해와 이익'을 공정하게 분담시키는 것(손해와 이익의 조정)을 목적으로 하지만, 형사책임은 가해자에 대한 제재를 통하여 그가 위반한 '법규범의 준수'를 유도하고, 그 효력을 유지하는 것을 목적으로 한다.

그렇기 때문에 손해발생에 가해자의 과실 이외에 피해자의 과실도 작용한 경우 가해자의 손해배상책임은 피해자의 과실부분만큼 경감된다. 왜냐하면 피해자가 입은 손해 중 피해자의 과실로 발생한 부분까지 가해자가 분담하는 것은 형평에 맞지 않기 때문이다. 민법은 이와 같이 형평의 논리를 과실상계(過失相計)라는 제도로 구현한다(민법 제763조, 제396조). 그러나 형법은 과실상계를 알지 못한다. 즉, 가해자의 형사책임은 피해자에게 과실이 있다고 해서 부인되는 것은 아니며, 다만 형의 양을 정할 때 다양한 고려요소(양형인자) 가운데 하나로 취급될 수 있을 뿐이다.

■ 과실상계　예를 들어 중앙선을 넘어 음주운전을 하던 사람의 차를 들이받아 그 음주운전자에게 상해를 입힌 사람은 민사상으로는 불법행위로 인한 손해배상책임을 지며, 이 때 손해배상액은 피해자인 음주운전자의 과실(음주운전)로 인한 손해부분을 제외하고 나머지의 손해부분에 대하여만 책정된다. 그러나 형법적으로는 음주운전자만 다친 경우에는 중앙선을 넘은 운전자의 책임만이 문제되고, 피해자의 음주운전이라는 과실요소는 중앙선을 넘은 운전자에게 업무상 과실치상죄의 유죄를 인정하는 데 아무런 방해가 되지 않는다.

Ⅲ. 불법행위와 손해전보의 요건

1. 손해전보요건의 구조

(1) 기본구조의 동일성

민사상 불법행위로 인한 손해배상책임과 형법상의 책임 그리고 공무원의 직무상 위법행위로 인한 국가의 배상책임은 그 기본구조에서 동일하다. 즉, 한 개인에게 타인에게 발생한 손해를 전보하라는 책임을 지우기 위해서는 ⓐ 행위자의 고의 또는 과실, ⓑ 손해야기행위, ⓒ 손해야기행위와 인과관계가 있는 ⓓ 손해가 발생하고, ⓓ 위법성이 있어야 한다. 이 점을 아래 그림으로 표현할 수 있다.

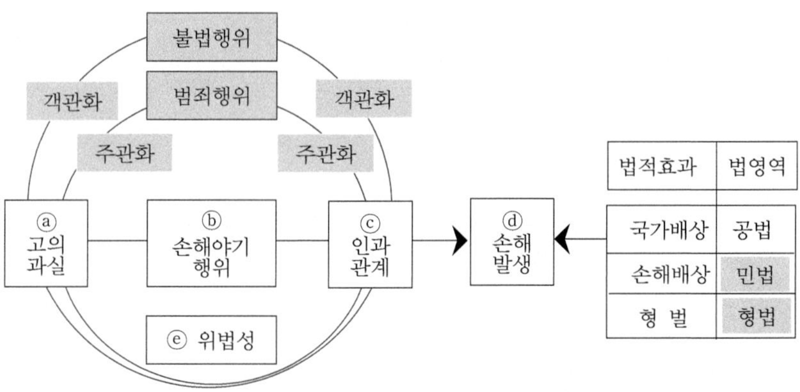

공무원 또는 시민이 (공무수행을 위해) 차를 몰다가 교통신호를 위반하여 횡단보도를 건너던 행인을 다치게 한 사건에 이 법적 요건을 적용해보자. ⓐ 행위자에게는 교통신호를 준수할 의무(주의의

무)의 이행을 게을리한 점에서 '과실'이 인정되고, ⓑ 차를 몰고 행인을 들이받은 것(운전행위)은 '손해야기행위'에 해당하며, ⓓ 행인의 부상과 ⓒ 차로 그(녀)를 들이받은 행위 사이에는 '인과관계'가 있다. ⓔ 손해야기행위는 위법성조각사유에 — 그 행위가 타인의 불법행위에 대하여 자기 또는 제3자의 이익을 방어하기 위하여 불가피한 것이거나(정당방위)(민법 제761조 제1항, 형법 제21조), 급박한 위난을 피하기 위하여 부득이한 경우(긴급피난)(민법 제761조 제2항, 형법 제22조) 등에 — 해당하지 않는 한 위법한 것이 된다.

(2) 구조적 차이

그러나 법적 책임의 세 가지 형태는 구조적으로도 몇 가지 점에서 차이가 있다. 형사책임의 경우에 민사상 불법행위책임과는 달리 행위자에게 '책임능력'(Schuldfähigkeit)이 요구된다. 예를 들어 12살 난 아이가 차를 몰다가 사고를 냈다면, 그 아이에게는 형사책임이 인정되지 않는다(형법 제9조). 민법상으로는 아이 자신이 배상책임을 지는 것은 아니지만(민법 제753조), 그의 부모와 같은 감독자가 책임을 진다(민법 제755조). 또한 국가배상책임은 가해자가 '공무원'이어야 하고 그 손해야기행위가 "직무를 집행하면서" 이루어졌어야 한다(「국가배상법」 제2조 제1항).

2. 책임귀속에서 민법과 형법의 분화

고의 또는 과실, 손해야기행위, 인과관계, 위법성, 손해발생은 공법상 국가배상책임, 민법상 불법행위책임, 또는 형법상 책임의 귀속을 위한 공통된 구성요건이지만 그 판단기준은 각 법영역마다 차등화된다. 특히 민사상 불법행위책임의 귀속보다는 형사책임의 귀속이 일반적으로 더 엄격하다.

(1) 책임귀속근거의 객관화와 주관화

먼저 민사상 불법행위책임에서는 과실이나 인과관계의 판단기준이 객관화 되는 반면, 형사책임에서는 주관화 된다.

(가) 과실 민사상 불법행위책임은 손해와 이익의 형평 있는 조정을 목표로 하므로 책임귀속근거인 과실은 '사회생활에서 일반적으로 요구되는 주의의무', 이른바 '거래상 요구되는 주의의무'(die im Verkehr erforderliche Sorgfalt)의 위반 여부를 기준으로 판단된다. 이에 반해 형사책임의 귀속근거로서 과실은 거래상 요구되는 주의의무의 위반만으로는 불충분하고 행위자 개인의 능력에 비추어 준수할 수 있는 주의의무의 위반이 있어야만 인정될 수 있다. 다시 말해, 민사책임의 귀속근거로서 과실은 '객관적 과실'이며, 형사책임의 귀속근거로서 과실은 객관적 과실뿐만 아니라 '주관적 과실'로도 인정될 수 있어야 한다.

이와 같은 주관화는 행위자 개인에 대한 비난가능성을 책임귀속의 요건으로 삼기 위한 것이다. 또한 이처럼 형사책임의 귀속을 민사상 불법행위책임의 귀속보다 엄격하게 하는 까닭은 형벌과 같은 가혹한 제재가 '행위자'에 대한 비난가능성이 인정되지 않는 경우에까지 부과된다면, 헌법 제37조 제2항의 과잉금지원칙(Übermaßverbot)에 위반하게 되기 때문이다. 좀 더 자세히 말하면, 그런 경우에는 형벌이 추구하는 '목적'(예: 응보, 범죄인 재사회화, 일반예방)과 형벌이 초래하는 가해자의 기본권에 대한 심각한 제한(예: 신체, 직업, 거주이전의 자유, 인격권 등 다양한 기본권의 포괄적인 박탈)과 같은 '수단' 사이에 균형성(또는 비례성)이 상실되었기 때문이다.

(나) 인과관계 민사상 불법행위책임에 대한 형사책임의 상대적 엄격성은 인과관계의 판단에서도 유지된다. 민사상 인과관계는 '객관적으로 보아 선행사실(즉, 행위자의 손해야기행위)로부터 일반적으

로 초래되는 후행사실(즉, 손해발생)이 있는 것'(상당인과관계)을 말한다. 그리고 불법행위책임의 범위는 일반인의 관점에서 손해발생에 대한 (일반적인) 예견가능성(민법 제393조)에 따라 제한될 수 있다(민법 제763조).[9] 이에 반해 형사책임의 요건으로서 인과관계는 '상당인과관계'는 물론이고 결과발생이 '행위자 개인의 작품'으로 돌려질 수 있어야(=객관적 귀속가능성 objektive Zurechenbarkeit) 한다.

■ 인과관계에서 민·형사법적 차이 가령 D 그룹 회장 甲은 자신이 대표이사로 있는 D (주)의 자본이 완전히 잠식되자 금융기관으로부터 차입이 중단될 것을 염려하여 당기순이익을 가공 계상하여 흑자가 난 것처럼 재무제표를 작성하였고, 신용평가기관들은 D (주)의 신용을 긍정적으로 평가하고, W 은행은 자금을 계속 대출해주었으나 D (주)는 부도가 났고, W 은행은 대출금을 회수하지 못했다. ① 甲은 ⓐ 고의로 ⓑ 회계분식을 하게 하여 ⓒ 인과적으로 ⓓ 타인에게 재산상 손해를 초래하였고 ⓔ 위법성조각사유가 없으므로 손해배상책임과 형사책임을 지게 될 일반적인 요건은 충족된다. ② D (주)의 실제 재무상황을 W 은행이 알고 있었더라면 D (주)가 W 은행으로부터 대출을 받는 것은 불가능하였을 것이라고 봄이 상당하므로 회계분식과 W 은행의 대출(및 그로 인한 손해) 사이에는 (상당)인과관계가 존재한다(대판 2007다31518).[10] ③ 甲의 불법행위는 형사법적

---

9) 「예견가능성」에 의한 책임의 제한은 계약관계에 있는 당사자들 사이의 손해를 제한하기에는 적합하지만 특정한 법률관계에 서 있지 않은 불법행위의 가해자의 손해배상책임을 제한하는 원리로는 타당하지 않다는 견해도 있다(김형배, *민법학연구*, 1986, 329쪽). 이 견해에 따르면 불법행위에 의한 손해배상책임의 제한은 위험범위, 규범의 보호목적 등에 의하여 결정되어야 한다. 그러나 이러한 제한원리가 형법상의 책임제한원리와 같은 기능을 하는 것인지는 좀더 많은 연구가 필요하다. 이에 대한 새로운 분석으로 이상돈, *부실감사법*(법문사, 2004), 188~208쪽 참조.

10) 민법학의 인과관계이론에 의하면 회계분식은 W 은행의 정보권의 침해라는 일차손해를 야기하였고, W 은행의 대출부실화에 따른 손해는 그런 일차손해의 '부가적 위험'(zusätzliches Risiko)이 실현된 것이라는 점에서 W 은행의 손해는 甲의 회계분식(지시행위)에 귀속시킬 수 있다.

으로는 사기죄(형법 제347조 제1항)가 적용될 수 있는 데, 회계분식은 "기망행위"이지만 그 행위가 W 은행의 착오와 재산상 처분행위(대출행위)에 따른 손해발생이 실현되는 위험을 창출한 것인지에 대해서는 '합리적 의심'이 남는다. W 은행은 독자적인 신용정보를 수집할 능력이 있고, 분식회계의 가능성을 고려하면서도 대출을 결정했을 가능성도 높기 때문이다. 사기죄를 인정하기 위해 필요한 회계분식과 은행의 착오에 의한 대출행위 사이의 인과관계는 부정될 수 있다. 다만 甲은 인과관계가 필요치 않은 「주식회사의 외부감사에 관한 법률」의 거짓재무제표작성공시죄(제20조 제1항)로 처벌될 수는 있다.

(2) 손해야기행위

㈎ 작위의무 민법상 불법행위나 형법상 범죄행위나 모두 작위의 형태뿐만 아니라 부작위(아무 것도 하지 않음)의 형태로도 이루어질 수 있다. 부작위에 의해서 책임을 질 수 있으려면 부작위한 사람이 결과(손해)발생을 방지할 법적 작위의무가 있는 사람이어야 한다.

예를 들어 부산에서 한 여행객을 때려 상해를 입힌 고등학생의 부모는 사고 당시 서울에 있었다고 할지라도 그 피해자에게 손해배상을 할 책임이 있다. 부모는 아무 것도 하지 않은 것(부작위)이지만 자식인 가해고등학생이 그런 손해야기행위를 하지 않도록 방지할 법적 의무가 있기 때문이다.

㈏ 보증인 지위 그러나 부작위에 의한 형사책임은 이런 법적 작위의무만으로는 부족하고, 사실상 결과발생을 방지할 수 있는 구체적인 가능성이 있어야 한다. 이를 '보증인 지위'(Garantenstellung)라고 부른다.

앞의 사례에서 부모가 서울에 있었다면 자식의 가해행위를 방지할

> 아무런 현실적인 가능성도 없기 때문에 이 때 부모의 부작위는 형법상 '행위'로 평가되지 않는다. 그러나 부모가 자식의 가해현장에 있었는데도 불구하고 자식의 가해행위를 전혀 말리지 않은 경우라면 부모의 부작위는 형법상 '행위'로 평가될 수 있다. 이 경우 부모에게 피해자에 대한 가해의 고의가 있었다면, 부모는 상해죄의 정범인 자식의 공범이 될 수 있다.

이처럼 부작위가 형법상의 '행위'로 평가받기 위한 요건으로 보증인적 지위를 요구함으로써 형사책임의 귀속은 민사책임의 귀속보다 더 엄격하게 된다.

Ⅳ. 책임귀속원리의 변형

불법행위책임과 형사책임 사이의 본질적 차이에도 불구하고, 오늘날의 현대사회에서 민사상의 불법행위책임은 위험책임(때로는 무과실책임)으로 변화하고, 형사책임은 민사책임화됨으로써 그 차이가 상대화되기도 한다. 형사책임의 민사책임화는 한국사회의 전근대적인 법문화에서 지속되어온 전통이기도 하다.

1. 불법행위책임의 사회국가적 발전과 변형

현대사회에는 전통적인 책임귀속원리에 의해 '손해와 이익'을 공정하고 형평성 있게 조정할 수 없는 현실영역(예: 의료사고, 제조물사고, 분식회계 또는 환경오염사고)이 등장하고 있다. 이런 영역은 두 가지 특징이 있다. 첫째, 손해야기행위의 과실 여부가 '전문지식' 없이는 판단하기 어려울 뿐만 아니라, 전문적 지식도 단일한 것이 아니고 '다원적'인 것이어서 과실판단은 어떤 전문지식을 사용하느냐에 따라 좌우될 수 있다. 둘째, 손해야기행위와 손해발생 사이의

'인과관계'를 확정하는 것은 현재의 과학기술수준으로는 사실상 불가능하다. 이 특징들로 인해 불법행위책임의 귀속요건은 다양한 사회적 약자(예: 소비자, 환자, 소액투자자 등)를 보호하기 위한 방향으로 완화된다.

불법행위법의 이런 변형은 사회적 연대성을 강화하기 위한 것이므로 크게 보면 사회국가의 이념을 실현하는 것이라고 볼 수 있다. 이런 변형은 크게 위험책임과 무과실책임의 두 단계로 구분된다.

	귀책사유	법제의 유형
무과실책임원칙 (결과책임)	필요 없음	사고보험법
위험책임원칙	위험원 지배	제조물책임법 등
과실책임원칙	고의·과실	민법 제750조 이하

(1) 위험책임

첫째 단계는 위험책임이다. 즉 손해발생이 일정한 위험원에서 발생하는 위험이 개연적으로 실현된 것인 경우, 그 손해에 대한 배상책임은 그 위험원을 지배하고 있다는 점에서 근거를 찾는다.

㈎ 위험책임의 구조 이때의 위험은 정상적이며 합법적인 행위(예: 생산활동)에 통상적으로 수반되는 '추상적 위험'(risk)으로서 그 위험이 손해발생의 결과로 이어질 지는 예측불가능하고 우발적이며, 사후에도 — 그 위험과 손해 사이의 구체적인 인과적 과정은 영원히 발견되지 않는 블랙박스 속에 은폐된 채 — 완전하게 밝혀지지 않는다. 위험을 수반하는 일정한 행위와 동일한 손해발생이 반복된다는 통계적 연관성, 다른 원인이 발견되거나 추정되지 않는다는 점(다른 인과성의 부존재추정) 정도만이 확인될 뿐이다.

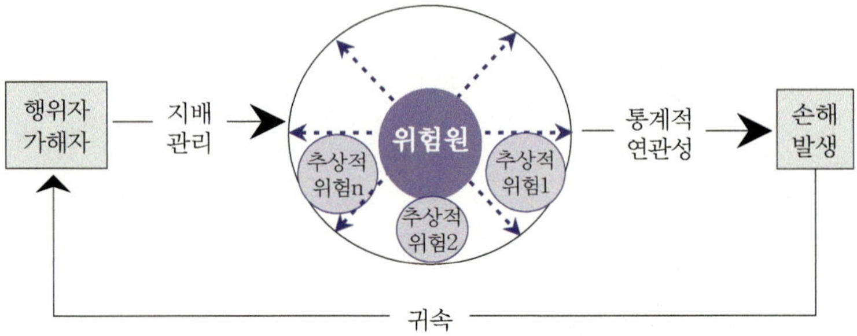

위험책임의 전형으로 제조물책임을 들 수 있다. “제조물의 구조, 품질, 성능 등에 있어서 현재의 기술 수준과 경제성 등에 비추어 기대가능한 범위 내의 안전성을 갖춘 제품을 제조하여야 하고, 이러한 안전성을 갖추지 못한 결함으로 인하여 그 사용자에게 손해가 발생한 경우에는 불법행위로 인한 배상책임을 부담”(대판 2007다52287 등) 하는 것이다. 여기서 과실은 물품의 제조에 수반되는 위험원에 대한 관리의 부실로 재구성된다. 위험원 관리란 합리적인 예방조치로 손해발생으로 이어지기 쉬운 위험의 발생을 차단하는 것을 말한다. 물론 이로써 제조업자의 주의의무는 매우 높아질 수 있다. 이와 같은 과실 개념의 변형(=위험책임화)은 무과실의 입증책임을 가해자(피고)에게 부담시키는 방법, 즉 원고의 입증책임을 피고에게 전환시키는 법기술적 방법(예: 제조물책임법 제3조)에 의해 이루어진다.

■ 위험책임으로서 제조물책임 제조물책임법 제3조(제조물책임) ① 제조업자는 제조물의 결함으로 인하여 생명·신체 또는 재산에 손해(당해 제조물에 대해서만 발생한 손해를 제외한다)를 입은 자에게 그 손해를 배상하여야 한다. 제4조(면책사유) ① 제3조의 규정에 의하여 손해배상책임을 지는 자가 다음 각호의 1에 해당하는 사실을 입증한

경우에는 이 법에 의한 손해배상책임을 면한다. (1.호 및 3.4호 생략)
2. 제조업자가 당해 제조물을 공급한 때의 과학·기술수준으로는 결함의 존재를 발견할 수 없었다는 사실

(나) **위험책임의 또 다른 위험** 이러한 책임귀속방식에 의하면 책임귀속의 요건으로서 더 이상 고의 또는 과실이 — 따라서 고의 또는 과실을 그 실질내용으로 하는 위법성도 함께 — 요구되지 않으며, 인과관계는 추정된다. 그러나 이러한 책임귀속의 방식은 첫째, 오로지 '시장의 논리'[11]에 따라서만 행동하는 기업에게는 과도한 비용부담으로 인한 생산활동의 위축을 초래할 수 있다. 이 위축은 궁극적으로는 국민경제의 부담으로 귀착될 수 있다. 그렇기 때문에 배상책임의 과도한 부담을 다시 분산시킬 필요가 있다. 각종 '○○배상책임보험'은 그런 분산을 제도화한다. 둘째, 이 방식은 '시장의 논리'에 전적으로 종속되지 않고, 윤리적 동기가 상당하게 행위에 영향을 미치는 직업영역에서는 색다른 부작용을 발생시킬 수 있다. 예컨대 의료사고를 위험책임으로 판단하면 의료인의 직업활동을 위축(예: 동네 산부인과의원의 분만기피)시킬 뿐만 아니라 의사사회에 전승된 직업윤리나 환자와의 의사소통적 교류의 방식과 같은 의료인문화를 파괴시킬 수 있다. 그렇기 때문에 위험책임을 어떤 영역에 어느 정도 적용할 것인가 하는 문제는 해당 영역의 특수성에 대한 면밀한 분석을 필요로 한다.

(2) 무과실책임

두 번째 단계는 귀책사유의 유무를 묻지 않고 발생한 결과에

11) 여기서 '시장의 논리'에 따른다는 것은 수요와 공급의 곡선 위에서 재화의 가격이 결정되는 시장 위에서 경제적 수익성이 행위의 방향을 설정하는 것을 가리킨다.

대하여 손해의 보전을 하게 하는 법제(예: 「환경정책기본법」 제44조) 이다.

(가) 환경책임　예컨대 환경책임을 들 수 있다.

■ 무과실책임으로서 환경책임　「환경정책기본법」 제44조 [환경오염의 피해에 대한 무과실책임] ① 환경오염 또는 환경훼손으로 피해가 발생한 경우에는 해당 환경오염 또는 환경훼손의 원인자가 그 피해를 배상하여야 한다." ② 환경오염 또는 환경훼손의 원인자가 둘 이상인 경우에 어느 원인자에 의하여 제1항에 따른 피해가 발생한 것인지를 알 수 없을 때에는 각 원인자가 연대하여 배상하여야 한다.

어떤 기업의 폐수방출행위와 하천의 오염 사이에 엄격한 인과관계가 입증되지 않았어도 하천의 오염이 그 기업의 생산활동(위험원)에서 발생하는 위험과 통계적 연관성을 갖고 있다면 배상책임(「환경정책기본법」 제44조 제1항)을 지게 되는 것이다. 환경책임은 위험책임이 어떤 기업에게 귀속될 수 있는지가 확정되지 않는 경우에는 각 사업자(원인자)들이 연대하여 배상책임을 지게 함(제44조 제2항)함으로써 무과실책임으로까지 발전해 있다. 이런 책임은 손해의 '배상'(賠償)이라기보다는 보상(補償)이라고 함이 적절하다.

(나) 자유의 위축　무과실책임은 개인의 자유영역을 지나치게 위축시킨다. 위험책임은 그나마 행위자에게 면책될 가능성을 열어놓기 때문에 무과실책임보다는 개인의 자유영역을 덜 위축시킨다.

■ 위험책임으로서 제조물책임　가령 고혈압환자 甲은 Y (주)가 생산한 일반의약품 감기약 C600을 먹고 출혈성 뇌졸중을 일으켜 사망하였고, 甲의 유족이 Y (주)를 상대로 배상책임소송을 제기하였으며 원고는 함유성분 중 페닐프로판올아민을 슈도에페드린으로 교체하는 대체설계를 하였다면 C600 복용으로 인한 뇌졸중은 발생하지

않았을 것으로 주장한 반면, 피고는 페닐프로판올아민이 뇌졸중 발생과 유의미한 통계적 연관성이 없다는 미국 S대 의과대학의 연구보고서를 제출했고, 선진각국에서 같은 페닐프로판올아민을 함유하는 감기약을 제조·판매하고 있고, 슈도에페드린도 메스암페타민의 합성에 사용되고 허혈성 대장염을 유발하는 문제가 있음을 밝혀진 사안을 가정하자. ① Y (주)가 페닐프로판올아민을 사용하지 않는 대체설계를 통해 C600과 같은 류의 감기약에 수반되는 뇌졸중의 위험을 예방할 수 없었기 때문에 위험책임으로서 제조물책임(「제조물책임법」 제3조)을 질 수 없다. 또한 「소비자기본법」의 주의의무들(예컨대 제8조[위해의 방지], 제10조[표시의 기준], 제19조[사업자의 책무] 등)에 위반하지 않았으므로 민법상 불법행위책임(민법 제750조)을 인정할 수도 없다. ② 이처럼 甲의 사망피해에 책임을 질 자가 없는 경우에 그 피해의 보상을 법공동체 전체가 함께 도모해주는 제도, 즉 사고보험제도가 마련될 필요가 있다.

그렇지만 무과실책임의 필요성이 주장되는 영역은 주로 그 피해에 대해 책임을 귀속시킬 수 있는 다른 개인이 없지만, 피해자가 그 피해를 홀로 짊어지는 것은 너무 가혹하다는 공감대가 형성되는 영역들이다. 그렇기 때문에 법공동체 전체가 보험의 형태로 피해자의 손해를 '사회적으로 연대하여' 전보해주는 제도가 필요하게 된다. 예컨대 항공사고에 대해 보험사는 항공회사의 과실이나 위험책임의 유무를 묻지 않고 승객의 피해를 보상해준다. 이런 사고보험제도는 바로 사회적 연대성에 기초하여 피해자의 아픔을 함께 부담해주는 제도이다.

2. 형사책임의 민사책임화

(1) 분화되지 않은 민·형사책임

한국의 형사사법은 근대법전인 형법전이 계수된 이래로 지금까지 민사사법으로부터 분화되어 왔지만 아직까지도 완전하지는 않다. 몇 가지 예를 들어보기로 한다.

■ 민법과 형법의 미분화 문화　ⓐ 민법상의 채무불이행이라고 할 수 있는 '어음부도'나 '부정수표발행'[12]을 각각 사기죄(형법 제347조)와 「부정수표단속법」의 위반죄로 처벌한다. ⓑ 교통사고로 타인을 상해에 이르게 한 경우에도 가해자가 종합보험에 가입된 경우에는 — 피해자에 대한 손해배상이 보장된다는 점에서 — 형사처벌을 할 수 없게 한다(「교통사고처리 특례법」 제4조). ⓒ 법관들은 피고인에게 유죄를 인정하고 형량을 정할 때에도 피해자와 손해배상에 관해 합의를 했는지를 가장 중요한 양형요소(형법 제51조 제4호)로 고려한다. ⓓ 타인에게 손해를 끼친 행위를 한 가해자에 대하여 형사소송과 민사소송이 동시에 또는 시간의 차이를 두고 진행되는 경우, 민사소송에서 가해자(피고)가 패소판결을 받으면 그 판결의 증거들은 형사소송에서도 유죄인정의 결정적인 증거로 사용된다. 물론 그 반대의 경우도 마찬가지이다.

이런 형법규범과 현실은 시민들의 법의식에도 그대로 반영되어 있다. 예를 들면 한국시민들은 빚을 갚지 않는 채무자에게 빚을 받아내기 위해 수사기관에 고소(형사소송법 제223조)하고, 수사기관의 사실상의 중재에 의해 빚을 받아내면 고소를 취소(동법 제232조)한다. 또한 의료사고소송에서 잘 나타나듯이 피해자가 손해배상소송을 통하여 배상을 받아내려면 자기비용으로 증거를 수집해야 하는데 이를 피하기 위하여 피해자는 수사기관에 고소하고, 수사기관의 수사활동에 의해 수집된 증거를 활용하기도 한다.

이상과 같은 형법문화는 국가권력이 정치적·이데올로기적 이

12) 분명하게 민사상 채무불이행이라고 볼 수 있는 경우인 '수표를 발행한 후 예금부족으로 인하여 제시기일에 지급되지 아니하게 된 때'도 「부정수표단속법」 제2조 제2항에 해당하게 된다.

유에 의해 형법을 통하여 개인의 자유를 제한하는 정치체제에 대한 시민들의 투쟁이 — 민주화운동의 수준을 넘어서 앙시앙 레짐(Ancien Regime)을 타파하는 수준으로 — 펼쳐진 적이 없는 한국의 역사에서 비롯된다고 보인다. 그 결과 민사책임을 형벌로 관철하는 것은 한국사회의 확고한 법문화의 일부가 되고 있는 것이다.

(2) 형사책임의 민사화

이와 같은 전근대적인 형법문화와는 완전히 다른 사회・역사적 맥락 즉, 후기산업사회의 복잡한 현실 속에서도 형사책임의 민사화가 진행되고 있다.

> ■ 인수책임 예를 들면 ⓐ 자동차를 운전하려 하는 사람은 도로교통에서 요구되는 (주의의무를 준수할) 운전능력을 — 운전면허를 취득하는 과정에서 — 스스로 구비해야만 하고, ⓑ 의료행위를 하려는 사람은 의료영역에서 요구되는 (주의의무를 준수할) 의료능력을 — 의사면허를 취득하는 과정에서 — 스스로 구비해야만 한다. 또한 ⓒ 상장회사에 대해 외부감사를 하려는 사람은 회계감사기준을 숙지하고 공정하게 감사할 수 있는 능력을 구비해야 한다. 이를 인수책임이라고 부른다.

이렇듯 과학과 기술이 사용되는 영역에서 과실은 그 영역의 과학・기술적 관리를 위해 요구되는 객관적인 주의의무를 기준으로 판단된다. 이를 '인수과실'이라 한다. 이런 영역에서는 형사책임의 귀속근거로서 과실도 민사상의 과실과 비슷하게 '객관화'된다. 특히 의료사고나 제조물사고[13] 또는 환경오염사고 등 고도의 위험이 발

13) 독일의 판례로 가죽보호용 스프레이를 사용한 소비자들의 피해사례가 신고되었지만, 스프레이 제조업자가 단지 주의경고문안을 상품에 표시하기로만 하고 생산중지나 물품회수를 하지 않았다가 또 다시 소비자들의 피해사례가 발생한 사건에서, 스프레이의 어떤 성분이 피해를 가져왔는지가 밝혀지지 않았고, 단

생할 수 있는 행위영역에서는 과실의 표준인 주의의무가 민사법영역에서와 마찬가지로 객관화되어가고 또한 고도화되어가는 추세에 있다.

■ 형사적 위험책임 형사책임이 위험책임의 형태를 띠게 되는 예를 살펴본다. ⓐ 대한적십자 산하의 혈액원 소속 직원들이 헌혈자들로부터 혈액의 적격 여부를 확인하지 않고 채혈하고, 또한 그 채혈한 혈액의 검사를 잘못한 상태에서 부적격 혈액들을 출고하여, 이를 수혈받은 피해자들에게 C형 간염 등이 감염되는 상해를 입혔다. 이때 혈액원장에게도 업무상 과실치상죄의 책임을 부과한다면(대판 2006도6178), 그것은 그 사건에서 구체적인 과실이 있기 때문이 아니라, 소속직원들의 혈액관리에 수반되는 위험을 통제할 수 있는 지배력(예: 혈액의 채혈, 검사, 제재, 보관, 공급에 관한 사항 등 원무를 통할하며 소속 직원을 지휘·감독하고, 업무의 조정·분장 등을 할 권한의 행사)이 있기 때문이다. 이는 위험책임 형태의 형사책임이라고 할 수 있다. ⓑ 자동차급발진사고(예: 경력 15년의 운전자가 브레이크를 밟았으나 폭 5m 길이 160m의 일방통행로를 약 70km/h의 속력으로 달려 그 일방통행로와 직각으로 만나는 도로에 서있던 차량을 들이받아 탑승자에게 상해를 입힌 경우에 제조물의 결함가능성을 이유로 운전자의 과실을 부정한 대판 2007도5389 참조)가 특정 변속기를 탑재한 자동차에서 반복적으로 일어나는데도 회사의 경영진이 그 변속기의 생산과 탑재를 지속하는 결정을 내린다면 그 경영진도 업무상 과실치사상죄를 — 위험책임의 형태로서 — 짊어질 수 있다.

지 피해소비자들의 질병현상이 유사하고 또 유사한 치료방법으로 회복되었다는 점만 밝혀진 경우에, 스프레이 생산행위는 소비자들의 질병을 유발하였을 개연성이 있다는 이유로 인과관계를 인정한 사건을 들 수 있다(BGHSt 37, 106).

5

범죄와 형벌의 법

Ⅰ. 범죄와 형벌의 현실

범죄와 형벌은 사회를 형성하는 기초제도이면서 현대사회의 각종 정책을 실행하는 유용한 수단으로 기능하기도 한다. 범죄와 형벌은 다양한 미디어의 수많은 컨텐츠를 생산하는 소재가 되며, 시민들은 그런 컨텐츠를 일상적으로 소비하며 산다.

1. 범죄와 형벌의 악순환

사람들은 흔히 '형벌은 범죄 때문에 존재한다'고 생각한다. 즉, 범죄가 강력해지니까 형벌도 가혹해지는 것이며, 범죄가 많아지니까 형벌권의 행사도 빈번해진다는 것이다. 이런 생각은 상식(常識)에 속한다. 미디어들은 범죄를 척결해야 깨끗한 사회가 만들어진다는 관점에서 범죄와 형벌을 다룬다. 하지만 정말로 범죄와 형벌이 사라진다면, 범죄를 컨텐츠로 삼아 상업적으로 이용하는 미디어는 재정적 존립이 어려워지게 되는 아이러니가 있다.

그러나 과학적으로 접근해보면 이러한 상식은 뒤집어진다. 즉, 가혹한 형벌 때문에 더 가혹한 범죄를 저지르게 되며, 형벌조항이 늘어나기 때문에 범죄가 많아진다는 것이다. 예를 들어 두 사람이 합동하여 한 여자를 강간한 경우에 법정형은 '무기 또는 5년 이상의 징역'(「성폭력범죄의 처벌 및 피해자보호 등에 관한 법률」제6조 제1항)이나 된다. 이렇게 높은 법정형이 실제 선고형으로 이어질수록, 합동강간범들은 강간 후 차라리 유일한 증인인 피해자를 살해해버림으로써 범죄를 완전하게 은폐하고픈 동기가 오히려 강화될 수도 있다. 이처럼 형벌은 한편으로는 범죄 때문에 늘어나고 또한 범죄 때문에 강화되기도 하지만, 다른 한편으로 범죄 역시 형벌 때문에 늘어나고, 또한 강한 형벌 때문에 더욱 강화되기도 한다.

■ 마약퇴치정책과 형법의 합리성 ①「마약류 관리에 관한 법률」은 마약과 향정신성의약품 및 대마와 그 원료물질의 의료(및 연구목적)외의 생산과 유통 및 이용을 금지하고 위반행위를 처벌한다. 단순한 대마흡연도 범죄가 되고 강하게 처벌된다. 의사는 대마중독자를 보건복지부장관에게 보고할 의무까지 진다. 이러한 형법 때문에 대마흡연자들은 의사와의 치료적 상담을 꺼리게 되고, 음성적인 대마흡연을 계속하게 되며, 중독으로 인한 심리적 불안을 이기기 위해 대마흡연친구를 만들기도 한다. 이에 따라 대마흡연자들은 계속 늘어간다. 마약형법이 마약범죄를 더욱 늘리는 것이다. ② 네덜란드 등과 같은 일부 국가에서 하듯 마약중독의 치료를 위한 연성마약의 관리된 사용을 부분적으로 허용하는 것이 오히려 마약을 줄일 수 있다. 하지만 헌법재판소는 대마흡연의 처벌에 대하여 대마의 건강유해성과 범죄유발의 위험성 그리고 법감정, 범죄예방효과 등을 종합 고려하여 합헌결정(헌재결 2005헌바46)을 내린 바 있다.

이와 같이 범죄와 형벌이 서로를 강화하고, 서로를 증가시키는 악순환은 범죄와 형벌에 대한 과학적 이해 없이는 계속될 수밖에 없다. 여기서 하나의 '역설'이 성립한다. 즉, 범죄와 형벌의 관계에 관한 상식이 형사정책의 기초가 되는 한, 형벌은 범죄를 진압하는 것이 아니라 오히려 범죄와 '함께' 자기증식과 자기강화를 거듭한다는 것이다.

2. 범죄의 윤리주의적 이해관점

한국인의 법의식에서 범죄는 대개 반윤리적인 그 무엇으로 표상된다. 이를 범죄이해의 '윤리주의'라고 부를 수 있다. 즉, 모든 일탈행동의 의미를 윤리적 관점에서 해석하고, 그에 대한 제재로서 형벌도 윤리적 관점에서 해석한다.

(1) 윤리위반으로서 범죄, 윤리장전으로서 형법

즉 범죄는 윤리적으로 크게 타락한 행위이며, 형벌은 그 행위에 의해 실추된 윤리를 다시 바로 세우는 수단으로 인식된다. 물론 여기서 말하는 윤리는 '도덕'(moral)이나 '사회규범'(social norm)보다는 주로 형이상학적인 '전통윤리'(예: 유교윤리)나 종교적 성격의 '사회윤리' 등과 같은 윤리(ethics)를 가리킨다.

■ **범죄의 실질이 된 윤리** 예컨대 ⓐ 보통살인죄(제250조 제1항)보다 무겁게 처벌하는 존속살인죄(형법 제250조 제2항)는 유교윤리의 전통을 불법의 실질로 삼는다. ⓑ 의료법은 — 응급환자(「응급의료에 관한 법률」 제6조 제2항)나 사회보험법상 진료의무(「국민건강보험법」 제42조 제5항, 제117조)를 부담하는 경우도 아닌 — 비응급, 비급여진료가 필요한 환자의 진료를 거부하는 행위[14]까지도 범죄로 규정하고 처벌한다(「의료법」 제15조, 제89조). 이 진료거부죄의 실질

14) 이에 대한 종합적인 법이론적 분석으로 이상돈, "수혈거부와 무수혈치료의 법적 책임", 이석우 엮음, *환자의 권리와 무수혈 치료*(학영사, 인권총서 1, 2005), 121~149쪽

은 의사의 직업윤리이다.

이와 같이 범죄의 실질을 구성하는 윤리는 현대사회에서도 지속적으로 확장되고 있다. 이를테면 생명윤리, 환경윤리, 기업윤리 등은 범죄를 새롭게 구성하는('신범죄화' Neukriminalisierung) 실질이 된다. 예컨대 「생명윤리 및 안전에 관한 법률」에서 보듯 인간복제(제20조 제1항, 제64조)나 체세포핵이식에 의한 배아생성(제23조 제1항, 제66조 제1항 제3호)을 해서는 안 된다는 등의 생명윤리마저도 형벌에 의해 지키고 심지어 발전시키고자 하는 경향이 높다. 이와 같은 윤리주의적 경향이 확대될수록 형법은 점점 더 시민의 '권리장전'이 아니라 '윤리장전'(倫理章典)이 되고 만다.

(2) 윤리주의적 이해의 역기능

이처럼 윤리를 토대로 범죄와 형벌을 해석하게 되면, 범죄(일탈행위)의 원인에 대한 과학적 접근이 봉쇄되고 범죄를 범죄자 개인(의 잘못된 인격)의 탓으로만 돌리게 된다. 그 뿐만 아니라 윤리주의적 범죄해석은 문화영역을 폭력적으로 재단하고, 예술의 자유와 과학의 발전을 심각하게 위축시킨다.

■ 범죄의 윤리주의적 해석의 역기능 예를 들어 ⓐ 환경오염행위도 위험사회에 특유한 일탈행위라기보다는 '환경윤리'라는 새로운 윤리를 저버린 행위로 파악된다. 이런 윤리주의적 해석은 환경오염의 구조적 원인에 대한 과학적 분석의 역량을 소진시켜 버린다. 커다란 환경사고가 나면, 매스컴은 그런 사고를 유발하는 행위의 반윤리성에 대하여 목소리를 높이고, 여론은 책임자에 대한 강력한 처벌요구로 들끓는다. 그래서 특정 개인이 책임자로 지목되어 형사처벌되지만, 그와 유사하게 환경을 오염시키는 기업의 생산활동은 그 이후로도 계속 증가한다. 또한 ⓑ 부실공사로 인명피해를 가져오는 대형사고가

낫을 때에도 건설책임자의 반(직업)윤리성에 원인분석의 초점이 맞춰진다. 그로 인해 부실공사가 구조적으로 잉태될 수밖에 없는 건설도급의 체계와 그에 얽혀 있는 부패의 사슬구조에 대한 과학적 접근은 뒷전으로 물러나고 만다.

또한 범죄와 형벌에 대한 윤리적 해석은 범죄에 대한 제재를 지나치게 강하게 만든다. 형이상학적 · 종교적 윤리에 의해 욕구와 본능은 강력하게 억압되고, 이 억압된 욕구와 본능은 강한 응징과 보복의 감정으로 전환되어 예측할 수 없는 형태로 외부에 분출되기 때문이다.[15] 더 나아가 형벌의 윤리적 해석은 형벌의 현실적인 효과에 대해서도 무관심하게 만든다(형벌의 결과에 대한 맹목성).

3. 형벌의 선호

한국시민의 평균적인 형벌의식의 또 다른 특징은 '전근대성'과 '탈근대성'에 있다. 이 둘의 공통점은 형벌을 사회문제해결의 가장 실효적인 수단으로 여긴다는 점에 있다.

(1) 전근대적 형벌의식

형벌의식이 전근대적(premodern)이라고 하는 것은 형벌을 거의 모든 종류의 사회적 갈등을 해결하는 '최고수단'(prima ratio)으로 인식한다는 점에 있다. 민사채무의 불이행과 같은 경제적 갈등의 해결도 형벌에 의존하려 한다. 또한 표현의 음란성을 이유로 소설가[16]나 누드 연극의 연출자(예: 미란다 사건)를 감옥에 가두는 데서

15) 이런 인간학적 통찰에 의하면 욕구와 욕망의 건강한 표현과 합리적인 관리를 가능케 하는 양식의 일상문화가 우리사회에 필요하고, 법은 그런 문화의 공간을 인정하고 지켜줘야 한다. 이에 관해 이상돈, *욕망은 행복을 낯설게 한다*(연극과 인간, 2003) 참조.

16) 그 대표적인 예로 마광수의 소설 「즐거운 사라」(대판 94도2413 참조), 장정일의 「내게 거짓말을 해봐」사건(대판 98도679 참조)을 들 수 있다.

볼 수 있듯이 형법은 예술작품에서 음란성의 수위를 조절하는 댐의 갑문(閘門)처럼 기능한다.

■ 예술과 표현의 자유와 음란물처벌 가령 중학교 미술교사가 자신의 홈페이지에 성기가 드러난 자신과 만삭의 부인의 나체사진 등을 올려 놓은 행위에 대해 「정보통신망 이용촉진 및 정보보호 등에 관한 법률」 제74조 제1항 제2호를 적용할 수 있는지를 살펴보자. ① 헌법은 예술(헌법 제22조)과 표현(제21조)의 자유를 기본권으로 보장한다. 예술은 힘든 삶을 견딜 수 있게 하는 해방의 양식이며, 표현은 인간적 실존을 가능케 하는 소통의 양식이다. 그러나 예술과 표현의 자유는 사회(윤리)질서를 깨뜨리고, 더 나아가 그것을 통해 정치적 지배를 위태롭게 만들 가능성이 있기 때문에 언제나 국가로부터 과도하게 통제되기 쉽다. 민주적 법치국가에서는 부득이한 공익적 이유가 있을 때에만 예술의 자유를 필요최소한의 범위로 제한하여야 한다. 이를 위해 음란물의 등급화와 단계적 규제[17]가 행해지고 있다. ② 형법은 "음란성"의 개념을 작동시켜 그런 통제를 행한다. 이때 음란성은 '성적 흥분 유발, 성적 수치심 유발, 성적 도의관념에 반함'이라는 의미로 이해된다. 이런 이해에 따르면 위 미술교사의 행위는 "음란한" 행위가 된다(대판 2003도2911).[18] ③ 형법의 음란물통제는 음란물 등급에서 가장 높은 등급(예: 영화법 제29조 제1항 제5호의 "제한상영가")과 맞먹는 경우에 한정하되, 그런 경우에도 "사상의 경쟁메커니즘에 의해서도 그 해악이 해소되기 어렵다"(헌재결 95헌가16)고 볼 수 있는 경우에 국한되어야 한다. 특정한 예술적 표현의 영향력을 희석시키는 비평이 시민사회에서 다양하게 전개되는 사회일수록 그런 해악은 더 많이 해소된다고 보아야 하고, 예술적 표현은 그만큼 더 많은 자유를 누릴 수 있다.

---

17) 「영화 및 비디오물의 진흥에 관한 법률」 제29조, 「게임산업진흥에 관한 법률」 제21조, 「방송법」 제33조 제4항 내지 제5항 등을 참조.

18) 이 사건에 대한 비평으로 이상돈, *예술형법*(법문사, 2014), 117쪽 아래 참조.

(2) 탈근대적 형벌의식

현대사회에서는 형벌은 생존을 위협하는 다양한 위험원을 효과적으로 관리할 수 있는 '유일한 수단'(sola ratio)으로 인식된다. 이를테면 사람들은 형벌이 환경을 오염시키는 행위를 막아주고, 국민건강을 위태롭게 하는 의약품의 제조와 유통을 막아주며, 부실공사의 위험도 막아줄 것으로 기대한다. 형벌은 사회의 어느 영역에서나 갈등과 문제를 해결하는 유일한 수단인 것처럼 우선적으로 투입된다. 이럴 경우 형법은 근대형법의 중심적인 원칙들(예: 형법의 최후수단성, 책임원칙)을 굴절시키게 된다. 이런 형벌의식은 '탈근대적'(postmodern)인 것이라고 부를 수 있다.

■ **형법의 선호와 광역화된 관할**　형법이 사회문제해결의 실효적인(최고 또는 유일)수단으로 선호되는 현실은 형법의 관할영역을 모든 법 가운데 가장 넓게 확장시킨다. 판덱텐체계의 법제에서 법은 헌법, 민법, 형법, 상법, 민사소송법과 형사소송법의 육법전(六法典)으로 나뉘고, 각 법제는 고유한 관할을 갖고 있다. 그러나 모든 법제도가 전문법(예: 의료법, 환경법, 경영법, 노동법, 정보법, 교통법, 교육법, 환경법 등)의 패러다임[19]으로 변화·발전해가는 현대사회에서 형법만이 거의 모든 전문법영역에서, 그것도 매우 중요한 법적 문제들을 관할하는 법으로 기능한다. 예컨대 중요한 경영행위가 「독점규제 및 공정거래에 관한 법률」과 형법, 「자본시장과 금융투자업에 관한 법률」과 형법에 의해 규율되고 있는 것처럼 다른 『○○법과 형법』의 공동규율은 거의 모든 영역에서 일어난다. 그렇기에 형법이 '법' 그 자체였던 법공동체의 태고적 역사가 재현되고 있다고 말해도 지나치지 않다.

---

19) 이에 관해 자세히는 이상돈, "전문법-이성의 지역화된 실천", *고려법학*(제39호, 2002), 113~151쪽; *기초법학*(법문사, 2008), [14]단락 참조.

Ⅱ. 범죄와 형법

이러한 범죄와 형벌의 비이성적 현실을 지양하려면 범죄와 형벌의 법인 '형법'의 의미와 기능을 올바르게 이해하여야 한다.

1. 범죄의 실질

서구사회에서도 범죄를 윤리의 중대한 위반으로, 특히 종교적 죄악으로 파악하는 오랜 역사가 있었다. 그들 사회도 계몽주의 정치사상과 근대법이 성장하기 시작한 18세기를 넘어 들어와서야 비로소 오직 '사회에 유해한 행동'만을 범죄로 파악하기 시작했다.

(1) 권리침해

여기서 '사회유해성'(Sozialschädlichkeit)은 개인의 (주관적) 권리를 침해하거나 그럴 위험이 있는 행위를 가리킨다. 근대법에서 말하는 '권리'는 '자유를 누리는 이익'이며, 이 자유는 모든 시민들이 공평하게 누려야 한다는 내재적 제한을 안고 있다. 즉, 자유의 이익은 모든 사람에게 공평하게 분배되어야 하기 때문에 자신에게 귀속된 자유의 몫을 넘어서 다른 사람 몫의 자유를 침해하는 행위는 정당한 권리의 향유가 아니라 위법한 권리침해가 된다. 근대형법의 임무는 바로 그런 권리침해를 형벌로 제재함으로써 모든 시민에게 자유(권리)를 공평하게 보장하는 것이었다.[20] 여기서 자유(권리)는 형법이 보호해야 할 이익, 즉 법익(Rechtsgüter)이라고 할 수 있다. 이처럼 형법의 임무는 법익의 보호, 바꿔 말해 자유의 보

20) 이에 관해 자세한 연구로는 이상돈, *형법의 근대성과 대화이론*(홍문사, 1994), 특히 27~32쪽을 참조.

장에 있는 것이다.

■ 합법적 도박과 범죄적 도박　① 현행 형법은 도박(제246조, 제247조)과 복표발매 등(제248조)을 범죄로 처벌한다.[21] 하지만 다양한 공익목적을 실현하는 수단이 되는 경우에는 예외적으로 허용한다(예: 「복권 및 복권기금법」, 「관광진흥법」(카지노사업), 「한국마사회법」(마권사업), 「경륜·경정법」 등). ② 도박은 단지 공익사업이라는 정책목표에 의해서 비로소 허용될 수 있는 것이 아니라 그 자체로서 개인의 자유이자 권리라고 주장되기도 한다. 도박은 부를 (도덕성이 없는) 우연적인 기제로 재분배하고, 근로소득으로 불가능한 재산을 형성하고픈 보편적 기대심리를 충족시키고 그런 기대심리를 통해 힘든 삶을 견디어내게 하며, 바로 그런 점에서 (소극적이지만) 행복을 추구할 권리(헌법 제10조)를 누리게 해주기 때문이다. ③ 그러나 도박을 허용하면 강한 유혹성과 중독성으로 많은 사람들이 도박에 빠지게 되고, 그렇게 되면 근로동기가 약화된다. 근로동기의 약화는 개인의 인격적 정체성의 기반을 붕괴시킨다. 따라서 도박의 허용은 자유의 근원적 상실로 이어질 수 있다. 이처럼 도박은 개인의 삶 차원에서는 권리이지만, 사회적 차원에서는 권리의 (잠재적, 집단적) 침해이다. 이는 형법은 도박을 '사회적 법익'에 대한 범죄로 규정하는 까닭이기도 하다. ④ 사회학적으로 보면 빈부차가 커질수록 합법적 도박사업이 증가한다. 합법적 도박사업은 가난한 사람에겐 희망을 주면서 그것으로 조성된 기금으로 공익목적을 수행함으로써 빈부격차로 인한 사회적·정치적 통합의 균열과 위기발생을 막는 방편이다. 그러나 빈부격차의 해소나 공익사업기금의 조성은 합리적인 조세정책(특히 누진세제)이나 민간투자의 확대를 통해 더 효과적으로 할 수 있다. 합법적 도박사업은 빈부격차를 해소하지 않고 오히려 그 격차를 유지시키는데 필요한 가난한 자들의 기대심리를 유지시켜줄 뿐이다.

---

21) 다만 판례는 도박이 '일시적 오락'을 위한 것일 때에 도박죄를 인정하지 않는다(대판 2003도6351).

이러한 법익의 내용은 오늘날 헌법에 목록화되어 있는 기본권 규정(헌법 제2장)에 반영되어 있다. 예를 들면 생명, 신체, 재산, 인격과 명예, 행동의 자유, 주거의 자유, 성적 자유 등이 그러하다.

(2) 규범의 효력

이런 의미의 권리침해는 민법상 손해배상책임을 발생시키는 불법행위(민법 제750조 이하)의 실질과 다르지 않다. 또한 범죄행위의 권리침해가 일반적으로 불법행위의 권리침해보다 언제나 크고 중대한 것도 아니다. 양자의 차이는 규범과의 관련성에 있다. 즉, 어떤 권리침해를 범죄로 파악하는 것은 불법행위처럼 권리침해로 인한 손해의 (재산적) 전보를 위한 것이 아니라 그 권리침해에 의해서 효력이 부정된 '규범의 효력'을 회복시키기 위한 것이다. 이런 점에서 범죄는 권리와 자유를 서로 존중하라는 기본적인 요청을 담고 있는 형법규범을 일탈한 행위라고 할 수 있다.

(3) 중대한 일탈행위

그러나 사회학적으로 보면 일탈행위에는 범죄로 파악되지 않는 것들도 많이 있다. 예를 들어 학교에서 남의 답안을 훔쳐 쓰거나, 종교단체에서 교리에 어긋나는 행동을 하거나, 근무시간 중 일을 태만히 하는 것 등이 그렇다. 이런 일탈행위자에 대해서도 예컨대 정학, 교인들의 따돌림, 감봉과 같은 제재가 가해진다. 그러나 이런 일탈행위가 범죄와 다른 점은 이에 의해 부정된 규범이 보호하는 이익은 헌법상의 기본권과 같은 '인간의 기초적인 공존조건' 또는 형법의 보호 '법익'이 아니라는 것이다. 이런 점에서 범죄는 일탈행위 가운데 '중대한' 것에 국한되어야 한다. 범죄는 형법으로 보호하는 것이 마땅한 '법익'을 침해 또는 위태화하는 행위가 된다. 이처럼 '법익'이라는 관문은 어떤 규범이 형법규범이 되기 위해 통과해야만 되는 바늘구멍과도 같은 것이라 할 수 있다.

2. 범죄의 실정성과 민주성

그러나 중대한 권리침해가 있다고 해서 곧바로 범죄가 성립하는 것은 아니다. 권리침해는 범죄성립의 필요조건일 뿐 충분조건이 아니다. 범죄가 성립하기 위한 (형식적인) 충분조건으로서 이른바 죄형법정주의의 요청을 들 수 있다.

(1) 실정성

범죄의 실질이 타인의 권리 또는 자유에 대한 침해라고 할 때, 그 권리나 자유의 구체적 내용이 무엇인지에 관하여는 개인들 사이에 의견이 갈릴 수 있다. 특히 개인이나 집단 또는 국가기관은 다른 개인이나 시민이 존중해야 할 타인의 권리나 자유를 자신에게 유리한 방향으로 해석하는 경향이 있다. 예를 들면 국가권력을 장악하고 있는 정치세력은 정권을 유지하는 데 유리한 방향으로 자유의 개념을 해석한다. 이런 점을 고려할 때, 모든 개인이 존중해야 하는 권리의 내용이 무엇인지, 또 그런 권리를 침해할 경우 어떤 제재가 주어지게 되는지가 '미리 명확하게 확정'되어 있어야만 한다. 그렇지 않다면 범죄를 확정하는 사회적 과정 자체가 범죄 이상으로 사회적 갈등과 분열을 초래할 것이기 때문이다. 여기서 '미리 명확하게 확정'되어야 한다는 것을 죄형법정주의라고 부른다. 즉 '법률 없이는 범죄도 없고 형벌도 없다'(nullum crimen nulla poena sine lege)는 것이다. 따라서 범죄는 실정법률이 범죄로 인정하게 될 권리침해의 유형에 해당할 때에만 인정되는 것이다.

■ 죄형법정주의와 사적 자치 ① 죄형법정주의에 따라 형법은 구체적으로 어떤 내용의 범죄에 대해 어떤 형벌을 부과하는 지를 상세하게 정해놓아야 한다. 예컨대 명예훼손이라는 범죄는 그 요건과 효과가 명예훼손죄규정(형법 제307조)에서 개별적으로 자세히 정해져 있다. ② 이에 비해 명예훼손에 대한 민사상 손해배상책임은 다른 권리침해행위에도 적용될 수 있는 불법행위규정(민법 제750조)이라는 일반조항으로 물을 수 있다. 즉 불법행위규정은 그 내용이 범죄행위의 내용처럼 민법에 미리 구체적으로 정해져 있지 않고, 일반조항의 형태로 되어 있다. 이는 '사적 자치'의 표현이다. 즉 "고의 또는 과실로 인한 위법행위로 타인에게 손해를 가"하지 않는 한, 개인에게 행동의 자유를 누릴 수 있게 하기 위한 것으로 이해할 수 있다. 거꾸로 말하면, 형사책임에는 사적 자치의 이념이 지배하지 않는 것이다.

(2) 민주성

그러나 이 실정법률은 '모든 사람이 적어도 이성적으로 판단한다고 할 때 동의할 수 있는 내용'으로 채워져야만 한다. 왜냐하면 형법은 자유의 공평한 향유를 보장하기 위한 제도이며, 범죄는 그런 공평한 자유향유를 깨뜨리는 행위이기 때문이다. 국가라는 법공동체의 단위에서 모든 개인들 사이에 이성적인 합의의 형성을 극대화하는 제도는 바로 의회제도이다. 따라서 죄형법정주의에서 말하는 법률은 오직 의회에서 비판과 토론의 과정을 거쳐 제정된 법률만을 의미한다.

바꿔 말해 형사법률의 제정권은 원칙적으로 의회가 독점한다. 하지만 형법규범의 형성은 다원적이다. 즉 형사법률은 의회가 제정하지만 그것을 구체화하는 각종 법규(예: 시행령, 시행규칙)를 행정부가 제정하고, 법원은 그 법규들의 모법에 대한 위반여부를 심사하고 그 법률의 내용을 해석을 통해 구체화하며, 헌법재판소는 그 법률의 위헌여부를 심판한다. 이러한 권력분립적 법형성과정에서 형법규범은 생성・교정・변화되어 간다.

■ 형법제정권의 이양과 법다원주의 ① 예를 들어 「주식회사의 외부감사에 관한 법률」에 의하면 기업의 분식회계를 부실감사로 발견하지 못한 채 감사보고서에 적정의견을 낸 공인회계사는 부실감사죄(제20조 제2항 제4호)의 책임을 진다. 부실감사죄의 실질은 회계감사기준에 위반하는 것인데, 이 회계감사기준은 비록 금융위원회의 사전승인을 받도록 되어 있지만 '대통령령이 정하는 바에 따라 한국공인회계사회가 정'한다(제5조 제2항). ② 부실감사죄는 형사불법의 실질이 의회에서 제정된 법률에 의해 미리, 구체적으로 정해져 있지 않고 대통령령에 위임되어 있다는 점과 그 위임입법(대통령령)의 실질을 또 다시 한국공인회계사회라는 비록 법정단체이지만 민간단체가 정하고 있다는 점에서 죄형법정주의를 이중으로 훼손할 위험이 있다. ③ 대통령령에 형사불법의 일부를 위임하는 것은, 본래적 의미의 죄형법정주의에는 위배된다. 하지만 형법의 전문화 현상 때문에 형사불법의 일부를 대통령이 형성하게 할 필요가 있다(헌법 제75조). 그러나 이로 인해 형법의 민주적 정당성이 지나치게 훼손되지 않게 하기 위해 포괄적 위임을 금지한다. 위 법률은 회계감사기준에 관해서만 위임할 뿐이므로 포괄적 위임은 아니다. ④ 회계감사기준의 실질을 다시 민간단체인 한국공인회계사회가 정한다는 점은 헌법이 명문으로 허용하는 위임입법에는 해당하지 않는다. 그러나 법규범과 사회규범의 날카로운 구획이 사라지고, 법이란 다양한 사회적 행위자들 사이의 규율에 대한 합의절차가 실제로 효력이 있을 때 정립된다는 법다원주의(legal pluralism)의 관점에서 보면 형사위임입법의 실질이 바로 그 법의 수범자들을 대표하는 단체에 의해 정해지는 자율성은 그 형법의 사회학적 효력을 높여준다.

3. 범죄와 책임

형법이 권리침해에 의해 효력이 부정된 규범을 유지하는 제도라고 한다면, 범죄는 다른 사람들이 일반적으로 그 권리침해에 의해 '형법규범의 효력'이 손상을 입는다고 인지하는 경우에만 국한하여 인정되어야 한다. 왜냐하면 어떤 권리침해가 규범의 효력을 건드리지 않는 정도의 것이라면, 그 권리침해로 인한 갈등은 민사상 불법행위책임을 지우는 것만으로도 충분히 해결될 수 있기 때문이다. 그와 같은 '일반적 인지'가 인정되는 경우를 형법학에서는 '책임'(Schuld, responsibility)이라는 개념으로 파악하고 있다. 바로 여기서 '책임 없이는 범죄도 없다'는 명제가 성립하게 된다. 즉, 책임은 권리침해행위가 범죄로 인정되기 위한 또 다른 (실질적인) 충분조건인 것이다. 그러나 형법상 책임의 구체적 내용이 무엇인지는 분명하지 않다.

(1) 의사소통적 현상

먼저 책임현상을 사회학적 '관찰자의 시점'에서 바라보면 '권리침해로 인한 규범효력의 손상에 대한 일반인의 인지'는 생활세계 안에서 끊임없이 펼쳐지는 의사소통적 교류 속에서 역동적으로 변화하는 현상이다. 여기서 의사소통적 교류의 내용은 역사적으로 변화될 수 있기 때문에 범죄의 구성요소로서 책임도 그와 함께 변화될 수밖에 없다.

■ 입법에서 책임인지의 변화와 형법의 변화　예를 들면 ⓐ 실수로 친구의 골동품을 깨뜨린 경우에, 그 행위자는 권리(소유권)의 침해로 인한 손해에 대하여 민사상의 배상책임을 진다. 그러나 이처럼 골동품을 일부러(고의로) 깨뜨린 것이 아니라 실수로(과실로) 깨뜨린 경우 '타인의 재물을 손괴하지 말라'는 규범의 효력이 흔들린다고 인지하는 사람들은 그리 많지 않다. 따라서 1950년 전후 형법전의 입법자들은 형법전을 제정할 때 손괴죄는 '고의'에 의한 손괴에 국한시켰고, '과실'에 의한 손괴는 범죄로 규정하지 않았다(형법 제42장 참조). ⓑ 그러나 자동차가 교통의 수단으로 등장한 이후의 시대에 자동차

> 사고는 절대다수가 과실로 인하여 발생하는 것이고, 또한 그 과실로 인한 재물손괴의 규모도 대단위일 가능성이 높아졌다. 따라서 자동차를 운전할 때 '타인의 재물을 손괴하지 말라'는 규범은 고의에 의한 손괴행위만을 범죄로 규정할 경우 그 효력이 제대로 유지되기 어렵다. 이처럼 과실운전에 의한 재물손괴를 범죄로 구성하게 만드는 인지의 변화가 일반인에게 있다고 볼 수 있기 때문에, 「도로교통법」은 자동차 운전의 과실로 재물을 손괴한 경우를 범죄로 규정하고 있다(제151조).

이와 같은 일탈행위로 인한 규범효력의 동요여부에 대한 의사소통적 교류 또는 인지의 변화는 입법의 차원에서 뿐만 아니라 법관이 형사법률을 구체적 사안에 적용하는 경우에도 등장한다.

> 가령 부부 사이에 일어난 강간을 강간죄로 보지 않다가 여성주의적 실천과 성문화의 변화에 따라 강간죄로 보는 판례(대판 2012도14788)의 변화를 들 수 있다.

(2) 자유주의적 가설

그러나 이러한 결론은 단지 사회학적인 명제일 뿐이다. 생활세계의 의사소통적 교류에 참여하는 사람('참여자')의 시점에서 보면 '권리침해행위'와 (범죄성립의 충분조건으로서) '책임'을 연결짓게 하는 연결고리는 행위자의 '자유'라는 요소이다. 즉, 행위자에게 권리침해행위를 하지 않을 '자유'의 능력이 있음에도 불구하고 그 자유를 사용하지 않았거나 남용하여 위법한 권리침해행위를 하였을 경우에 형사 '책임'을 인정할 수 있고, 그 때에만 범죄가 성립하는 것이다.

> ■ **형사책임의 귀속요건** 이와 같은 의미의 책임은 그 존재 여부를 적극적 방법으로 확정할 수가 없다. 단지 적어도 어떤 사유가 존재하

면 그런 의미의 책임을 조각시키는 소극적인 방법으로만 책임을 확정한다. 예를 들면 ⓐ 14세 미만의 아이나 심신상실자처럼 「책임능력」(형법 제9조~제11조)이 없거나, ⓑ 위법한 권리침해행위를 하지 않을 가능성('기대가능성')(예: 형법 제12조)이 없다든지 또는 ⓒ 자신의 권리침해행위가 '위법함을 인식'하지 못한 데에 정당한 이유가 있는 경우(형법 제16조)에는 책임을 인정하지 않는다.

그런데 자유 또는 자유능력의 의미에 대한 이해방식은 사람마다, 집단마다, 또 역사에 따라 차이가 난다. 자유의 개념에 대한 이해방식 자체가 이미 사회역사적인 현상이며, 심지어는 이데올로기적인 현상이다.[22)]

철학자 아도르노(Adorno)의 말은 이를 정확하게 웅변해준다: "…사람들은 경험적 개인을 아무런 제약도 받지 않고 쉽게 책임을 지우고 형이상학적으로 정당화되는 형벌을 바라봄으로써 그를 더욱 억누를 수 있게 하기 위해 개인의 지적 자유를 찬양한다…."[23)]

가령 사이코패스로 진단되는 연쇄살인범에게 살인을 하지 않을 능력(형법상 책임능력)이 있는지를 판단하는 것은 단지 정신분석학적 지식에 의해 좌우되지도 않는다. 그렇기 때문에 형사책임은 언제나 자유에 대한 (철학적) 가설을 전제할 수밖에 없다.

4. 범죄와 형법의 현대적 특징

현대사회에서 범죄와 형법은 '근대성의 왜곡된 확장'과 '근대성으로부터의 탈피'(탈근대성)라는 서로 상반된 방향의 발전을 보인다.

---

22) 책임개념의 이데올로기 비판으로 나의 석사학위논문(이상돈, *형법상 책임범주의 탈형이상학화, 합리화,* 1986) 참조.

23) Adorno, *Negative Dialektik*, 3. Aufl., (Suhrkamp, 1982), 214쪽.

(1) 근대성의 왜곡된 확장

근대적 의미의 범죄와 형법은 현대사회에서도 확장되고 있다.

㈎ 새로운 권리의 출현과 범죄화　현대사회에서는 과거에 볼 수 없었던 새로운 형태의 권리가 등장하거나 이미 있어 왔던 권리가 더 치밀화되고 있다. 그러한 권리에 대한 침해행위는 근대적 의미의 범죄로, 그 행위를 제재하는 형법은 근대형법의 연장선 위에 있다.

■ 권리침해의 새로운 유형　예를 들어 ⓐ 정보화사회에 들어서면서 '개인정보에 대한 지배권'('정보적 자기결정권')은 새로운 권리로 자리 잡았고, 그런 권리에 대한 침해의 한 유형이라고 볼 수 있는 개인정보의 무단 수집, 저장, (특히 수집목적 외의) 사용과 제3자에로의 양도 등은 형사불법의 실질을 형성해간다(「정보통신망 이용촉진 및 정보보호 등에 관한 법률」 제71조). 또 다른 예를 들면, ⓑ 재산권은 지적 생산물에까지 확대되어 지적재산권이라는 새로운 권리가 형성되었고, 이에 대한 침해행위의 하나로서 상표권의 침해행위도 「상표법」 제230조에 의하여 지식산업사회의 새로운 범죄가 되었다. ⓒ 또한 강간행위가 침해하는 '성적 자기결정권'이라는 기존의 형법적 권리는 '(강간이나 강제추행에 이르지 않은) 성희롱(sexual harassment)을 당하지 않을 권리'로 치밀화되었다. 예컨대 직장 내 성희롱이 행정범으로 과태료 대상이 되고 있고(「남녀고용평등과 일·가정 양립 지원에 관한 법률」 제39조), 다만 "직장 내 성희롱과 관련하여 피해를 입은 근로자 또는 성희롱 발생을 주장하는 근로자에게 해고나 그 밖의 불리한 조치를 하는" 행위는 범죄가 된다(제37조 제2항 제2호).

㈏ 민사불법의 형사불법화　이처럼 형법의 확장은 새로운 권리 또는 치밀화된 기존의 권리에 대한 침해를 범죄의 실질로 삼고 있다. 그러나 이런 확장이 모두 근대형법의 이념을 계승하는 것은 아니다. 상표권침해죄에서 보듯 새로운 형법규정들은 많은 경우 규범의 효력을 건드리지 않는 단순한 권리침해를 범죄로 인정하고 있

기 때문이다. 근대형법의 이념(형법의 보충성)에 따르면 단순한 권리침해는 민사상의 불법행위로만 다루어져도 충분하다. 이런 불법행위에 대한 형법적 제재는 과잉금지원칙(헌법 제37조 제2항)에도 위반된다. 민사상 손해배상책임이나 행정법적 제재, 또는 형사조정제도(「범죄피해자보호법」 제41조 내지 제46조)에 의한 해결이 적절하다.

■ 상표권침해의 불법유형과 범죄성 ① 가령 동대문에서 의류제조업을 하는 甲은 외국바이어의 주문에 따라 아디다스상표를 주문상품에 부착하여 납품한 행위는 「상표법」 제93조("상표권 및 전용사용권의 침해행위를 한 자는 7년 이하의 징역 또는 1억원 이하의 벌금에 처한다")에 해당한다. 변리사업무의 중심영역인 상표권분야에서 상표권침해의 입증문제나 원상회복 등의 현실적인 필요 때문에 피해자는 상표권침해행위를 고소하고, 수사과정에서 상표부착주문을 한 사람은 구속수사를 받기도 한다. ② 그러나 중소기업형 수출무역상에 대한 형사처벌이 타당한 것인지는 의문이다. 상표권침해죄는 "상표권 및 전용사용권의 침해행위"인데, 이 요건만으로는 민사상의 불법행위요건과 범죄요건이 전혀 차별화되지 않기 때문이다. 상표권침해의 불법행위가 범죄가 되려면 예를 들어 타인으로부터 위법하게 재산상의 이익을 취득하는 것을 넘어 그 피해자를 '기망'(속임수)했다든지(형법 제347조[사기죄]), 신뢰관계를 깨뜨리는(형법 제355조[배임죄])바와 같은 특유한 반(反)규범적(반도덕적) 행위양태가 있어야 한다. 왜냐하면 그런 반도덕적 행위양태가 추가되어 있을 때에만 비로소 '타인의 재산권을 침해하지 말라'는 규범의 효력이 손상을 입을 수 있고, 그런 규범의 효력을 다시 세우기 위해 형벌이 요구될 것이기 때문이다. ③ 상표권침해는 이론적으로 형사불법이 없지만, 현실적으로는 상표권보호를 위해 형사고소의 가능성이 확보될 필요가 있다는 점에서 상표권침해로 인한 분쟁은 민사적 형사분쟁이며, 형사조정제도에 의해 해결하는 것이 바람직하다.

(2) 탈근대성

㈎ 정책, 사회체계의 리스크 관리와 범죄화 현대사회에서 형법의 또 다른 발전방향은 ① 근대적 의미의 범죄의 실질인 권리 또는 자유에 대한 침해를 확인할 수 없고, 어떤 행동방식이 국가의 '정책'을 현실에 옮기는 데 장애가 되기 때문에 범죄가 되는 현상이다.

■ 국가정책의 수단이 되는 범죄화 정책의 실행에 장애가 되는 행위를 범죄로 규정하는 예를 들면, ⓐ 「예금자보호법」에 의하면 은행의 파산 등으로 예금 등을 지급할 수 없는 상황에 대처하기 위해 예금보험에 가입해야 하는 금융기관이 예금보험공사가 보험료의 산정 등 업무수행을 위해 필요한 범위 안에서 요구한 은행의 업무 및 재산상황에 관한 자료의 제출을 거부하는 행위는 범죄가 된다(제41조). 이는 "예금보험제도등을 효율적으로 운영함으로써 예금자등을 보호하고 금융제도의 안정성을 유지하는데 이바지"하려는 정책목적(제1조)을 추진하기 위해서이다. ⓑ 「산업디자인진흥법」에 의하면 우수산업디자인상품으로 등록된 상품 외의 상품에 대하여 우수산업디자인 표지를 붙여 판매하는 등의 행위(제7조)는 범죄가 된다(제19조). 이는 산업디자인의 연구와 개발을 촉진하려는 정책을 뒷받침하기 위해서이다.

② 또한 현대사회에서는 사회체계에 대하여 막연한 어떤 '위험성'(추상적 위험)을 갖고 있다는 이유만으로 범죄를 인정하는 경향이 증대한다.

■ 사회체계기능의 위험을 관리하는 범죄화 ⓐ 사회체계에 대한 막연한 위험을 범죄화하는 예를 들면, 「부정경쟁방지 및 영업비밀보호에 관한 법률」에 의하면 경쟁적 구조의 시장체제에 대한 위험요소를 제거하기 위해, 이를테면 '상품광고에 상품의 품질 · 내용 · 제조방법

등의 오인을 일으키게 하는 선전 또는 표지를 하는 것'(제2조 제1호)과 같은 각종 '부정경쟁행위'는 범죄가 된다(제18조 제3항 제1호). ⓑ 또한 자본시장(증권시장)의 공정성의 상징을 유지하여 투자자들의 시장이탈을 막음으로써 증권시장체계의 기능을 유지하기 위하여 미공개정보를 이용하여 주식거래를 하는 행위(제174조 제2항, 제3항)는 무려 "10년 이하의 징역 또는 5억원 이하의 벌금"에 처하게 되고 이익금액 또는 손실금액의 3배에 해당하는 금액이 5억원을 초과하면 그 3배에 상당하는 금액 이하의 벌금에 처한다(제443조 제1항 제2호, 제3호).

이처럼 현대사회에서 형법이 보호하려는 이익, 즉 '법익'은 권리를 담는 실체개념으로부터 정책을 수행하고 위험을 관리하는 편의적·기능적 개념으로 전환된다. 이런 범죄는 근대적 의미의 범죄로부터 벗어난 현대의 새로운 범죄라는 점에서 탈근대적 의미의 범죄라고 부를 수 있다.

㈏ 책임의 증발 이러한 범죄화의 특징은 그 범죄행위로 인해 침해되는 개인의 권리나 자유의 내용이 분명하지 않고, 또 침해행위와 침해결과 사이의 인과관계도 분명하지 않다는 데에 있다. 다시 말해, 발생한 결과(예: 기업도산으로 인한 자본시장의 동요, 투자자들의 손실)에 대해 행위자(개인)가 책임이 있는지, 또 있다면 어느 정도인지가 전혀 판명 될 수가 없다.

■ 탈근대적 의미의 범죄에서 책임의 증발 예를 들어 ⓐ 금융기관이 예금보험공사가 요구한 은행의 업무 및 재산상황에 관한 자료의 제출을 거부하였다고 하여, 그 하나의 행위가 예금보험제도의 효율적 운영이라는 정책목적을 얼마나 위태롭게 만드는 것인지, 또한 어느 정도의 형벌이 적정한 제재인지는 전혀 분석될 수가 없다. 정책목적의 실패는 그런 개별행위보다는 오히려 은행권의 대량부실화라든지 예금보험공사 내부의 문제에 의해서 유발될 수 있다. 또한 ⓑ 기업의

경영인이 미공개정보를 이용하여 주식을 거래하였다고 할 때, 그 하나의 행위가 증권시장의 공정성에 대한 투자자의 신뢰를 훼손시키고, 투자실패를 유발하는 것은 아니다. 단기매매차익의 환수(「자본시장과 금융투자업에 관한 법률」 제172조)에 의해 통제된다면 내부거래자(경영자)는 장기적으로 자신이 거래한 주식의 가격을 상승시키기 위한 경영을 위해 노력하게 되고, 주식 등 대량보유상황 보고와 공시제도(제147조 내지 제149조)를 통해 내부자거래는 많은 경우 투자자 입장에서도 하나의 유용한 투자정보가 될 수도 있기 때문이다. 다만 내부자거래의 금지는 증권시장의 공정성에 대한 고도의 상징성을 유지시키는 기능은 있으며, 이 기능을 지키기 위해서 형법이 투입되어야 하는지는 매우 어려운 법정책적 쟁점으로 남는다.

그러므로 탈근대적인 형법규정 아래서 개인은 엄밀히 말한다면 '책임질 수 없는 것'(예: 국가정책의 성패, 자본시장의 질서)에 대하여 의무만 부담할 뿐인 셈이라고 할 수 있다. 책임 없이 의무를 부담함으로써 개인의 자유는 축소하게 된다.

Ⅲ. 형벌과 형법

1. 근대형법과 형벌

(1) 보복의 악순환

흔히 사람들은 형벌을 두고 '범죄에 대한 응보'(應報)라고 말한다. 형벌의 역사가 오래된 만큼이나 형벌을 응보로 바라보는 관점 역시 그 역사가 길다. 그러나 일상적으로 말하는 응보는 집단화된 보복감정의 표출이다. 서양사회에서도 근대사회 이전의 형벌은 침해행위에 대한 보복적 성격이 강했다. 피해감정은 피해자와 그의 주변집단 사이에서 연대화되고 비합리적으로 증폭되기 때문에, 피해에 대한 보복은 피해 받은 것보다 더 큰 피해를 주는 행위로까지 발전하기 마련이다. 그러나 피해를 준 것보다 더 큰 피해를 입은 가해자는 새로운 피해자가 되고, 본래의 가해자(집단)는 또 다시 더 큰 보복행위를 한다. 이렇게 형벌은 보복의 악순환(예: 게르만법시대의 '훼데'(Fehde))을 정당화하는 수단이 된다. 그러나 근대형법에서 형벌은 개인적 보복(私刑罰)의 성격을 지양하고, 공적인 제재(公刑罰)의 하나로 전환된다.

(2) 책임과 형벌

① 근대형법에서 범죄는 타인의 권리 또는 자유에 대한 침해가 있고, 또 침해자에게 그런 침해를 하지 않을 '의사결정과 행동의 능력'이 있음에도 불구하고 그 능력을 사용하지 않은 경우, 즉 책임(Schuld)이 있는 경우에만 인정된다. 그리고 이 능력을 '인간의 자유' 또는 '윤리적인 자기결정의 능력'이라고 부른다. 인간이 다른 존재와 구분되고, 존엄성을 갖는 이유는 인간이 바로 이와 같은 능력을 갖고 있기 때문이다. 범죄란 다름 아니라 바로 개인이 인간에게만 고유한 윤리적인 자기결정의 능력을 남용한 경우이다.

② 이런 사상은 형벌을 보복의 악순환에서 빼내온다. 즉 형벌이 범죄에 대한 형법적 제재라면, 형벌은 범죄의 구성적 요소인 책임, 다시 말해 범죄자가 윤리적인 자기결정의 능력을 남용한 범위를 초과하여 부과되어서는 안 된다. 다른 한편 책임은 반드시 그것을 상쇄시키는 데 필요한 만큼의 형벌로 제재하여야 한다. 책임이란 윤리적 자기결정의 능력을 남용한 것이고, 윤리적 자기결정이 바로 인간존엄의 근거라면, 범죄자가 인간으로 남아 있기 위해서는 그런 능력을 남용한 더러움을 씻어 버려야 하고, 형벌은 바로 이를 위해서 부과되는 것이기 때문이다. 즉 형벌은 책임에 의해 제한되

지만 책임도 형벌을 필요로 한다. 이를 책임원칙(Schuldprinzip)이라고 부른다.24) 이런 맥락의 형벌은 보복이 아니라 진정한 응보(Vergeltung)가 된다.

2. 현대적 형법과 형벌

(1) 일반예방

현대사회에서 형법은 국가의 다양한 정책과 많은 위험원의 관리에 막연하게나마 위험이 될 수 있는 행위들을 범죄화하는 정책(형사정책)을 수행한다.

㈎ 책임과 응보의 후퇴　이 범죄화정책은 근대적 의미의 '책임' 없이 의무만을 부과하는 규정들을 양산하고 있다.

> 예를 들어 ⓐ 공장을 운영하는 사람은 자신의 공장운영이 수질을 어느 정도 오염시키는지 알 수 없어도 행정기관이 설정한 폐수방출기준을 지켜야 하며, ⓑ 공인회계사는 자신의 감사보고서가 증권거래자들의 투자실패에 어떤 인과적 영향을 끼치는지 알 수 없어도 회계감사기준에 따라 주식회사를 감사할 의무를 진다.

이런 의무위반으로서 범죄에 대한 형벌은 더 이상 응보의 성격을 갖기 어렵다. 근대형법에서 응보란 '과거'에 발생한 책임을 지워버리는 것(Schuldausgleich)인데, 이런 범죄에는 책임이 전제되어 있지 않기 때문이다. 따라서 형벌은 '미래'를 지향하게 된다. 즉, 형벌은 의무위반자를 처벌함으로써 다른 사람들(일반인)로 하여금 그와 같은 의무위반을 하지 않게 하는 미래의 목표('일반예방')를 위하

24) Arthur Kaufmann, *Das Schuldprinzip*, 2.Aufl., 1961 참조; 이런 책임원칙에 대한 구조적 분석으로 이상돈, *형법상책임범주의 탈형이상학화, 합리화*(고려대석사학위논문), 1986 참조.

여 부과된다. 여기서 '일반예방'은 두 가지 형태로 나타난다.

(나) 현대적 범죄와 전근대적인 일반예방 그 하나는 의무위반자를 처벌함으로써 다른 사람들도 처벌받을지 모른다는 두려움 때문에 그런 의무위반을 감히 할 수 없도록 만드는 것이다. 이때 형벌은 겁주기가 된다. 이를 '소극적 일반예방'이라 한다. 이런 일반예방은 책임을 제거하기 위한 응보형벌에서도 기대될 수 있다. 그러나 만일 현대적 의미의 범죄처럼 '책임이 전제되지 않은 의무위반'에 대해 부과되는 형벌이 이런 형태의 일반예방을 좇게 된다면, 형벌은 전근대적 의미의 형벌처럼 '일벌백계'(一罰百戒)의 수단으로 전락한다.

그런 형벌은 전근대사회의 형벌처럼 비록 '결과'만을 근거로 부과되는 것은 아니지만 '책임과 관계없이' 부과된다는 점은 마찬가지이기 때문이다. 따라서 한국의 현대적 형법은 탈근대적 범죄에 대해 전근대적인 형벌을 부과하는 꼴이라고 말할 수 있다.

(다) 적극적 일반예방의 불가능 일반예방의 두 번째 형태는 의무위반자를 처벌함으로써 다른 사람으로 하여금 그 의무위반에 의해 손상된 규범의 효력을 다시 승인하고 그 규범을 내면화하도록 하는 것이다. 이를 '적극적 일반예방'(positive Generalprävention)이라고 부른다.[25] 그러나 이런 일반예방은 권리침해를 내용으로 하는 범죄에 대해서는 가능하지만 책임 없이 의무위반만을 범죄내용으로 삼는 현대적인 범죄에 대해서는 매우 달성되기가 어렵다. 왜냐하면 그런 범죄에서 규정하고 있는 의무의 배후에 있는 '규범'을 발견하거나 구체화하기가 거의 불가능하기 때문이다. 이런 일반예방은 규범이 배후에 있는 권리에 대한 침해를 내용으로 하는 범죄

25) Hassemer, "Einige Bemerkungen über positive Generalprävention", in: Buchala-Festschrift, 1994, S. 147 아래 참조.

(근대적 의미의 범죄)에서나 실천될 수 있을 뿐이다.

■ 적극적 일반예방이 불가능한 의무위반범 예를 들어 상해죄는 '타인의 신체를 침해하지 말라'는 규범을 배후에 두고 있지만, 행정기관이 정한 기준을 초과하는 수질오염물질의 배출을 이유로 처벌되는 범죄자에게는 오직 행정기관이 정한 폐수방출기준(「수질 및 수생태계 보전에 관한 법률」 제33조 제1항, 제75조 제1호)만이 있을 뿐이다. 이 기준은 과학적 분석의 방법이나 이론에 따라 다양해질 수 있고, 또한 강수량의 변화, 공장시설의 증감, 인근주민수의 증감, 생산방식의 변화 등의 요소에 따라서도 달라질 수 있다. 그렇기 때문에 이런 기준은 단지 '정책적 기준'일 뿐, 규범이 되지 못한다. 따라서 수질오염배출범죄을 처벌함으로써 내면화할 규범 자체가 없고, 행정기관의 명령에 복종하라는 권위적 관료주의의 요청이 있을 뿐이다.

(2) 재사회화

현대형법은 근대적인 범죄에 대해서도 형벌을 수단으로 미래지향적인 정책을 좇는다. 즉, 현대형법은 형벌에 의해 범죄자의 인격을 개선하고 교화함으로써 미래에 다시 범죄를 저지르지 못하도록 하는 목표를 추구한다. 이는 흔히 국가가 개인의 삶을 적극적으로 도와주겠다는 사회국가적 프로그램의 일환으로 이해되기도 한다. 「형의 집행 및 수용자의 처우에 관한 법률」 제1조도 "이 법은 수형자의 교정교화와 건전한 사회복귀를 도모"한다는 선언을 한다. 이를 '재사회화'라고 한다.

그러나 현대사회는 이런 프로그램이 애당초 실현될 수 없는 현실로 발전하고 있다. 즉, 오늘날의 사회에는 범죄자의 재사회화에서 표준이 될 사회화의 통일적인 모형이 없다. 사회화의 모형은 집단마다, 지역마다, 또 세대마다 각각 다르게 존재할 수 있다. 이는 다원화된 문화의 특징이기도 하다. 그렇기 때문에 재사회화를 목표로 한 형벌은 오직 수형자의 인격적 자율성을 훼손할 뿐이다.

3. 형벌제한의 불가능성

(1) 형벌의 팽창과 책임의 형해화

이처럼 형벌이 과거의 범죄에 대한 정당한 대가를 치르게 하는 정의실현의 임무로부터 미래의 범죄를 예방하는 목표, 즉 일반예방이나 재사회화의 과제를 수행하는 정책적 수단으로 그 기능을 변화시키게 되면, 형벌은 점점 더 강화되고 팽창하기 쉽다. 형벌이 목표를 달성하는 데 필요하다고 판단되는 한 계속 그 목표달성을 위하여 형벌은 투입되어야 하기 때문이다. 이러한 형벌의 목표지향적 팽창은 민사상 불법행위에 비해 강화된 요건인 형사책임의 요건을 형해화시킬 것이다.

(2) 현대형법에서 책임의 부재

거꾸로 근대적 의미의 책임개념이 특히 현대적 형법의 발전 속에서 일어나는 형벌의 목표지향적 팽창을 막아줄 수도 없다. 왜냐하면 현대적 형법의 범죄구성요건들 대부분이 과거의 범행에 대한 책임 위에서 설계된 것이 아니라 정책적 목표의 달성이나 사회체계의 기능보호라는 미래기획에서 설계된 것이고, 바로 그로 인하여 구체적인 사건에서 행위자의 책임을 판단하는 것 자체가 애당초 거의 불가능하기 때문이다.

Ⅳ. 형법정책의 방향

미래의 형법은 다음 세 가지 원칙을 실현하는 법으로 거듭나아야 한다. 첫째는 형법의 임무를 법익보호에 국한시키고(전근대적 범죄의 비범죄화), 둘째는 책임원칙의 실현이 가능한 영역에서만 범죄를 인정하는 것이며(탈근대적 범죄의 비범죄화), 마지막으로 형법의 비례성을 실현하는 것이다. 형법은 근대형법이든 현대형법이든 간에 자신이 추구하는 목적을 달성하기에 적합한 수단이어야 하고(적합성), 또 목적달성에 적합한 수단들 가운데 형법보다 범죄자에게 더 경미한 침해만을 주는 수단이 없어야 하며(필요성), 형법으로 추구하는 목적과 형법이 사용하는 수단(형벌)은 균형이 잡혀 있어야 한다(균형성). 이를 형법의 비례성(Verhältnismäßigkeit)이라고 한다.

1. 적합성

현대사회에서 일정한 목표를 좇기 위해 범죄유형을 새롭게 만들고, 형벌을 그런 목표를 달성하기 위한 수단으로 사용하는 것을 막을 수는 없다. 다만 그런 목표가 형벌에 의해 실제로 달성이 불가능하거나, 달성은 가능하더라도 그로 인한 부정적 결과가 목표달성으로부터 나오는 긍정적 결과보다 더 큰 경우, 즉 형벌이 '반생산적일' 경우에는 범죄화와 형벌의 부과는 포기해야 한다.

예를 들어 ⓐ 낙태를 강하게 처벌하면 형사처벌이 두려워 임산부들이 무면허의사한테 불법낙태시술을 받는 경향이 높아지고 그에 따라 태아의 생명은 물론 임산부의 건강까지 훼손되는 결과가 나타날 수 있다. 여기서 낙태범죄의(제한된 범위 내에서라도) 비범죄화가 요구된다. 또한 ⓑ 마약중독자에 대한 형사처벌이 그들로 하여금 의사와의 치료적 대화를 기피하게 만드는 역기능을 초래한다면, 마약범죄를 비범죄화할 필요가 있다.

2. 필요성

형법이 달성하려는 목표를 달성할 수 있는, 형법보다 더 경미한 수단이 있다면 형법은 투입되어서는 안 된다. 바꿔 말해, 형법이 사용하는 수단(형벌)은 목표의 달성을 위해 최소한의 침해만을 가져오는 것이어야 한다(최소침해원칙). 최소침해원칙은 형법이 달성하려는 목표를 사회규범이나 민사책임 또는 행정법적 제재로써 충분히 달성할 수 있다면, 그런 목표를 형법에 의해 추구해서는 안 된다는 것이다. 이를 형법의 '보충성' 또는 '최후수단성'(ultima ratio)이라고도 한다.

예를 들어 환경을 오염시키는 기업활동은 그 생산행위를 범죄화하는 것보다 그 생산행위에 의해 환경오염의 피해가 발생하였을 경우, 그 손해를 배상해주는 보험회사에 내는(환경오염피해배상) 책임보험료를 할증시켜, 생산비용을 높임으로써 더 효과적으로 기업 스스로 그런 환경위태화적인 생산방식을 피하도록 유도할 수 있다. 그러는 한에서 환경을 오염시키는 생산행위를 범죄화할 필요는 없어지게 된다.

이와 같은 형법의 최후수단성 원칙은 특히 현대적 형법이 새롭게 기획한 범죄구성요건에 대해 비판적인 기능을 수행한다. 하지만 헌법재판소처럼 형법의 보충성이나 필요성에 대한 판단을 입법자의 '재량적인 가치결단'(입법자의 형성권)으로 보면, 해당 형법의 보충성이나 필요성의 흠결이 명백히 확인되는 경우에만 위헌결정을 받게 된다. 여기서 입법자의 재량에다 맡길 것이 아니라 형법의 적합성이나 필요성 여부를 '의심스러울 때에는 시민의 자유이익으로'(in dubio pro reo) 원칙('자유우선원칙')에 의거하여 판단함으로써, 형법적 통제를 철수시켜야 한다.[26]

■ 신상정보공개제도와 전자팔찌부착　① 법원은 「아동·청소년의 성보호에 관한 법률」에 의하여 신상정보를 공개하는 명령(제38조)을 내릴 수 있고, 「특정 범죄자에 대한 위치추적 전자장치 부착등에 관한 법률」에 의하여 재범의 위험성이 있는 경우 전자팔찌부착명령(제9조)을 내릴 수 있다. ② 헌법재판소는 아동·청소년의 성에 대한 보호이익이 그런 제재들로 침해되는 범죄자의 기본권보다 중대하고, 아동·청소년 대상 성범죄는 다른 일반범죄와는 '본질적으로 동일한 것'이 아니어서 다른 범죄에 그런 제재를 가하지 않는다고 평등원칙에 위배되지 않으며, 헌법 제13조의 이중처벌금지원칙에도 위배되지 않는다고 본다(헌재결 2002헌가14). ③ 인터넷 신상정보공개와 전자팔찌는 인격권의 본질적인 내용을 침해하는 인권침해적 제재이다. 이런 제재는 헌법 제13조를 '이중처벌금지원칙'에서 '이중위험금지원칙'으로 확장해석하고, 형벌 이외에 과징금이나 신상정보공개 및 전자팔찌부착도 포함하는 것으로 해석하면 헌법에 위배된다고 해석할 수 있다. 다만 아동·청소년의 성보호를 위해 신상정보의 공개는 범죄자가 사는 지역에 한정하거나 잠재적 피해자와 그 보호자에게만 한정하여 제한적으로 할 수 있다.

3. 균형성

형법이 일정한 목표를 달성하기 위한 최후의 수단이라 할지라도 그 목적이익과 형법이 사용하는 수단인 형벌(에 의해 침해되는 이익) 사이에는 균형이 잡혀 있어야 한다(균형성).

(1) 책임원칙의 관철가능성

'책임 없이는 범죄도 없다'는 원칙은 이미 이러한 균형성원칙을 실현하는 것이라 할 수 있다. 형벌의 가혹성을 고려할 때 책임 없는 권리침해에 대하여 형벌을 부과하는 것은 균형성을 상실한 것

26) 이와 같은 헌법재판소의 실무경향성에 대한 자세한 분석으로 이상돈, *헌법재판과 형법정책*(고려대출판부, 2005), 104~107쪽.

이라고 볼 수 있기 때문이다. 책임원칙의 관철을 고집한다면, 책임이 전제되지 않은 채, 의무위반만으로 성립하는 범죄들은 원칙적으로 비범죄화(탈근대적 범죄의 비범죄화)되어야 한다는 급진적인 결론이 나올 수 있다.

예를 들어 환경범죄나 경제범죄 등은 행위자 개인에게 돌릴 책임이 확정되어 있지 않기 때문에 환경형법이나 경제형법은 폐지되어야 한다. 여기서 주의할 점은 개인에게 돌아가야 할 책임의 몫이 분명하지 않은 경우 형사제재를 포기하자는 것일 뿐, 환경오염행위를 통하여 타인의 생명, 신체를 침해하였거나 그 구체적 위험을 발생시킨 행위에 대해서까지 형사제재를 포기하는 것은 아니라는 점이다.

그러나 이런 결론은 현대적 형법의 영역에서는 사실상 형법폐지론에 근접하게 된다는 점에서 정치적 관철가능성이 가까운 미래에는 없을 것이다.

(2) 과잉금지원칙

균형성원칙은 책임원칙을 넘어서 매우 유용한 실천적 기능을 발휘할 수 있다. 특히 범죄화가 생활세계를 파괴하는 경우이거나, 비록 범죄화 자체는 타당하다고 보더라도 그 범죄의 중대성과 형벌의 내용 사이에 균형성을 상실한 경우에는 각각 비범죄화나 형벌의 하향조정이 요구된다. 이를 '과잉금지원칙'이라고 부를 수 있다.

범죄와 형벌의 균형성이 상실된 경우의 예로는, 차를 몰다 실수로 사람을 친 후 사고장소로부터 피해자를 옮겨 버리고 뺑소니쳤으나 피해자가 사망한 경우 1995년의 개정 전 「특정범죄가중처벌 등에 관한 법률」 제5조의3 제2항 제1호는 "사형·무기 또는 10년 이상의 징역"에 처한 것을 들 수 있다. 이는 고의로 사람을 살해한 경우의 법정형(형법 제250조 제1항)보다 오히려 높았다. 그러나 이런 뺑소니행위는 단지 과실에 의해 사람을 사망에 이르게 한 경우이며, 이는 고의에 의한 살인보다 책임이 가볍다. 그럼에도 불구하고 살인죄의 법정형보다 뺑소니죄의 법정형이 높은 것은 과잉금지원칙에 위반된다. 헌법재판소도 이에 대해 위헌결정(헌재결 90헌바24)을 내린 바 있다.

헌법재판소는 과잉금지원칙에 위반하는 형법(예: 혼인빙자간음을 처벌하는 형법 제304조[헌재결 99헌바40, 2002헌바50], 음주측정거부를 음주운전행위와 동일한 형으로 처벌하는 구 도로교통법 제41조 등[헌재결 96헌가11])의 '과잉성'을 종종 입법자의 '재량권' 개념으로 덮어버린다. 형법의 과잉성여부는 입법재량권으로 덮어질 수 없고, 형법전문가들의 치밀한 불법유형의 분석에 의해 판단되어야 한다.[27)]

■ **사형폐지론**[28)] ① 흉악한 범죄자의 생명권이 사형으로 침해되어서는 안 되는 인권으로 승인되려면, 사형의 폐지가 이른바 '신성화된 논거'나 종교적 논거가 아니라 인간 이성에 기초한 합리적 논거 속에서 결정되어야 한다. 그런 논거로 ⓐ 사형이라는 형을 선고할 수 있을 만큼의 진실발견역량이 형사소송이라는 제도 안에서 근본적으로 가능하지 않다는 점, ⓑ 살인을 내용으로 하지 않는 범죄의 경우에는 범죄와 사형이라는 형벌이 비례적일 수 없다는 점, ⓒ 사형이 사형 받을 만한 범죄의 예방에 실제 효과가 있는지가 경험적으로 입증되지 않았다는 점 등을 들 수 있다.[29)] ② 절대적 종신형이란 자유형을 부과하되 형의 면제나 가석방 등 일체의 석방가능성을 죄수가 죽을 때까지 인정하지 않는 것을 의미한다. 절대적 종신형은 사형폐지 주장이 정치적 어려움에 부딪힐 경우에 어떻게 하든 생명만은 구하고 보자는 식으로 작용한 종교적 생명사상에서 비롯된다. 그러나

---

27) 이상돈, *헌법재판과 형법정책*(고려대출판부, 2005), 107~112쪽 참조.

28) 이 단락은 이상돈, *인권법*(세창출판사, 2005), 12~14쪽 내용을 다소 수정한 것임.

29) 사형폐지론에 대한 자세한 법이론적 분석으로 이상돈, "사형폐지론의 이론과 정책", *김일수 교수 화갑기념논문집*(박영사, 2006.12), 692~718쪽 참조.

이는 '삶은 신이 내리신 은총이니 오로지 신의 뜻에 의해서만'이라는 종교적 윤리를 동일하게 강요하기 위해, 주체의 의사와 관계없이 '사형수의 인권'을 도구화한다는 비판을 면하기 어렵다. 자유회복의 아무런 가능성도 바라보지 못하는 감옥 속의 삶은 죽음보다 더 큰 인권침해를 가져오는 것일 수 있다. ③ 형벌의 비례성(ⓑ)을 충족하지 못하여 당장 사형폐지를 할 수 있는 범죄유형을 일부 특정하고[30] 그 밖의 범죄 유형에 대해서는 사형의 범죄예방효과(ⓒ)의 존부를 경험적으로 확인하고, 장기적으로는 공론의 뒷받침을 받아 사형폐지를 관철하는 방향으로 나아가는 것이 바람직하다.

30) 고의적인 살인행위의 불법과 동등하다고 보기 어려운 범죄행위들, 예컨대 성폭력범죄특별법의 다수 규정들(예: 특수강도강간[§5②], 강간치사[§10②]), 국가보안법의 다수 규정들(예: 목적수행죄[§4] 중 인명살해가 없는 범죄, 잠입탈출죄[§6②]), 특정범죄가중처벌법의 다수 규정들(예: 약취유인죄[§5의2] 중 인명살해가 없는 범죄[①,②호], 강도상해재범[§5의5]) 등을 들 수 있다.

6

소송법의 기초와 원리

Ⅰ. 소송의 정당성과 사실인정의 합리성

1. 소송의 정당성

권리 또는 이익을 둘러싸고 분쟁이 발생하였으나, 분쟁당사자들이 자율적으로 해결하지 못할 경우에 권리를 침해받은 개인은 — 근대법이 성립한 이후로는 자력구제(自力救濟)가 원칙적으로 금지되어 있기 때문에 — 자신의 권리를 '강제적'으로 관철하기 위해 '국가권력'에 의존할 수밖에 없다.

(1) 소송의 의미

소송이란 국가기관인 법원이 분쟁의 이해당사자를 당사자로 참여시켜 진실을 밝히고 법이 정한 기준에 따라 분쟁을 해결하는 법적 절차를 말한다.

■ 대체분쟁해결제도　　현대사회의 분쟁은 조종이나 중재와 같이 소

송을 대체하는 분쟁해결제도(Alternative Dispute Resolution)에 의해 해결되기도 한다. ① 조정(conciliation)이란 중립적인 위치의 제3자, 즉 조정인이 분쟁당사자들의 요구에 의하여 그 분쟁당사자들이 협상(negotiation)을 통하여 합의를 맺고, 그 합의에 따라 분쟁을 해결하도록 도와주는 분쟁해결방법이다. 따라서 합의를 하지 않는다면 분쟁은 종결되지 않으며, 합의한 경우에는 대개 '재판상 화해'의 효력을 부여한다. 조정은 「민사조정법」에 의해 법원이 관장하는 조정제도와 — 이를테면 「소비자기본법」에 의해 한국소비자원이 관장하는 조정제도처럼 — 법원 외의 기구가 관장하는 조정제도가 있다. 이에 비해 ② 중재(Arbitration)는 분쟁당사자가 계약(중재계약, 중재합의)에 의해 — 또는 법률에 근거를 둔 행정관청의 신청에 의해 — 그 법적 분쟁에 관한 판단을 제3자에게 맡기고, 그 제3자의 판단에 따라 분쟁을 해결하는 방법을 말한다. 중재계약은 자유이지만 제3자의 판단은 분쟁해결의 내용으로 구속력이 있다. 즉 중재는 '확정판결'과 동일한 효력이 있고, 조정과 달리 불복할 수 없으며, 단지 중재판정취소의 소(訴)만 허용된다(「중재법」 제36조). 다만 단순 공익사업(예: 석유산업, 은행, 교육 등)과 구별되는 '필수공익사업'(예: 의료)의 경우에는 법률에 근거를 두고 강제중재[31]가 가능하다. 「중재법」은 중재제도의 기본법으로서 기능한다. ③ 조정과 중재는 협상과 화해를 최대한 지향하여 분쟁당사자들이 자율적으로 분쟁을 해결할 수 있게 한다는 특징이 있다. 소송에서는 '진실'과 법적 '정의'가 중요하지만, 조정과 중재에서는 설령 진실과 다른 내용이라도 또한 제3자가 보기에 정의롭지 않다고 하여도 '화해'와 '합의'가 중요하다. 또한 소송 중에 조정이 이루어지기도 하고, 조정 중에 소송이 시작될 수도 있다.

31) 국민건강보험법상 요양급여비용(=수가)계약이 결렬되었을 때 합리적인 수가결정을 위해서는 장관의 고시가 아니라 (강제)중재제도가 기능해야 함을 주장하는 이상돈, *수가계약제의 이론과 현실*(세창출판사, 2009), 74쪽 아래 참조; 수가계약결렬에 따른 강제중재는 필수공익사업영역의 강제중재의 대표적인 예가 될 수 있다.

(2) 소송의 절차적 정당성

㈎ **수용가능성** 국가권력에 의한 분쟁해결은 분쟁당사자 모두에게 공정한 것이어야 한다. 그러나 분쟁해결의 결정내용은 분쟁당사자 모두에게 공평한 것인 때도 있으나, 어느 한 쪽 당사자에게는 유리하고 다른 한 쪽 당사자에게는 불리한 때가 더 많다. 또한 소송에서 사용가능한 자원(예: 시간, 증거조사비용, 법원의 업무부담 등)의 한계 때문에 진실이 밝혀지기도 어렵다.

따라서 국가의 결정이 타당성을 확보하게 되는 것은 결정의 '내용적 기준' 때문이라기보다는 그 결정이 내려지는 '절차의 정당성' 때문이라고 할 수 있다. 재판절차의 핵심은 바로 분쟁에 대한 결정의 절차를 어떻게 정당한 절차로 짜느냐에 있다.[32] 분쟁에 대하여 구속력 있는 법관의 결정('판결')은, 어떤 법령을 분쟁에 적용될 법령으로 선택하고 또 그것을 어떻게 이해하느냐(='법률해석'), 그리고 어떤 사실들을 어떤 근거('증거')에 의해 그 법령이 적용될 사실들('사안')로 인정하느냐(='사실인정')에 따라 좌우된다. 여기서 어떻게 하면 소송절차를 '정당한 절차'로 짜느냐하는 문제는 결국 '어떤 절차적 조건' 아래서 법관의 이 두 가지 인식(법률해석, 사실인정)이 좁게는 소송당사자에게, 넓게는 모든 시민들에게 타당한 것으로 수용될 수 있는가 라는 문제로 귀착된다.

■ **절차적 정당성과 상소율 등의 상관관계** 우리나라의 높은 상소율과 상소법원의 높은 원심판결 파기율은 재판결과의 낮은 수용가능성을 말하고 이는 소송의 절차적 정당성이 아직 취약함을 말해준다. 그러므로 거꾸로 말하면 소송의 절차적 정당성이 높아질수록, 상소율은 낮아지고, 상소법원의 원심판결 파기율도 낮아지며, 형사재판의 경우

---

32) 이에 대한 법이론적 연구로 이상돈, *법이론*(박영사, 1997), 특히 제3장, 제1절 참조.

에는 무죄판결률이 높아지게 된다고 말할 수 있다.

(나) **소송의 민주적 의사소통** 이 절차적 조건은 주로 소송의 의사소통구조에 관한 것이다. 예를 들어 소송당사자에게 자신에게 유리한 사실을 주장하거나 법적 견해를 표명할 기회('법적 청문권')를 충분히 주지 않는다든지, 법원이 어느 한 쪽 당사자에게만 유리하도록 편파적으로 행동한다든지 또는 재판이 일반인이 지켜볼 수 없도록 밀실에서 진행되는 경우에는 정당한 절차라고 말할 수 없다. 그런 절차 속에서 법원이 내린 결정은 소송당사자나 일반시민이 타당한 것으로 수용하기 어렵다.

소송법은 이와 같이 제약조건을 최대한 차단하고, 법관의 법적용이나 최대한 민주적 의사소통의 과정이 되도록 만드는 임무를 수행한다. 여기서 '민주적'이라 함은 법관, 원고, 피고, 변호인(소송대리인), 증인, 감정인 등 모든 소송참여인이 자신의 의견을 진술하고, 입증할 수 있는 기회를 최대한 자유롭고 기회균등하게 갖는 것을 말한다. 이러한 민주주의의 이념을 소송에 많이 실현할수록 소송은 — 비록 외형적으로는 여전히 소송당사자들의 전략적 행동이 기회균등하게 전개되는 싸움터로 보이지만 — 그만큼 더 대화적 소통의 마당이 되고, 법관의 심증형성은 합리적인 것이 되며, 재판은 더욱 수용가능한 것이 된다.[33]

2. 소송에서 사실인정과 법률해석의 차이

소송에서는 과거에 존재했다고 보는 사실을 확정하고 법률을

---

33) 형사소송에서 이런 점을 이론화 한 이상돈, *형사소송원론*(법문사, 1998); *기초법학*(법문사, 2008), 민사소송에서 소송의 대화적 구조를 이론화하는 논문으로 장석조, "법원의 법적 관점 표명의무", *민사소송법의 제문제,* 1992, 61쪽 참조.

해석하고 적용한다. 이때 사실인정과 법률해석은 서로 구분된다.

(1) 텍스트(언어성)의 유무

사실인정과 법률해석의 본질적인 차이는 언어성에 있다. 즉, 법률해석에서 해석의 대상인 법률은 언어로 이루어진 텍스트이기 때문에, 그 언어의 의미이해에 참여할 능력이 있는 한, 시・공간을 넘어서 누구나 그 해석에 참여할 가능성이 있다. 이에 반해 사실인정에서 법관의 인식은 어떤 고정된 텍스트를 대상으로 하고 있지 않다. 소송의 진행 속에서 법정에 등장하는 다양한 정보(증거)들만이 있을 뿐이다. 사실인정이란 이 정보들의 신빙성(진실성)을 평가・선별하고, 그 정보들이 갖는 의미들을 체계적으로 추론하여, 과거에 존재하였던 그리고 일정한 법률이 적용될 수 있는 하나의 사건(법적 의미의 '사안')을 재구성하는 인식행위이다.

(2) 민주성의 차등

언어성의 차이는 앞서 말한 민주주의원칙을, 사법체계 전체 차원이 아닌, 소송 '안'에 실현시키는 정도에 있어 사실인정과 법률해석 사이에 차등을 가져온다.

■ 표명의무　　예를 들면 사적 자치(처분권주의, 변론주의)가 지배하는 민사소송에서도 법원은 당사자가 명백히 간과한 것으로 인정되는 법률상의 사항에 관하여 당사자에게 의견진술의 기회를 주어야 한다(민사소송법 제136조 제4항). 이를 '표명의무'(또는 指摘義務)라고 한다. 이는 당사자가 간과하였지만 법원이 재판의 기초로 삼으려고 하는 법률적 관점을 지적해 줌으로써 당사자로 하여금 그에 관한 입장을 표명할 수 있게 한다. 이로써 법원과 당사자 사이의 법적 관점에 관한 교류, 말하자면 일종의 대화가 이루어지는 셈이다. 형사소송법 제298조의 공소장변경제도도 이와 같은 표명의무의 제도로 이해할

수 있다.

즉, 민주주의원칙을 소송 '안'에 실현하는 과제는 양적으로는 사실의 인정에 더 많이 관련되어 있다. 왜냐하면 법률의 해석에서 민주주의원칙은 단지 소송절차 '안'에서 펼쳐질 수 있는 의사소통적 교류(예: 법률해석에 관한 법관과 변호인·소송대리인 또는 검사 사이의 의견교류)보다는 소송절차 '밖'에서 장기간에 걸쳐 펼쳐지는 의사소통적 교류(예: 학계의 판례비평)에 의해서 더 많이 실현되기 때문이다.

(3) 이해관계인의 범위 차등

이 점은 법률해석과 사실인정의 구체적 내용이 각각 어떤 것이냐에 따라 이해관계가 달라지는 사람의 범위가 각각 다르다는 점에서도 이해될 수 있다. 사실인정의 구체적인 내용에 대해서는 소송당사자만이 '직접적인' 이해관계를 갖고 있는 반면, 법률해석의 구체적인 내용에 대해서는 모든 시민이 '직접적인' 이해관계를 갖고 있다.

> 예를 들어 ⓐ 피고 甲이 원고 乙에게 1억원을 꿔간 후 갚지 않았다는 사실의 인정은 그 두 당사자에게만 직접적인 이해관계가 있다. 그러나 예를 들어 ⓑ 부동산중개업자가 매매목적물의 임대보증금의 합계액을 잘못 알려주었다면 부동산중개업자의 '확인설명의무'를 이행하지 않은 것이어서 손해배상책임이 있는(대판 2008다42836) 반면, 매매부동산의 담장 안에 시 소유의 도로부지가 일부 포함된 사실은 「공인중개사법」 제25조 제1항(1, 2, 3호)이 규정하는 부동산중개업자의 확인설명의무의 대상에 해당하지 않기 때문에 그런 사실의 불고지로 인한 손해배상책임은 없다는 법해석(서울고법판결 95나46199)은 모든 부동산중개업자와 부동산을 거래하려는 시민들에게 이해관계를 갖는다.

따라서 법률의 해석에 관한 의견교류는 소송을 전제로 하지 않고, 또 소송 밖에서도 전개될 수 있는 반면, 사실의 인정에 관한 의견교류는 주로 소송 안에서 전개되어야 하는 것이다.

3. 사실인정의 절차적 합리성

그러면 사실인정에서 절차적 합리성을 실현하기 위해서는 어떤 기초조건들이 충족되어야 하는 것일까?

(1) 사실인정의 인식구조

㈎ 사실인정의 단순한 구조　모든 소송(민사소송, 형사소송, 행정소송 등)에 공통되는 절차적 합리성의 조건들을 정할 수 있으려면 먼저 사실인정의 인식이 갖는 특성을 파악하여야 한다. 아래서는 다음의 기본사안을 예시로 하여 설명이 진행된다.

> '甲이 과속으로 차를 몰다가 도로를 건너던 乙을 들이받아 사망하게 하였다'(=사안 ⓢ)고 주장하는 유족(원고)이 甲(피고)을 상대로 손해배상청구소송을 제기하였다. 원고는 '사고를 낸 차량의 번호가 甲의 차량번호임'(=개별사실 ⓐ)을 목격한 증인 A(=증거방법 A)와 '그 차량의 사고 당시 운행속도가 제한속도를 훨씬 초과하였음'(=개별사실 ⓑ)을 목격한 증인 B(=증거방법 B)를 증거로 제출하였다. 이에 맞서 피고는 '사고시각에 피고 甲은 자신과 집에서 포커놀이를 하고 있었음'(=개별사실 ⓒ)을 입증해 줄 증인 C(=증거방법 C)를 증거로 제출하였다.

법원은 이들에 대한 증인신문(증거조사)을 행하여 원고와 피고가 주장하는 개별사실 ⓐⓑⓒ에 해당하는 증언(=증거자료)을 수집하였다. 또한 법원은 증인신문에서 증인 A, B, C가 보여준 태도, 목소리의 떨림, 표정, 상대방 소송당사자의 반응 등(=태도증거)을 고려하여 — 즉, 증거자료+태도증거=증거결과를 고려하여 — A, B의 증언이 신빙성 있다고 믿고(=증거의 증명력 판단), 각 증언의 내용인 개별사실 ⓐ와 ⓑ를 결합시켜 원고가 주장한 사실(=사안 ⓢ)을 인정한다(추론).

여기서 원고·피고의 증인신문청구와 증인신문 등은 정보의 수집행위이고, 그 증언의 신빙성 판단은 정보에 대한 평가이다. 또한 개별사실 ⓐ와 ⓑ는 그 정보가 주는 의미이며, 원고의 주장사실인 사안 ⓢ는 개별사실 ⓐ와 ⓑ를 결합하여 추론해낸 결론이 된다.

㈏ 사실인정구조의 기호화 이상의 설명내용으로 사실인정의 일반적 구조를 기호화하여 표현하면 아래 그림과 같다.

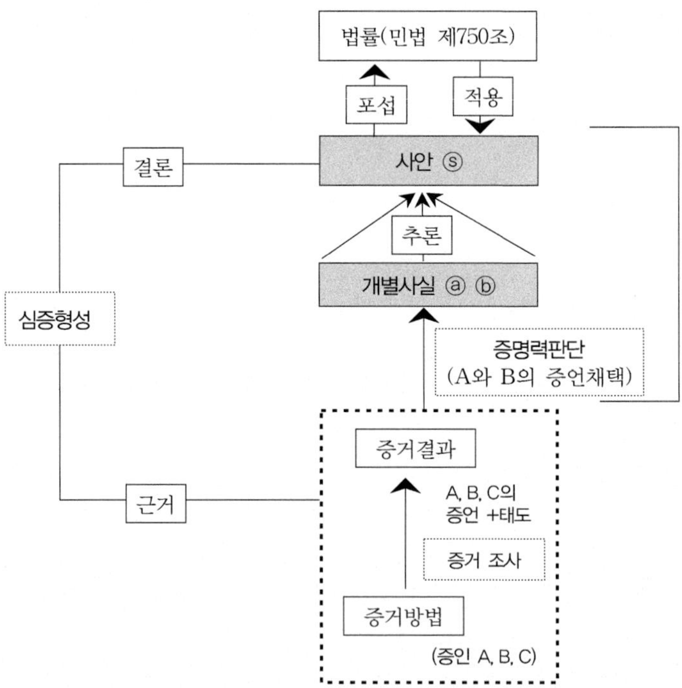

(2) 사실인정의 절차적 합리성

이러한 인식행위의 성패는 사실인정의 '절차적 합리성'에 달려 있다. 다음 세 가지의 요소는 절차적 합리성의 핵심적인 요소이다.

(가) 정보수집의 최대화 첫째는 정보(증거)의 수집량이다. 만일 증인 C가 거짓증언을 함에도 증인 A와 증인 B에 대한 증인신문을 행하지 않는다면 사건의 진실이 밝혀질 수는 없다. 또한 어느 한 증인에 대해서도 '활력적으로', 예컨대 상호신문의 방식(민사소송법 제327조, 형사소송법 제161조의2)으로 증인신문을 하지 않는다면 그 증인으로부터 더 많은 정보를 얻어낼 수가 없다. 그러므로 소송은 정보(증거)의 수집을 '최대화'(예: 당사자의 소송자료 및 증거제출권 보장)할 수 있도록 짜여져야 한다.

(나) 정보의 공정이용과 이용의 극대화 둘째, 수집된 정보의 이용방식의 문제이다. 만일 사실인정을 행하는 법관이 피고의 친구였다면 증인 A와 증인 B의 증언보다는 증인 C의 증언을 편파적으로 믿기 쉽다. 또한 만약 증인 A와 증인 B에 대한 신문을 행한 후 법관이 다른 사건을 처리하느라고 한 달이 넘어서야 증인 C를 신문했다면 증인 A나 증인 B의 증언태도에 대한 기억이 희미해져 증인 C의 증언의 신빙성에 대한 판단에서 증인 A, B의 증언과 비교하기가 어렵게 된다. 즉, 증언의 이용을 극대화하려면 증거조사의 시간적 간격이 너무 벌어져서도 안 된다. 여기서 소송은 수집된 정보(증거)의 이용을 '공정'하게 하고, 동시에 '극대화'할 수 있도록 짜여져야 함을 알 수 있다. 법관의 제척 · 기피 · 회피(민사소송법 제41조 내지 제49조, 형사소송법 제17조 내지 제24조)는 공정성을 실현하는 제도이며, 집중심리(민사소송법 제272조 제1항[변론의 집중], 형사소송법 제267조의2)는 소송에서 등장하는 정보의 휘발성을 고려하여 그 정보의 이용을 극대화하도록 심리의 시간적 진행을 정렬시키는

제도이다.

(다) 심증형성의 합리성 보장　셋째, 앞의 두 가지 요청이 충족된 경우에도 법관의 사실인정은 얼마든지 독단적일 가능성이 있다. 왜냐하면 법관이 증인 C의 증언을 믿지 않고, 증인 A와 증인 B의 증언을 믿은 것이 올바르다는 점에 대한 객관적 기준(규칙)이 존재하지 않기 때문이다. 그렇기 때문에 증거의 증명력 판단이나 사실의 추론은 법관이 자유로이 할 수밖에 없다. 이를 '자유심증주의'라고 한다(민사소송법 제202조, 형사소송법 제308조). 여기서 법관의 이런 자유를 어떻게 통제할 것인가 하는 문제가 소송의 절차적 정당성을 실현하는 관건의 하나로 떠오른다.

> 예를 들어 재판을 일반인에게 공개하여 재판의 투명성을 확보한다든지('재판공개원칙' [「법원조직법」 제57조]), 법관이 당사자가 예상할 수 없는 방향의 심증형성을 할 때 이를 당사자에게 표명하게 한다든지('표명의무'), 심증형성의 근거로 사용되는 증거의 자격을 공정성이나 기본권보호 등의 관점에서 제한한다든지, 증거를 토대로 사실인정의 결론에 이르기까지의 판단과 추론과정을 기록하게 하거나(예: 조서와 판결서작성) 판결의 이유를 설시하도록 하는 것(민사소송법 제208조, 형사소송법 제323조) 등은 비록 간접적인 것이긴 하나 그런 통제를 가능케 하는 제도라고 할 수 있다. 이런 제도들에 의해 법관은 제멋대로(자의로) 심증형성을 할 수 없는 최소한의 제약을 받게 된다.

Ⅱ. 소송과 사적 자치

법관의 인식활동(심증형성)의 구조는 민사소송이나 형사소송 또는 다른 어떤 소송에서도 차이가 없다. 그러나 소송에서 법적 관계의 내용(판결내용)을 어느 범위까지 소송당사자인 개인들이 주도적으로 형성하도록 하느냐, 다시 말해 소송에서 '사적 자치'(Privatautonomie)의 실현 여부 및 그 정도에 관해서는 소송의 종류마다 커다란 차이가 있다.

1. 당사자주의와 직권주의

민사법의 기본이념은 사적 자치이다. 개인들 사이의 권리와 의무의 관계는 개인들이 자율적으로 형성한다. 이런 사적 자치의 이념은 민사소송에서 '당사자주의'라는 근본원칙으로 표현된다. 어떤 권리를 청구하고, 그 주장을 뒷받침하기 위해 어떤 개별사실을 주장하고, 그 개별사실들을 어떤 증거로 입증할 것인지를 모두 당사자의 의사와 능력에 맡겨놓는 것이다.

이에 반해 형사소송은 사적 자치의 이념을 가장 철저하게 배제시키는 소송이다. 형사소송은 국가가 형벌권을 실현하는 공적인 소송이기 때문이다. 법원은 당사자(검사와 피고인)의 주장과 입증을 충분히 활용하되, 스스로 진실을 발견하여 형법적 정의를 실현할 책무를 진다. '직권주의'는 바로 형사소송의 이런 근본원칙을 표현한다.

아래 표는 민사소송에서 사적 자치, 즉 당사자주의를 구성하는 두 가지 근본원칙과 그에 전형적으로 대응되는 형사소송상의 원칙을 나타낸다.[34)]

	민 사 소 송	형 사 소 송
소송물	① 처분권주의	③ 직권주의(협의)
주장 · 입증	② 변론주의	④ 직권탐지주의
	①+② = 당사자주의	③+④ = 직권주의(광의)

34) 형사소송법학에서 당사자주의를 더 나은 형사소송의 이념으로 이해하는 경향이 있지만 그 때 말하는 당사자주의는 처분권주의나 변론주의를 말하는 것이

(1) 처분권주의와 직권주의

민사소송의 개시 여부, 심판대상(이를 '소송물'(訴訟物)이라 부름) 및 종료 여부는 모두 분쟁당사자인 개인의 의사에 맡겨져 있다. 이를 '처분권주의'라고 한다. 따라서 "법원은 당사자가 신청한 이상의 것을 주어서는 안 된다" (ne eat judex ultra petita partium)(민사소송법 제203조). 이에 반해 형사소송의 개시 여부, 심판대상 및 종료 여부는 국가(수사기관과 법원)가 결정할 뿐, 가해자나 피해자에게는 아무런 결정권도 주어지지 않는다. 이를 (협의의) '직권주의'라고 한다. 따라서 민사소송에서는 소송이 제기된 후에도 그 당사자가 소송을 지배하는 반면, 형사소송에서는 원칙적으로 법원이 소송을 지배한다.

㈎ 민사소송의 처분권주의 앞의 자동차사고의 사례(甲이 과속으로 차를 몰다 도로를 건너던 乙을 들이받아 사망하게 함: 사안ⓢ)에서 운전자에게 손해배상청구권을 실현하기 위한 민사소송의 제기 여부는 원고인 피해자의 유족의 의사에 달려 있고, 심판대상도 불법행위로 인한 (예컨대 '1억원'이나 '1억 5천만원'과 같이 유족이 정하는 액수의) 손해배상청구에 의해 정해진다. 또한 소송의 종료도 법원의 판결에 의해서 이루어질 뿐만 아니라 원고(유족)가 그런 손해배상청구가 이유 없음을 법원에 대하여 스스로 인정하거나('청구의 포기'), 피고가 법원에 대해 원고의 손해배상청구권이 이유 있음을 인정한다든지('청구의 인낙認諾), 또는 당사자들이 소송상 화해할 경우에는 원고, 피고, 그리고 그 둘의 합의내용('소송상 화해')에 따라 각각 법률관계가 정해진 채 소송은 종료한다(민사소송법 제220조). 또한 원고와 피고가 소취하(訴取下)의 합의를 하면, 둘 사이의 실체적인 법

아니라 피고인의 소송참여권이나 합리적인 증거법칙, 또는 각종 인권보장제도의 강화를 가리키는 것임에 주의할 필요가 있다.

률관계는 정해지지 않은 채, 소송이 종료된다(민사소송법 제266조 이하 참조).

(나) **형사소송의 직권주의** 이에 반해 가해자(甲)의 업무상 과실치사죄(형법 제268조, 「교통사고처리특례법」 제3조 제1항)에 대한 형사절차에서 수사기관은 피해자의 의사와 관계없이 그에게 범죄혐의가 인정되는 한 수사를 하여야 하며(형사소송법 제195조), 수사를 통하여 범죄혐의가 충분한 것으로 밝혀지는 한 검사는 — 비록 양형의 조건을 참작하여 공소를 제기하지 않을 수 있지만(제247조) — 원칙적으로는 공소를 제기하여야 한다. 이 때 형사소송의 심판대상은 가해자·피해자의 의사와는 상관없이 언제나 검사가 공소장에 특정해 놓은 범죄사실('공소사실')에 대한 국가형벌권이며, 또한 형사소송의 종료는 법원의 판결이나 검사의 공소취소(동법 제255조)에 의해서만 가능할 뿐, 피해자의 의사에 의해서는 원칙적으로 불가능하다. 왜냐하면 피해자는 형사소송의 당사자가 아니며, 국가형벌권의 실현은 피해자 개인의 이해관계를 넘어서 정의를 실현하는 과제이기 때문이다. 이와 같은 피해자의 (소송에서 주변적 지위로의) 자리매김은 범죄행위로 인한 사회적 갈등(형사분쟁)을 해결하는 과정에서 피해자와 가해자가 정면 대립하는 듀엣구조를 지양하지 않고는 보복의 악순환을 피하기 어렵다는 역사적 경험에서 비롯된다.

■ **형사소송에서 피해자의 사실상 소송물 처분권** 현행법상 피해자도 민사소송에서 원고가 누리는 처분권에는 못 미치지만 그것에 근접하는 권리를 누리기도 한다. 예컨대 고소권 및 고소취소권을 가지고 수사의 개시여부에 참여할 수 있고(형사소송법 제225조, 제226조, 제232조), 수사절차의 종결단계에서 처분통지를 받을 권리(제258조, 제259조), 공소제기단계에서 검사의 불기소처분에 대하여 불복할 권리(검찰청법 제10조) 및 재정신청을 통한 검사의 공소권행사 통제권

리(형사소송법 제260조, 제263조)를 가진다. 또한 친고죄(예: 단순 강간죄)나 반의사불벌죄(예: 명예훼손죄 등)에서 피해자가 고소를 취소하거나 처벌의사를 철회하면 공소가 기각되어 형사소송은 종료된다. 이 한도 내에서 피해자는 소송물에 대한 처분권을 누린다고 할 수 있다.

그래서 근대형사사법에서 피해자의 이익은 — 민사사법에 의해 손해가 전보되는 것은 물론이지만 — 국가의 정형화된 형벌권행사를 통해서 간접적으로 실현될 뿐이다. 비유적으로 피해자의 불타는 복수심은 중성화된다고 말할 수 있다.

■ **회복적 사법과 치료적 사법** ① 형사사법에서 피해자의 지위강화: 피고인의 범행을 규명하여 형벌을 부과함으로써 정의를 실현하는 것을 지향했던 근대형사사법에서 피해자는 주변적인 지위만을 갖을 뿐이었으나 현대형사사법에서 피해자는 소송물의 처분권과 유사한 권리를 갖는 등 그 지위가 지속적으로 강화되고 있다.[35] 이러한 지위강화는 회복적 사법과 치료적 사법이라는 사법모델에 의해 그 의미가 새롭게 이해되고 있다. ② 회복적 사법: 회복적 사법이란 가해자와 피해자 사이의 화해를 통한 피해의 전보(회복)를 도모하는 사법이다. 1981년 「소송촉진 등에 관한 특례법」 상의 배상명령제도(동법 제25조), 1987년 「범죄피해자구조법」, 2006년 「민사상 다툼에 관한 형사소송절차에서의 화해에 관한 예규」(대법원 재판예규 제1080호, 재형 2006-2), 2005년 「범죄피해자보호법」 및 형사조정제도는 회복적 사법의 전형을 이룬다. 범죄피해자지원센터에 설치된 형사조정위원회에 의한 분쟁의 해결은 분쟁해결의 주체가 민간위원이고, 해결기준이 법규범이 아니라 사회규범이나 윤리규범의 성격을 띠기 쉬우며, 제3자에 의한 화해를 통한 손해배상이라는 회복적 사법의 특징을 띤

35) 이 내용은 이상돈, *형사소송제도의 변화에 따른 범죄피해자의 권리강화방안* (2008년도 법무부 용역과제 보고서)의 내용을 발췌 · 요약하여 재구성한 것임.

다. 여기서 형사조정제도는 법다원주의(legal pluralism)의 흐름에 합류한다는 점에서 포스트모던적인 법현상의 하나가 된다. ③ 치료적 사법이란 피고인뿐만 아니라 피해자에게도 아픔의 치유와 정서적이고 심리적인 웰빙을 가져다주는 기능을 수행하는 사법을 의미한다. 형사재판의 과정이 피해자가 아픔을 치유하기 위한 과정이 되도록 하는 것이다. ⓐ 첫째, 치료적 사법의 핵심은 스토리텔링(storytelling)이다. 피해자의 본격적인 치료는 소송 밖에서 전문가의 도움으로 이루어지겠지만, 그 치료와 접점을 가질 수 있는, 또는 그 치료의 시작점이 될 수 있는 경험을 소송 안에서 피해자가 갖도록 하는 것이 필요하다. 자신의 아픔에 관한 이야기를 말함으로써 스스로 치유되는 내면의 변화가 일어날 수 있기 때문이다.[36] 피해자가 누리는 다양한 청문권들, 예컨대 구속 전 피의자심문에서의 의견진술 및 심문권(형사소송규칙 제96조의16 제5항, 제6항), 공판정에서의 피해자의 진술권(헌법 제27조 제5항, 형사소송법 제294조의2 제1항), 공판기록에 대한 열람·등사권(형사소송법 제294조의4)이 그런 기회를 보장해준다. ⓑ 둘째, 그러자면 피해자가 자신은 안전하며, 공권력에 의해 보호받고 있고, 또한 자신이 형사절차를 어느 정도 통제할 수 있다는 느낌을 가질 수 있어야 한다. 신뢰관계인 동석제도나 비디오중계방식 또는 차폐시설을 이용한 피해자의 진술제도(제163조의2 및 제221조 제3항)는 그런 상태를 실현하기 위한 장치의 대표적인 예이다.

(2) 변론주의와 직권탐지주의

민사소송에서 법원은 원고나 피고가 주장하지 아니한 사실(개별사실)을 판결의 기초로 삼아서는 안 되고, 사실의 증명도 당사자가 제출한 증거에 의하여야 한다. 이를 '변론주의'라고 부른다(민사소송법 제134조 등). 이에 반해 형사소송에서 법원은 검사나 피고인측이 주장하지 아니한 사실도 직권으로 판결의 기초로 삼을 수 있고, 사실의 증명도 법원이 직권으로 조사한 증거에 의할 수 있다. 이를

---

36) 이런 관점으로 이상돈·이소영·민윤영·정채연, *문헌연구 포스트모더니즘과 법*(세창출판사, 2006), 42~53쪽 참조.

'직권탐지주의'라고 부른다(형사소송법 제295조).[37)]

㈎ 민사소송의 변론주의 앞의 자동차사고의 사례에서 법원은 원고가 주장하는 사안ⓢ를 인정하고 그에 기초하여 손해배상청구권을 인정할 것인지를 결정함에 있어, 원고가 주장한 개별사실(예: 사고차량번호와 피고의 차량번호가 같다는 사실[=개별사실ⓐ], 과속운행사실[=개별사실ⓑ])과 피고가 주장한 개별사실(예: 사고 당시에 친구와 포커놀이한 사실[=개별사실ⓒ])만을 고려해야 하며, 그 개별사실들이 진실한 것인지를 입증하는 증거로도 오직 원고가 제출한 증거인 (ⓐ사실에 관한) 증인 A와 (ⓑ사실에 관한) 증인 B의 증언 그리고 피고가 제출한 증거인 (ⓒ사실에 관한) 증인 C의 증언만을 사용해야 한다. 이 때 예를 들어 법원이 증인 C의 증언이 증인 A와 B의 증언보다 더 신빙성 있다고 판단한다면, 법원은 원고패소판결을 내리게 된다.

㈏ 형사소송의 직권탐지주의 그러나 형사소송에서는 법원이 직권으로 증거를 수집하여, 예를 들면 사고 당시 피고인이 술에 취해 있었다는 사실을 밝혀내, 이 사실을 기초로 업무상 과실치사죄의 유죄판결을 내릴 수 있다. 또 다른 예로, 법원은 직권증거조사를 통하여 피고인 이외에 3명의 동료회사원들이 평소 피고인의 차량을 운전하였다는 사실을 밝혀낼 수도 있다. 이런 경우에는 그런 사실로 인해 '피고의 차량번호와 사고차량번호가 같고, 그 차가 과속운행했었다는 두 개의 개별사실로부터 사고차량의 운전자는 과실로 사람을 들이받았고, 또 그 운전자가 피고인이었다'는 사실(사안ⓢ)을 '합리적 의심 없이' 추론해낼 수가 없다는 입장을 취할 수도

37) 민사소송에서도 직권증거조사가 행해질 수 있으나 이는 당사자가 신청한 증거에 의하여 심증을 얻을 수 없거나 기타 필요하다고 인정한 때에만 예외적으로 허용될 뿐이다(민사소송법 제292조).

있다. 이런 경우에 형사법원은 피고인에게 무죄판결을 내려야 한다. 왜냐하면 형사소송에서는 '의심스러울 때에는 피고인에게 유리하게(in dubio pro reo)'－원칙이 지배하기 때문이다.

2. 협동주의와 대화적 구조

(1) 협동주의적 경향

현행 민사소송법과 형사소송법을 보면 앞에서 설명한 당사자주의와 직권주의가 각각의 소송법에 철저하게 관철되고 있지는 않다.

㈎ 민사소송에서 직권주의(후견주의)　민사소송의 당사자주의는 근대사법의 자유주의 이념을 계승하는 원칙이다. 따라서 근대사법의 자유주의 이념 아래 사회적 강자와 약자가 분화되고 이 양자간의 심한 갈등에 무기력한 법현실이 펼쳐진 것처럼, 당사자주의의 소송 아래서도 (소송수행능력의 차이에 따라) 강자와 약자가 분화되고 그들 사이에 갈등이 펼쳐질 수도 있다. 이런 소송법의 현실은 진실과 정의에 반하여 판결이 내려질 위험성이 높음을 말해준다. 현행 민사소송법은 이와 같은 소송상 자유주의의 폐해를 극복하기 위해 법원이 어느 정도는 후견적(後見的) 역할을 수행하게 하고 있다. 예를 들어 당사자의 변론이 불명료하거나, 전후 모순되거나 또는 불충분하여 패소하게 될 상황에서 재판장이 사실상과 법률상의 사항에 관하여 질문하거나 입증을 촉구하여(민사소송법 제136조[석명권·구명권]), 변론의 결함을 극복하게 할 수 있다. 이로써 진실과 정의에 더 가까운 판결을 도모할 수 있게 된다.

■ 석명권(釋明權)의 예시적 설명　예를 들면 앞의 자동차사고의 민사소송사례에서 피고가 실제 그 사고차량을 사고 당시 몰지 않았고, 피고 이외에 평소에 그 사고차량을 운전하는 사람이 몇 사람 더 있

> 었지만 피고가 이러한 사실을 주장하지 않고 있는 상황을 가정할 수 있다. 이 때 재판장이 그런 사항에 관해 묻지 않고, 피고가 그런 사실을 자발적으로 주장하지 않는다면, 법원이 증인 C의 증언보다 증인 A, B의 증언을 더 믿는 한 피고는 패소할 수밖에 없다. 그러나 앞서 말한 석명활동을 법관이 행한다면 피고에게 그렇지 않은 경우보다는 더 유리하게 판결이 내려질 가능성이 열린다.

이와 같은 석명권의 강화로 인해 민사소송이 형사소송의 직권(탐지)주의에까지 이르는 것은 아니다.[38] 그러나 민사소송은 철저한 자유(방임)주의로부터 어느 정도 벗어나고, '사회국가의 이념'에 의해 채색된다.

(나) 형사소송에서 당사자주의 다른 한편 직권주의가 지배하는 형사소송에서도 비록 민사소송을 지배하는 당사자주의에까지 이르지는 않는다고 하더라도 당사자들에게 변론주의적 성격의 권한을 부여하기도 한다. 그 예로 증거능력이 없는 전문증거(예: 범행목격자의 진술을 전해들은 사람이 법원에 그 내용을 진술하는 것)에 대해 당사자가 동의하면 증거로 사용할 수 있게 하는 증거동의제도를 들 수 있다(형사소송법 제318조 제1항). 그렇지만 법원이 당사자의 합의에 구속되는 것은 아니고, 그 증거가 "진정한" 것일 때에 한하여 증거로 삼도록 한다는 점에서, 증거동의제도는 형사소송을 전면적으로 변론주의의 지배 아래 놓이게 하지는 않는다.

(2) 소송의 대화적 구조 강화

(가) 협동주의 민사소송과 형사소송에서 이처럼 변론주의와 직

---

38) 민사소송법 제136조 제1항은 직권주의가 지배하는 형사소송상의 석명권 규정과 그 내용이 거의 같다: "제141조 (석명권등) ① 재판장은 소송관계를 명료하게 하기 위하여 검사, 피고인 또는 변호인에게 사실상과 법률상의 사항에 관하여 석명을 구하거나 입증을 촉구할 수 있다. ② 합의부원은 재판장에게 고하고 제1항의 조치를 할 수 있다."(「형사소송규칙」 제141조).

권탐지주의가 부분적으로 서로 접근하는 현상을 두고 '협동주의'라는 새로운 원칙의 이름을 부여하기도 한다. 이 원칙 아래서 법원은 (당사자주의처럼) 단순히 게임의 심판관으로 머물러 있지 않으며, 당사자는(직권주의처럼) 법원이 마치 후견인처럼 알아서 진실을 밝혀 줄 것을 마냥 기대만 하고 있지 않는다. 즉, 법원과 당사자가 서로 협동하여 진실을 적극적으로 규명하는 것이다. 그러나 이 협동주의의 진정한 의미는 당사자주의와 직권주의의 구조를 허무는 데 있다기보다는 소송 안에서 법원과 당사자 사이에 대화적인 의사소통을 촉진시킴으로써 더 진실하고 더 정의로운 판결을 내릴 수 있도록 하는 데에 있다.

(나) 대화적 소송 법적 청문권 따라서 협동주의는 — 일부의 가사소송(예: 혼인무효소송)[39]에서 보듯 법원(예: 가정법원, 행정법원)이 사실조사 및 필요한 증거조사를 직권으로 하고, 언제든지 당사자 또는 법정대리인을 신문할 수 있게 하는 소송모델과 같은 — 자유주의(사적 자치)와 사회국가적 후견주의의 단순한 결합이라기보다는 소송에서 자유주의(또는 민주적 법치국가)의 의미를 재구성하는 흐름으로 이해되어야 한다.

이처럼 소송을 대화적 구조로 짜는 기능은 앞에서 언급한 현상들 이외에도 '표명의무'(민사소송법 제136조 제4항)나 형사소송상의 공소장변경제도(제298조), 그리고 최근에는 피해자의 다양한 형사절

---

39) 이런 결합의 전형은 가사소송의 일부, 즉, 혼인, 이혼, 인지, 입양 그리고 파양의 무효와 친생자관계존부확인(「가사소송법」 제2조 제1항 가類사건)의 소송이나 행정소송에서 잘 나타난다. 예를 들어 혼인의 무효를 확인하는 소송에서는 기본적으로 당사자주의가 지배하지만 피고가 원고의 청구를 이유 있는 것으로 인정한다고 해도 소송은 종료되지 않는다(가사소송법 제17조). 행정소송에서도 기본적으로는 변론주의가 지배하면서도 법원은 필요하다고 인정하는 때에는 직권으로 증거조사를 할 수 있고, 당사자가 주장하지 아니한 사실에 대하여도 판단할 수 있다.

차참여권 등, 수많은 제도들이 수행하고 있다. 그러한 제도들의 대부분은 '법적 청문권'의 구체화로 이해될 수 있다.

■ **변호인감치와 권위주의적 사법**[40] ① 가령 재판장이 변호인이 공판정에 늦게 출석하였음에도 불구하고 검사 측의 증인에게 유도신문을 하는 등 시간을 많이 사용하자 유도신문을 하지 말라고 변론을 제한하였는데도, 변호인이 또 다시 유도신문을 하였고, 이에 화가 난 재판장이 그 변호인에게 감치명령을 내린 행위는 일반인의 눈으로 볼 때 '권위주의적 사법'의 전형을 보여준다. 민주사법의 이념과는 거리가 멀다. ② 이런 일반적 인식에도 불구하고, 이 재판장의 소송지휘는 소송절차의 원활한 진행이라는 목적에 이바지하는 행위, 즉 소송지휘(형사소송법 제279조)이면서, 법정의 질서를 유지하기 위한 법정경찰작용의 행위(법원조직법 제61조 제1항)로서 얼핏 보기엔 적법한 것처럼 보인다. ③ 그러나 ⓐ 소송지휘는 소송절차의 원활한 진행이라는 목적에 부합하기만 하면 충분히 합법적인 것이 아니라 당사자의 소송참여권을 제한하지 않는 것이어야 한다. 변호인의 반대신문권을 침해하는 소송지휘는 형식적으로 적법하게 보여도 실질적으로는 합법적이지 않다. ⓑ 변호인에 대한 감치명령과 같은 법정경찰작용은 방청객에 대한 경우와는 달리 피고인의 방어권과 변호인의 변론권 제한을 가져온다는 점에서 변론제한의 비례성원칙을 충족할 때에만 실질적으로 합법적인 것이 된다. 예컨대 변호인이 유도신문을 계속한다면 변론시간에 제한을 두는 등의 더 가벼운 조치가 선행되어야 한다.

Ⅲ. 소송상의 권리와 원칙

소송을 대화적 구조로 짜는 데에는 법적 청문권 뿐만 아니라 아래에서 설명하는 소송절차를 지배하는 다양한 원칙들과 권리들

40) 이 문제에 대한 자세한 논의는 이상돈, "소송지휘권과 민주사법", *고려법학*(제41호, 2003), 119~130쪽 참조.

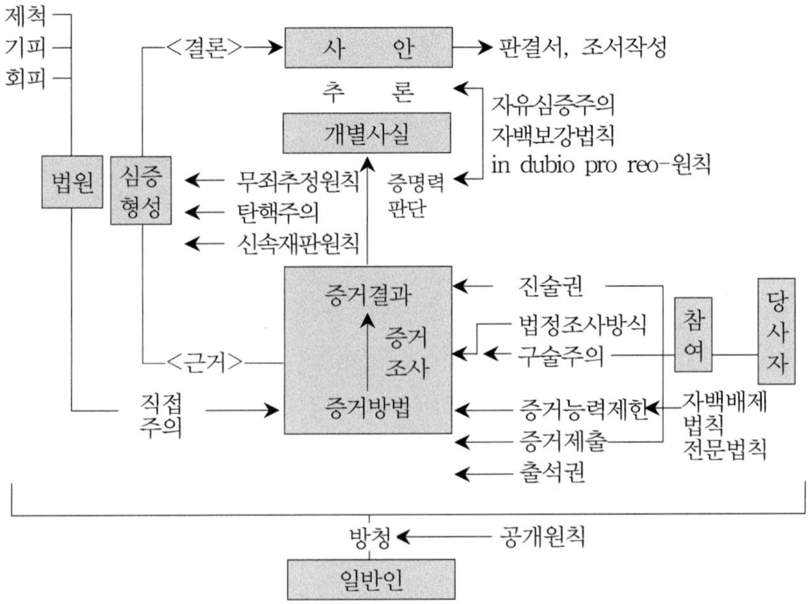

의 역할이 중요하다.

1. 법관의 공정성

재판의 공정성은 법관의 공정성이 전제되지 않고는 처음부터 불가능하다. 이를 위해 법관직은 직업법관에게 맡겨지고, 직업법관은 헌법에 의해 강력한 신분보장을 받을 뿐만 아니라(헌법 제106조 제1항), 직무를 수행할 때에도 오직 헌법과 법률에 구속될 뿐 그 밖의 어떠한 지시에도 복종하지 않는다(헌법 제103조). 또한 구체적인 사건에 이해관계가 걸려 있거나(예: 법관이 피해자인 경우) 어느 한 쪽 소송당사자와 근친관계에 있는 경우에는 재판의 공정성을 위하여 직무수행으로부터 '당연히' 배제된다(민사소송법 제41조, 형사소송법 제17조의 '제척'). 또한 당사자는 법관이 '공정한 재판을 하기 어려운 사정이 있는 때'에는 '기피'(忌避)할 수 있고(민사소송법 제43조, 형사소송법 제18조), 기피사유가 있는 때에는 법관 스스로 재판을 '회피'하여야 한다(민사소송법 제49조, 형사소송법 제24조).

또한 형사소송에서는 법관의 공정성을 확보하기 위해 수사하고 공소를 제기하는 국가기관(검사)과 심판을 맡는 국가기관(법관)을 분리하고 있다. 이를 '탄핵주의'라고 한다. 만일 법관이 재판은 물론 수사 및 공소제기까지 맡는다면 법관은 수사절차에서 형성한 자신의 심증이 정당했음을 재판절차에서 확인하려고 노력할 것이기 때문이다. 더 나아가 탄핵주의의 이념에 따르면 법관은 검사가 수사에 의해 갖게 된 심증을 인계받아서는 안 된다. 그렇기 때문에 검사가 공소를 제기할 때에 수사기록 등을 공소장에 첨부할 수 없게 하고 있고(형사소송규칙 제118조 제2항), 또한 '피고인은 무죄이다'라는 심증에서 재판을 진행하도록('무죄추정원칙') 하고 있다(헌법 제27조 제4항).

2. 심증형성의 절차적 합리성

증거의 증명력에 대한 판단이나 사실의 추론은 법관이 자유로이 할 수밖에 없다. 소송법은 이러한 자유심증(형성)이 '합리적인' 심증(형성)이 될 수 있기 위한 다양한 절차적 조건들을 마련하고 있다.

(1) 심증형성의 근거와 제한

먼저 법관은 일정한 증거(정보)를 근거로 해서만 사실을 인정할 수 있다. 이를 '증거재판주의'라고 한다(형사소송법 제307조).

㈎ 정보사용의 범위차이 그러나 심증형성의 근거로 사용될 수 있는 정보의 범위는 민사소송이 형사소송보다 상대적으로 넓다. 예

를 들어 민사소송에서는 형사소송과는 달리 증거뿐만 아니라 변론과정에서 등장하는 증거자료 이외의 일체의 정보를 — 예를 들면 원・피고의 공격・방어방법을 제출한 시기, 인상, 법원이 문서제출명령을 내렸으나 응하지 않는 행동 등을 — 토대로 사실인정을 행할 수 있다. 그런 정보를 '변론 전체의 취지'라고 한다(민사소송법 제202조). 그러나 민사소송에서도 증거 없이 오직 변론 전체의 취지만을 사실인정의 자료로 삼을 수는 없다(대판 83다카971). 다시 말해 변론 전체의 취지는 증거자료를 보충하는 한도 내에서만 사실인정의 자료로 사용되는 것이다.

이에 비해 형사소송에서 변론 전체의 취지는 사실인정의 자료가 되는 것이 아니며, 법관이 증거의 증명력을 판단할 때에만 고려될 뿐이다. 변론 전체의 취지는 증명을 요하는 범죄될 개별사실을 추론하게 하는 간접사실(예: 범행에 사용된 살인도구를 피고인이 범행 며칠 전 구입했다는 사실)과 구별된다. 간접사실은 형사소송에서도 유죄인정의 자료가 될 수 있다.

(나) 증거사용의 범위차이　　또한 사실인정의 근거로 사용될 수 있는 증거의 범위에 관해서도 민사소송과 형사소송은 차이가 난다. 즉, 민사소송에서는 원칙적으로 증거가 될 수 있는 자격(증거능력)의 제한이 없다. 그러나 형사소송에서는 증거가 "적법한 절차에 따르지 아니하고"(예: 고문) 수집된 경우에는 증거로 사용할 수 없다(형사소송법 제308조의2). 이를 '위법수집증거배제법칙'이라 한다. 이에 비해 민사소송에서는 예컨대 상대방 몰래 상대방과의 대화를 녹음하였어도 증거로 사용할 수 있다고 본다(대판 99다1789; 80다2314 등).

또한 형사소송에서는 증명대상에 관한 체험을 한 사람(예: 목격자)이 직접 법원에 그 체험내용을 보고하지 않고 그 내용을 전해들은 다른 사람('전문증인(傳聞證人)')이나 서류, 테이프 등과 같은 제3의 매체(즉, '전문서류(傳聞書類)')에 의해 보고하는 경우에 그 사람 또는 제3의 매체는 원칙적으로 증거로 사용할 수 없다. 이를 '전문법칙'이라고 한다(형사소송법 제310조의2). 그러나 민사소송에서는 전문증거도 증거로 사용한다.

이처럼 형사소송에서 심증형성에 사용될 정보(증거)의 자격을 엄격히 하는 것은 '범죄와의 전쟁'을 수행한다는 명목으로 수사기관이 저지르기 쉬운 인권침해를 막고, 신빙성이 높은 정보만을 심증형성의 근거로 사용할 수 있게 하기 위함이다.

(2) 심증형성의 핵심제도

그러나 엄격한 제한 아래서 증거능력이 인정된 증거라 할지라도 그 증거를 조사하여 얻은 그 증거의 의미내용('증거자료')만으로는 결코 합리적인 심증형성을 할 수가 없다. 예를 들어 원고 또는 검사측 증인의 증언을 믿어야 할지, 아니면 피고 또는 피고인 측 증인의 증언을 믿어야 할지는 그 증언의 내용 자체로부터 판단될 수 있는 것이 아니라 증인의 진술태도와 같은 비언어적인 정보(예: 목소리의 떨림, 얼굴의 붉힘 등)에 의해 비로소 판단될 수 있기 때문이다. 따라서 이러한 비언어적 정보를 최대한 많이 창출할 수 있어야 심증형성은 합리적일 수 있다. 이를 위해서는 다음 네 가지 요청이 충족되어야 한다.

㈎ 직접주의 첫째, 법관은 각종 주장과 입증에 관하여 소송참여인들, 즉 소송당사자와 그 밖의 참여인들(예: 증인, 감정인) 사이에 펼쳐지는 '의사소통'이나 '상호작용'을 '직접' 인지함으로써 심증을 형성하여야 한다. 따라서 합의부사건의 경우에는 합의부를 구성하는 모든 법관이 지정된 기일(변론기일, 공판기일), 지정된 법정(공

판정)에서 '직접' 증거조사를 함으로써 심증을 형성해야 한다. 이를 '직접주의'(Unmittelbarkeitsprinzip)라고 한다(민사소송법 제204조 제1항).

■ 판사의 경질과 직접주의 예를 들어 심리도중 (잦은 법관의 인사이동으로 지속적으로 발생하는 일이지만) 법관이 경질된 경우에 새로이 그 사건을 맡은 법관은 이미 행한 증거조사를 다시 되풀이해야 한다. 이를 변론의 갱신 또는 공판절차의 갱신(형사소송법 제301조)이라고 한다. 그러나 민사소송법은 증거조사를 다시 되풀이하지 않고 당사자가 종전의 변론의 결과를 진술하는 것으로 변론의 갱신을 대신하게 하고 있다(민사소송법 제204조 제2항). 실무는 여기서 한 걸음 더 나아가 이런 의미의 변론의 갱신조차 하지 않음은 물론이고, 변론조서에 '변론의 갱신'이라는 글자를 기재하는 것으로 사실상 변론의 갱신을 대신하고 있다. 소액사건의 경우에는 판사의 경질이 있어도 변론을 갱신하지 않도록 하고 있다(「소액사건심판법」 제9조 제2항). 형사소송에서도 변론의 갱신은 당사자의 동의 하에 일부 생략하고 있다(「형사소송규칙」 제144조 참조).

(나) 구술주의 둘째, 이처럼 법관이 직접 행하는 증거조사에서 이루어지는 소송참여인들 간의 의사소통과 상호작용은 '구술'(말)로 이루어져야 한다. 그래야만 진술태도나 상대방의 반응 등과 같은 비언어적 정보가 더 많이 창출될 수 있기 때문이다. 다시 말해 말로 전달되는 정보만을 토대로 법관은 심증을 형성해야 한다. 이를 '구술주의'(Mündlichkeitsprinzip)라고 한다.

■ 구술주의의 형해화 민사소송실무에서 변론은 법정에서 구술로 하지 않고, 미리 제출하도록 되어 있는 '준비서면(민사소송법 제273조 내지 제278조)대로 진술합니다'라는 말로 대신하고 있고, 형사소송에서도 변호인이 최후진술(형사소송법 제303조)을 할 때 변론은 미리 제출한 '변론요지서로 대체합니다'라는 말로 대신하기도 한다.

이는 구술주의를 빈껍데기로 만들어버린다.

(다) **상호작용의 활성화** 셋째, 증거조사에서 소송참여인들 간의 의사소통과 상호작용은 '법률이 정한 방식'에 의해 이루어진다. 증거조사의 법률상 방식은 대체로 소송참여인들 간의 의사소통이 '진실한' 의사소통이 되게 하거나 가능한 한 '많은 정보(증거)'를 법정에 등장시킬 수 있도록 짜여 있다.[41)]

■ 증인신문제도(위증방지와 상호신문) 소송에서 승패를 좌우하는 가장 중요한 증거는 증언이다. 이 중요성을 고려할 때 ⓐ 첫째, 위증은 철저히 방지되어야 한다. 법은 증인신문에서 증인에게 양심에 따라 사실 그대로 진술할 것을 선서할 의무(민사소송법 제319조, 제321조, 형사소송법 제157조)를 부과하고, 위증을 처벌한다(형법 제152조). ⓑ 둘째, 증인신문은 증언을 활성화하고, 거짓증언을 상호 견제할 수 있는 방식으로 할 필요가 있다. 이를 위해 법은 상호신문제를 채택하고 있다. 증인신문은 증인신청을 한 당사자가 먼저 신문('주신문')하고, 상대방 당사자는 그 신문에서 나타난 사항과 관련사항을 신문하고('반대신문'), 다시 증인신청을 한 당사자가 반대신문에서 나타난 사항과 관련사항을 신문('재주신문')하는 상호신문의 방식에 의한다(민사소송법 제327조, 형사소송법 제161조의2).

(라) **집중심리원칙** 심증형성의 합리성은 법관이 비언어적인 정보를 충분히 활용하지 않으면 달성될 수 없기 때문에 심리는 가급적 계속적으로 또는 집중적으로 진행되어야 한다. 심리를 진행한 기일(변론기일이나 공판기일)들 사이의 시간적 간극이 너무 크면, 법관의 비언어적 정보에 대한 기억이 희미해지고, 심리한 지 오래된

---

41) 증거능력이 있고 법률이 정한 방식에 의해 증거조사된 증거에 의해서 사실을 입증하는 것을 '엄격한 증명'이라고 하고 증거능력이 없거나 법률이 정한 방식이 아닌 방식에 의해 사실을 입증하는 것을 '자유로운 증명'이라고 한다.

기일에 등장한 비언어적 정보의 활용도가 최근의 심리에서 등장한 정보의 활용도에 비해 상대적으로 적게 활용되기 때문이다. 다시 말해 정보의 이용은 공정성과 효율성을 잃어버리게 된다. 따라서 변론은 집중되어야 하고(민사소송법 제272조), 재판은 신속해야 하는 것이다(헌법 제27조 제3항).

그러나 다른 한편, 심리기일이 너무 집중되어 있으면 예를 들어 매일매일 심리를 속행한다면(예: 형사소송법 제267조의2 제2항[42]), 소송당사자(특히 피고인)의 공격과 방어활동을 극대화할 수가 없게 되며, 그 결과 정보수집을 최대화할 수 없게 된다.

(3) 심증형성에서 자유의 한계

증거를 조사한 후 어떤 증거를 믿을 것인지, 그 증거로부터 어떤 개별사실이 입증되었다고 볼 것인지 그리고 여러 개별사실들로부터 어떤 법적 사안을 추론해낼 것인지는 모두 법관의 자유판단에 맡겨져 있다. 이를 '자유심증주의'라고 한다(민사소송법 제202조, 형사소송법 제308조). 다만 법관은 논리나 경험법칙에 위반하여 심증형성을 할 수는 없다.

■ **자백에서 민·형사소송의 차이** ① 민사소송에서는 당사자가 자백한 사실은, 설령 법관이 증거조사를 통하여 그 자백과는 반대의 심증을 얻었다 하더라도, 판결의 기초로 삼아야 한다. 예를 들어 앞의

42) 이 조항은 2007년 개정에 들어왔는데, 이는 1990년에 제정된 「특정강력범죄의 처벌에 관한 특례법」 제10조 제1항과 완전히 같다. 이 특례법이 강력범죄에 대한 단호한 투쟁의 정책을 실행하는 수단으로서 제정되었지만 그로 인해 피고인의 방어권이 위태로워질 수도 있음을 감수한 것이었다는 점에서 이 조항도 근본적인 문제를 안고 있다. 다른 한편 2~3주마다 열리는 공판기일은 소송참여인들 간의 직접적인 상호작용과 의사소통이 창출하는 수많은 정보들의 생명력을 죽이고 법관으로 하여금 심리 당시에 개인적으로 해두었던 메모나 조서에 기재된 내용에 의존하여 다시 심증을 형성하게 만든다.

> 자동차사고의 사례에서 피고가 당시 과속했었다는 사실(개별사실ⓑ)을 인정하는 한, 법원은 그 사실에 반하는 심증을 형성할 수 없다. 이는 민사소송의 사적 자치, 즉 변론주의에서 나오는 제한이다. ② 이에 반해 형사소송에서는 피고인이 자백한 사실일지라도 그 자백의 신빙성을 뒷받침해주는 또 다른 증거(보강증거) 없이는 그 자백을 유죄의 증거로 사용할 수 없다. 이를 '자백보강법칙'(형사소송법 제310조)이라 한다. 또한 자백과 자백보강증거까지 있다고 하여도 법관은 유죄의 확신이 들지 않는 한, 자백한 사실을 인정할 의무는 없다. 형사소송에서는 민사소송처럼 변론주의가 지배하지 않기 때문이다.

민사소송에서 법관은 증거에 의해 일정한 사실의 존재가 확실하다고 판단되는 경우뿐만 아니라 '고도로 개연적인 경우'에도 그 사실을 인정할 수 있다. 그러나 형사소송에서 피고인에게 유죄가 되는 사실을 인정하려면 법관은 그 사실의 존재에 관한 확신을 갖고 있어야 한다. 만일 고도로 개연적인 경우와 같이 아직 그 사실의 존재에 관하여 '합리적 의심'(reasonable doubt)이 남아 있다면 그 사실을 인정해서는 안 된다(제307조 제2항). 형사소송에서는 헌법상의 무죄추정원칙에서 나오는 '의심스러울 때에는 피고인에게 유리하게'(in dubio pro reo)－원칙이 지배하기 때문이다.

이러한 차이는 민사소송에서 법관의 심증은 형사소송과는 달리 '진실을 발견해야 한다'는 엄격한 요청보다는 원고와 피고 사이에 '이익과 손해를 형평 있게 조정하라'는 목적을 추구해야 하는 점에서 비롯된다. 이를테면 환경오염사고나 의료과오소송 또는 제조물책임소송 등에서는 피해자, 환자, 소비자의 열악한 입증능력을 고려하여 이익과 손해의 형평 있는 조정을 위해서 과실과 결과 사이의 인과관계의 증명을 일반적인 민사소송의 경우보다도 더 낮은 심증, 즉 '개연성'의 심증만으로 충분하게 된다.

3. 당사자의 참여보장

재판절차가 정당하기 위해서 특히 중요한 점은 소송당사자에게 법관의 심증형성에 영향을 미칠 수 있는 기회를 보장하는 것이다.

(1) 법적 청문권

이러한 기회보장의 핵심은 법적 청문권이다. 법적 청문권이란 '소송참여인이 소송절차에서 제기되는 모든 사실적 문제와 법률적 문제에 대하여 법원에게 자신의 견해를 진술하고 또한 그것을 통하여 법원의 법적 견해 형성에 논증적으로(말과 이론의 논리의 힘에 의해) 영향을 미치는 기회를 가질 권리'를 말한다. 이 권리를 소송절차 전반에 걸쳐 구현함으로써 소송은 법원과 당사자들 사이의 대화적 과정으로 짜여진다. 법적 청문의 제도적 보장은 당사자에게 다음과 같은 권리가 보장될 것을 요청한다.

㈎ 출석권 첫째 당사자에게 의견진술의 기회를 주기 위해서는 그 전제로서 심리기일(변론기일 · 공판기일)에 당사자가 '출석'할 권리가 보장되어야 한다.

■ 당사자출석권의 보장에서 민 · 형사소송의 차이 출석권의 보장은 형사소송의 당사자인 피고인에게는 절대적이다. 즉, 피고인이 실제로 출석한 경우에만 심리(공판)를 진행할 수 있다 (형사소송법 제276조). 이에 반해 민사소송의 경우에는 당사자에게 단지 그런 '기회'를 보장하는 것으로 충분하다. 따라서 당사자 중 어느 한 쪽이 적법하게 소환되었으나 출석하지 않은 경우에는 그가 제출한 소장 · 답변서 기타 준비서면에 기재한 사항을 진술한 것으로 의제하고 심리를 진행한다(민사소송법 제148조).

또한 심리기일이 아닌 날, 법정이 아닌 장소에서 증거조사를 할 경우에도 법원은 당사자에게 고지하고 당사자를 소환하여 증거조사에 참여할 기회를 주어야 한다(예: 민사소송법 제167조, 제297조 제2항, 형사소송법 제163조). 이와 같은 출석과 참여의 권리는 각종 절차의 통보(예: 소환, 송달)를 받을 권리를 전제로 한다.

(나) 심증형성의 공동조종　　둘째, 당사자는 자신에게 유리한 사실을 주장하고('소송자료의 제출'), 그 사실을 입증할 증거의 조사를 신청할 수 있어야 한다. 이를 '증거신청권' 또는 '증거제출권'이라고 한다(민사소송법 제289조, 형사소송법 제295조). 이러한 권리를 행사함으로써 당사자는 법관의 심증형성을 어느 정도 공동으로 조종할 수 있게 된다.[43] 셋째, 당사자에게는 증거조사의 결과에 관하여 의견을 진술할 기회가 보장되어야 한다(형사소송법 제293조). 특히 이 권리를 이용하여 당사자는 자신에게 불리한 증거조사결과의 의미를 재해석함으로써 법관의 심증형성을 자신에게 최대한 덜 불리하게 만들거나 때로는 유리하게까지 전향시킬 수 있는 가능성을 갖게 된다.

(다) 정보권　　넷째, 당사자는 법원이 갖고 있는 각종 정보를 획득할 수 있어야 한다. 예컨대 당사자에게는 소송기록열람권이 보장된다(민사소송법 제162조, 형사소송법 제35조, 제55조).

■ 상대방 당사자로부터 정보획득에서 민·형사소송의 차이　　① 민사소송에서는 변론주의를 철저히 관철한다면, 각자의 능력과 책임 아래 증거를 수집·제출할 수 있을 뿐이며, 상대방 당사자로부터 증거수집의 도움을 받을 수는 없다. 그러나 최근에는 어느 한 쪽 당사자의 증거수집능력이 현저히 열악한 경우에 그 능력을 보충해주는 제

43) 형사소송에서 법원은 '원칙적으로' 직권으로 증거조사를 할 수 있으나(형사소송법 제295조), 민사소송에서는 변론주의에 따라 당사자가 신청한 증거에 의하여 심증을 얻을 수 없거나 기타 필요하다고 인정한 때에만 '예외적으로' 증거조사를 할 수 있다(민사소송법 제292조).

도들이 특수한 유형의 소송에서 성장하고 있다. 예를 들면 의료사고에서 의사가 진료카드를 고친 경우에 '입증방해'의 제도(민사소송법 제350조)에 의해 방해자(의사)에게 불리한 사실을 의제한다. 또한 실체법이 정보청구권을 인정하기도 한다. 예를 들면 주주는 회사의 회계장부열람권(상법 제466조)을 갖고, 환자는 의사가 작성한 진료카드에 대한 열람청구권(민법 제683조)을 갖는다. ② 이에 반해 형사소송에서 국가는 피의자·피고인의 열악한 증거수집능력을 적극적으로 보충해주어야 한다. 그러므로 예를 들어 공소제기 후 수사절차에서 검사가 수집해 놓은 증거의 내용에 대하여 열람·등사할 수 있는 권리가 피의자와 변호인에게 인정될 수도 있다(형사소송법 제266조의3).

또한 당사자는 법관의 심증형성의 진행상태에 관한 정보를 향유할 수 있어야 한다. 그래야만 공격과 방어의 목표를 제대로 세울 수 있기 때문이다. 따라서 법원은 당사자가 간과하고 있는 자신의 사실적·법률적 관점을 알려줄 의무(민사소송법 제136조 제4항)가 있고, 불분명한 사실상·법률상 사항에 관하여는 당사자에게 질문하고 입증을 촉구하여야 한다(민사소송법 제136조 제1항, 형사소송규칙 제141조).

(2) 무기평등원칙

그러나 이처럼 당사자에게 법관의 심증형성에 적절하게 참여할 수 있는 '기회'를 보장하는 것만으로 당사자들이 실제로 법관의 심증형성에 공평하게 참여하게 되는 것은 아니다. 소송당사자 사이에는 소송참여능력에 우열이 있을 수 있기 때문이다. 참가능력의 평등, 바꿔 말해 무기평등이 전제되지 않고는 공정한 재판이 기대되기 어렵다. 그러나 민사소송에서는 예를 들어 변호사강제주의와 국선변호인제도를 채택하지 않고 있어서, 변호사를 소송대리인으로 둔 당사자와 그렇지 못한 당사자 사이의 무기불평등이 방치되고 있다. 이는 물론 사적 자치, 즉 변론주의의 순수한 이념에서 보면 타당할 수도 있다. 그러나 경제적 불평등이 '이익과 손해를 형평 있게 조정'하는 과정(민사소송)에까지 반영된다면, 그러한 조정을 도모하는 소송절차는 정당성을 유지할 수가 없다. 이에 민사소송법은 소송비용을 지출할 자력(資力)이 부족하고 패소할 것이 명백하지 아니한 경우에 법원이 재판비용과 변호사의 보수 등을 구조해 줄 수 있는 제도, 즉 소송구조(민사소송법 제128조 내지 제133조)를 마련해 두고 있다.

이에 반해 형사소송에서는 사적 자치가 지배하지 않고, 법원이 진실을 발견해야 할 책무를 지니고 있기 때문에, 국가(법원)는 두 당사자인 검사와 피고인 사이의 현격한 무기불평등을 제거해야 할 의무가 있다. 그렇지 않고는 소송은 검사의 일방적인 독무대가 되고, 그런 무대에서는 검사가 확신하는 바가 곧 진실이 될 위험성이 높기 때문이다. 그래서 현행 형사소송법은 중대한 사건(형사소송법 제282조)의 피고인이나 미성년자, 노령자, 농아자, 심신장애자, 빈곤자인 피고인이 사선변호인이 없을 경우에 법원으로 하여금 직권으로 국선변호인을 선임하도록 하고 있다(제283조).

4. 심증형성의 통제가능성 확보

앞에서 살핀 바처럼 법원의 공정성, 심증형성의 절차적 합리성, 당사자의 참여보장이 확보된다고 하여도 법관의 심증형성은 여전히 비대화적인 것일 수 있다. 증명력 판단과 추론의 상당부분이 언어와 논리의 세계로부터 빠져나와 있기 때문이다. 여기서 법관이 독단적으로 심증을 형성하지 않고, 다른 소송참여인들과 대화적인 의사소통적 교류를 하면서 최대한 합리적으로 심증을 형성하도록 유도하는 또 다른 통제제도가 필요로 하게 된다.

(1) 재판공개원칙

그 대표적인 제도로는 첫째, '공개주의'를 들 수 있다(헌법 제109조, 법원조직법 제57조 제1항). 이는 법관의 심증형성이 이루어지는 심리의 공간을 일반인이 방청하게 함으로써 법관으로 하여금 터무니없는 사실인정을 하지 않도록 유도하는 것이다. 그러나 재판의 공개는 소송당사자, 특히 피고인의 인격권을 침해하는 결과를 수반하기 때문에 지나치게 광범위하게 이루어져서는 안 된다. 예를 들면 재판을 TV로 생방송 중계하는 바와 같은 공개('매스컴공개')는 허용될 수 없다.[44] 그럴 경우에 재판공개는 심증형성의 통제기능을 넘어서 피고인을 구경거리로 전락시켜 버리기 때문이다.

(2) 상 소

그러나 공개주의가 언어와 논리의 세계에서 상당부분 벗어나 있는 법관의 심증형성을 특히 소송당사자 모두가 동의할 수 있는 방향의 결론으로 매듭 짓게 하는 능력은 없다. 또한 법관 자신도 또 다른 증거를 조사했거나, 다른 심리적·육체적 상태에서 심리했다면, 쉽게 다른 결론에 도달했었을 가능성도 매우 높다. 이러한 심증형성의 특성을 고려하여 소송법은 항소법원으로 하여금 한 번 더 심증형성을 하게하고, 상고법원으로 하여금 항소법원의 심증형성을 다시 한 번 심사하게 만드는 권리, 즉 '상소권'을 당사자에게 부여한다.

특히 형사소송법은 형사소송에서 피고인만 상소한 경우에 상소심이 하급심의 재판보다 피고인에게 불리한 재판을 할 수 없도록

44) 다만 법원조직법 제59조는 재판장의 허가에 의해 매스컴 공개를 할 가능성을 열어 놓고 있다.

하여 상소권의 행사를 민사소송에 비하여 더 철저하게 보장해주고 있다(형사소송법 제368조, 제396조 제2항). 이를 '불이익변경금지'(reformatio in peius)-원칙이라고 한다.

(3) 판결서 · 조서의 작성

당사자가 상소심에서 '더 나은' 공격과 방어를 하기 위해서는 하급심[原審]의 법관이 어떤 심증형성을 했는지를 가능한 한 자세히 알아야 한다. 이를 위해서 법관은 자신의 심증형성에서 근거로 사용한 정보(증거)와 (주장)사실이 무엇이고, 배척한 정보(증거)와 (주장)사실이 무엇인지, 그리고 인정한 (주장)사실들로부터 재판의 결론을 이끌어낸 추론과정 등을 최대한 언어로 표현하여야 한다. 이를 '판결이유'의 작성이라고 한다(민사소송법 제208조, 형사소송법 제323조). 또한 법원사무관 등으로 하여금 심리(변론 · 공판)의 경과를 명확히 기록해 두게 하는 것(민사소송법 제152조 내지 제159조, 형사소송법 제51조 내지 제56조의2)도 법관의 심증형성이 소송법에 구현된 정당한 절차에 따라 이루어진 것인지(예: 증거신청기각사유 없는 기각)를 사후에 심사할 수 있는 가능성을 열어준다.

제3부

법의 적용

7

법률의 해석방법과 적용

Ⅰ. 법률적용의 의미

1. 법률적 삼단논법

법률을 적용하는 것은 흔히 삼단논법(syllogism)에 비유된다. 논리적 삼단논법이란 다음과 같은 추론을 말한다.

■ 논리적 삼단논법

대 전 제:	모든 사람(M)은 죽는다(P).
소 전 제:	소크라테스(S)는 사람(M)이다.
결 론:	그러므로 소크라테스(S)는 죽는다(P).

법률의 적용을 이 같은 삼단논법(법률적 삼단논법 juristischer Syllogismus)으로 바라본다는 것은 법규범을 대전제로, 구체적인 사건(생활사태)을 소전제로, 그리고 법적 효과를 결론에 대비시키는 것을 말한다. 예를 들면 다음과 같다.

■ 법률적 삼단논법

대전제(법규범): 점유물이 침탈되었을 경우에 부동산일 때에는 점유자(M)는 침탈 후 직시(直時) 가해자를 배제하여 이를 탈환할 수 있다(P) (민법 제209조 제2항 전단).
소전제(사안): 甲(S)의 전용주차구역에 乙이 포르쉐 한 대를 세워 놓았고 그 후 약 10분이 흘렀다(M).

결론(법적 효과): 甲(S)은 乙의 포르쉐를 견인시킴으로써 자신의 전용주차장을 탈환할 수 있다(P).

이러한 법률적 삼단논법의 구조에 들어가는 '사안(소전제)은 법규범(대전제)에 포섭(包攝)된다'고 표현하고, '법규범은 사안에 적용된다'고 표현한다. 이와 같이 포섭과 적용이 가능할 때 '그 사안에 대해 법적 효과(결론)가 발생한다'.

2. 법률과 사안의 상호수렴

법률적용은 흔히 ① 법규범을 찾고, ② 그에 해당할 사안을 확정함으로써, ③ 법적 효과의 발생 여부를 결정하는 연역적 추론과정이라고 본다. 그러나《법규범의 존재 → 사안확정 → 법적 효과》라는 법률적 삼단논법은 단지 법률적용의 '논리적' 사고모형일 뿐이다. 실제적인 모습은 법규범(대전제)과 사안(소전제)이 '서로' 그리고 '동시에' 접근하는 과정이다. 바꿔 말하면, 법률의 적용은 법규범과 구체적 사안이 '상호수렴'하는 과정이다.

■ 점유침탈에 대한 자력구제 예를 들면 앞의 주차차량견인사건에서 甲이 약 4시간 가량 지난 후에 乙의 포르쉐를 견인시켜 버렸다면 "直時" 탈환한 경우로 볼 것인가? 대법원판례에는 2시간가량 지난 시점도 "직시"라고 보지만(대판 86다카1683) 침탈사실을 모르고 5일

정도의 '상당한 시간'이 흐른 뒤라면 "직시" 탈환한 것으로 보지 않는다(대판 91다14116). 독일 판례(LG Frankfurt/M. NJW 1984, 183쪽)는 4시간가량 지난 시점도 "직시"라고 보기도 한다. 그러므로 이 물음에 대한 확실한 대답은 불가능하다.

(1) 유사성 판단과 선이해

이러한 법률적용의 예에서 두 가지 점이 분명해진다. 첫째, 어떤 사안을 어떤 법률에 포섭하고, 다른 어떤 사안은 그 법률에 포섭하지 않는다고 할 때, 이런 포섭 여부의 판단은 — 문제가 되고 있는 사안('문제사안')과 누구나 포섭되는 것이 자명하다고 판단되는 사안('보통사안') 사이의 — '유사성'의 판단이라는 점이다.

■ **포섭과 유사성 판단** 예를 들어 설명하면 "직시"라는 단어의 적용과 관련해서 볼 때, 2시간 경과 후의 탈환, 4시간 경과 후 또는 5일 경과 후의 탈환은 각각 (시간적으로는) 다른 사태(존재세계의 사건)이다. 그런데 4시간 경과 후의 탈환을 2시간 경과 후의 탈환처럼 "직시 탈환"이라는 법률텍스트에 포섭한다면, 그것은 이 두 가지 사태가 동일한 사안이기 때문이 아니다. 이 둘 사이에는 기껏해야 '동일성'이 아닌 '유사성'이 있을 뿐이다. 비트겐슈타인(Wittgenstein)의 말을 빌리자면 가족유사성(Familienähnlichkeiten)이 있을 뿐이다.[1)]

유사성이란 존재적으로는 '다름'과 '같음'이 모두 있는데도 법적으로 같은 것, 즉 같은 법적 효과를 발생시키는 것으로 취급할 수 있게 하는 근거가 된다. 따라서 유사성 판단은 모종의 '평가적 관점'을 전제로 한다. 그러나 이 유사성 판단이 입각해 있는 평가적 관점이 무엇인지는 남김없이 밝혀지지 않는다. 그것은 법관의 정책

---

1) 이에 관해 자세한 것은 이상돈, *법이론*(박영사, 1997), 177쪽 아래 참조.

일 수도 있고, 윤리적 · 정서적 반응일 수도 있다. 이런 것을 철학과 법학의 해석학(Hermeneutik)에서는 '이해에 앞서 이해의 방향을 제약한다'는 의미에서 '선이해'(Vorverständnis)라고 한다.

■ 법률적용의 선이해 위의 주차차량견인사건에서 ① 법관은 주거지 내의 이면도로에서 주차를 둘러싼 시민들 간의 갈등이 빈번하고, 때로는 살인에 이른 사건까지 있는 분쟁상황에서 예를 들면 (甲의) 점유권이라는 권리의 확인과 존중보다는 '평화로운 공존상태'나 '주민생활의 평온'이 더 중요하다는 '정책적 판단'을 할 수 있고, 그런 경우에는 민법 제209조 제2항의 "직시"의 범위를 좁게 인정할 것이다. 그럴 경우 4시간 만의 자력탈환도 위법한 것이 된다. ② 그러나 정책적 판단은 반대의 방향으로도 작용할 수 있다. 예를 들어 甲이 그 전용주차구역을 구청의 '거주민우선주차제'에 의해 구청으로부터 허가를 받아 전용하고 있는 경우였다면, 법관은 주차공간의 합리적 이용을 도모하는 거주민우선주차제의 확립을 위하여 甲과 같은 주민의 점유권을 더욱 강하게 보호하려는 정책적 의지를 가질 수 있고, 이런 경우 "직시"의 범위는 상대적으로 넓게 인정될 것이다. ③ 더 나아가 선이해는 개인의 '주관적인 경험'에서 비롯되는 정서적 편향성을 띨 수도 있다. 예를 들어 사무 때문에 부득이하게 그런 주차지역에 잠시 차를 세워 두었다가 타이어가 펑크 난 경험이 있는 법관은 그렇지 않은 법관보다 甲의 행위와 같은 주차공간의 탈환행위의 적법성을 상대적으로 좁게 인정하려는 편향성을 가질 수 있다.

(2) 법규범과 사안의 동시적 접근

둘째, 법률의 적용은 법규범을 찾고, 그에 해당할 사안을 확정하는 연역적 과정이 아니라 법규범과 사안이 서로 동시에 접근하는 과정, 즉 '상호수렴'의 과정이다.

■ 법규범과 사안의 상호수렴 위의 주차차량견인사건에서 甲의 견인행위(=사안)는 "직시"에 대한 대법원의 판결에 의해 비로소 '점유

자의 자력탈환권 행사'라는 법률적 의미를 갖게 된다. 다른 한편 이 판결에 의해 "직시 탈환"이라는 법률의 의미는 2시간 경과 후의 탈환과 같은 유형의 사안을 지시하는 방향으로 구체화된다. 이를 두고 법률과 사안은 상호적 수렴한다고 표현한다.

여기서 법률의 적용이란 한편으로는 법규범을 '현실 속의 사안으로 구체화'하고 동시에 현실 속의 사건을 '법규범에 포섭될 사건(=포섭사안)이 되도록 그 의미를 구성하는' 인식활동임을 알 수 있다.[2] 이를 '법률과 사안의 해석학적 순환' — 비유적으로 표현하면 '법률과 구체적인 사건의 둘 사이를 왔다갔다'[3]함 — 이라고 부른다.

Ⅱ. 법률해석의 방법

사안을 법률에 포섭시키는 유사성 판단은 법률해석의 과정이 된다. 이처럼 법률해석이 필요한 까닭은 법률을 구성하는 언어(=법률텍스트)가 모호하기 때문이다. 법률언어는 해석 없이는 그것이 어떤 현실을 가리키는 것인지가 명확하지 않기 때문이다.

1. 해석방법론

법률의 해석이란 법률언어를 사용하는 방법(규칙)을 형성하는 것을 말한다. 법률언어를 사용하는 방법에는 문리해석, 역사적 해석, 체계적 해석, 목적론적 해석이라는 네 가지 방법이 있다. 해석방법은 선이해의 작용 속에서 정치적, 경제적, 윤리적 판단을 통해

2) 이러한 관점을 간결하고 명확하게 분석한 논문으로 Winfried Hassemer 지음(배종대 · 이상돈, 편역), *형법정책*(세창출판사, 1998), [2]단락(법해석학) 참조.

3) 이 말은 엥기쉬(Engisch)가 한 말로써 법률적용의 해석학적 순환을 적절히 나타내는 표현으로 널리 인용되고 있다.

내린 결정을 '논증'하는 도구로서 기능한다.

(1) 문리해석

문리해석 또는 언어적·문법적 해석은 법률언어의 일상(언어)적 의미나 구문구조에 따라 법률텍스트의 규범적 의미를 파악하는 방법이다. 예를 들면 1만원짜리 샤갈의 프린트화를 100만원 짜리 리토그라피라고 속인 행위는 형법상 사기(欺罔)의 일상적 의미에 해당하므로 그런 행위는 사기죄에 해당하게 된다.

(가) 전문적 일상언어 　법률언어는 인공적인 과학언어가 아니라 '일상언어'(자연언어)이므로, 법률언어의 일상(언어)적 의미는 법률해석의 출발점이 된다. 그러나 법률언어는 일상언어에 없는 경우도 많고(예: 행정처분, 저당권, 기망), 일상언어에 있는 경우에도 그 의미는 구체적 상황의 맥락에서 규범적으로 타당한 내용을 담도록 그 사용이 특수화된다. 이런 점에서 법률언어는 '전문언어'라고 할 수 있다. 따라서 법률언어는 '전문적 일상언어'이다.

■ 전문적 일상언어 　예를 들어 '폭행'이란 개념은 일상언어이다. 이 개념은 형법에서 '세분화'되어 사용된다. 이를테면 강요죄(형법 제324조)의 폭행은 '신체에 대한 물리적 힘의 행사'만으로 충분한 반면, 강도죄(형법 제333조)에서 폭행은 그러한 행사에 대해 상대방이 '전혀 저항할 수 없을 경우'이어야만 한다. 또한 일상언어와 언어기호는 똑같지만 그 의미가 일상언어로부터 상당히 '독자화'되기도 한다. 예를 들어 '문서'란 개념은 일상세계에서는 흔히 집문서, 땅문서라고 하듯 권리증을 가리키지만 형법의 문서죄(형법 제20장)에서 말하는 문서는 영수증이나 심지어는 그 복사본까지도 포함한다(형법 제237조의 2).

(나) 문리해석의 한계설정기능 　법률언어는 규범을 형성하고 매개

하는 '전문적 일상언어'이기 때문에 법률언어의 일상언어적 의미, 즉 문리해석이 법률해석의 한계를 설정할 수 없게 된다. 그럼에도 불구하고 문법적 해석이 — 특히 공법이나 형법 분야에서 — 법률해석의 한계를 설정하는 기능을 한다고 믿는 법률가들이 많다. 그런 일상언어적 한계를 흔히 "법규정의 가능한 의미"(大決 94모32)라고 표현한다. 그러나 일상언어는 법률해석의 한계로 작용할 수 없다. 이는 법률언어는 전문언어이고, 일상언어는 그 '불명확성'으로 인해 해석의 한계를 사실상 분명하게 설정할 수 없고, 설령 그것이 가능하다고 가정할지라도, 그런 한계의 제약을 받는 법률해석은 때로는 실질적인 정의나 평등의 이념에 반하는 결론에 이를 위험도 높다. 또한 오늘날의 사회현실이 띠는 복잡성은 이미 일상언어에 의해 규율될 수 있는 지평을 넘어섰다는 점도 그 이유가 될 수 있다.

■ 형법해석의 한계 사례 예를 들어 남의 사과나무 밭에서 마른 풀에 성냥불을 켜 담배불을 붙인 뒤 자리를 떠났다가, 남은 불씨가 번져 남의 사과나무 200여 그루를 태운 사람에 대해 "과실로 인하여 자기의 소유에 속하는 제166조[일반건조물 등의 방화] 또는 제167조[일반물건에의 방화]에 기재한 물건을 소훼하여 공공의 위험을 발생하게 한 자"라는 텍스트의 형법 제170조 제2항을 적용하는 것이 해석의 한계를 넘은 것인지가 문제된다. 문제의 핵심은 '자기의 소유에 속하는'(이하 A)이 '제166조에 기재한 물건'(이하 X) 뿐만 아니라 이 사건에서 불이 붙은 객체인 풀, 즉 '제167조에 기재한 물건'(이하 Y)까지 수식하느냐이다. 여기서 제170조 제2항의 텍스트(이하 T)를 [A∧X∨Y]라고 기호화할 수 있다. 이 때 T를 [(A∧X)∨Y]라고 괄호쳐 읽으면 제167조에 기재한 물건은 자기소유이든 타인소유이든 상관없게 되어, 위의 실화행위는 제170조 제2항에 해당하게 된다. 이에 반해 T를 [A∧(X∨Y)]라고 괄호쳐 읽으면 [(A∧X)∨(A∧Y)]가 되고 제167조에 기재한 물건은 오직 자기소유의 물건만을 포함하게 되

> 어, 위의 실화행위는 제170조 제2항에 해당하지 않게 된다. 여기서 일상언어에서 법문의 "또는"이라는 단어를 구문론적으로 [(A∧X)∨Y]라고 사용하는 것은 불가능하고, [A∧(X∨Y)]라고 사용될 뿐이라고 고집할 때에만 비로소 위 행위에 대하여 제170조 제2항을 적용하는 것은 해석의 한계를 넘은 것이 된다. 그러나 '또는'의 일상적인 사용구문이 오직 [A∧(X∨Y)]에 국한되어 있지는 않다. 특히 구문의 명료함이 약한 한국언어에서는 더욱 그러하다. 따라서 문법적 해석이 법률해석의 한계를 설정한다는 주장은 바로 '구문의 자유'라는 또 다른 인간의 언어능력을 부정할 때에만 비로소 가능할 뿐이다.[4]

㈐ 해석의 한계로서 근거지음 이처럼 법률해석의 한계는 법률언어에 내재하여 있는 것이 아니다. 법률해석의 한계는 해석에 의해 주장되는 법률언어의 사용규칙이 다른 사람에게 설득력 있게 근거지어질 수 있느냐의 여부에 있다. 다시 말해 '법률해석의 한계는 법률해석의 근거지음이 끝나는 곳에서 시작한다.'[5] 여기서 법관에게 좁게는 법적 청문권을 기초로 하여 소송당사자와 법률해석에 관한 의견을 교류하고, 넓게는 해당 법률의 해석에 관한 이론을 제공하는 학계와도 대화를 펼쳐야 할 의무[6]가 부여된다. 또한 법관은 판결이유에서 자신의 법률해석을 근거지음으로써 이러한 의무를 이행하였음을 보여주어야 한다.

---

4) 이 문제에 관한 논쟁은 법률해석의 한계에 대한 논의를 이끌었는데, 이 논의들은 신동운·김영환·이상돈·김대휘·최봉철, *법률해석의 한계*(법문사 2000)에 모아져 있다.

5) 이 명제는 내가 박사학위논문인 Sang-don Yi, *Wortlautgrenze, Intersubjektivitat und Kontexteinbettung*(Ffm., 1992)에서 형성한 것으로서 해석과 유추가 인식론적으로 구분되지 않는다고 보는 진영의 해석한계에 대한 대표적인 결론으로 원용되고 있다. 한 예로 Roxin, Strafrecht AT, 2. Aufl., 1994, 107쪽 참조.

6) 이 의무는 어떤 특정한 학설을 따를 때에서는 판결서에 그 학설이 주장된 문헌을 인용함으로써 이행될 수 있다. 그러나 현재 법원의 판결서작성실무는 학설인용을 전혀 하지 않고 있다. 이런 실무는 저작권침해의 문제마저 가져온다.

(2) 역사적 해석

(가) 입법자의 의사　역사적 해석이란 입법자가 특정한 법률을 제정하면서 그 법률에 의해 의도했던 기획에 맞게 법률을 이해하는 것을 말한다. 입법자의 의도(의사)란 입법자가 법률 속에 정립해 놓은 가치판단이라고 이해된다.

■ 역사적 해석　예를 들면 한 운전자가 차를 몰다 행인을 다치게 한 후 그를 가족들과 함께 병원으로 옮겨 놓고 난 후 자신의 신원을 밝히지 않은 채 사라져버린 행위는 「특정범죄가중처벌 등에 관한 법률」 제5조의3 제1항(도주차량운전자의 가중처벌)의 "도주"에 해당하지 않는다. 왜냐하면 특수형법에 속하는 동 조항에 의해 입법자가 의도한 것은 예를 들면, 교통의 안전을 확보하거나 피해자의 생명과 신체를 보호하는 것일 뿐 피해자의 민사상 손해배상청구권의 실현을 용이하게 하는 것은 아니기 때문이다.

역사적 해석은 법관이 의회입법자의 의사(가치판단)에 충실하게 법률을 해석하는 것으로서, 이념적으로는 권력분립원칙에서 요청되는 것이기도 하다. 왜냐하면 권력분립원칙에 의하면 입법권은 원칙적으로 의회에 속하는 것이기 때문이다.

(나) 입법자의사의 확인불가능성　그러나 입법자의 의사를 확인하는 일은 간단하지 않다. 물론 입법자의 의사를 확인하기 위해서 입법 당시 의회의 의사록이나 입법이유서 또는 법안작성자의 의견서 등을 참조할 수 있다. 그러나 입법에서는 여당과 야당 사이에, 또한 여당 내에서도 계파에 따라 언제나 의견의 대립이 있기 때문에 '통일적인' 입법의사가 존재한다고는 볼 수가 없다. 또한 다수의 의사나 법안을 기초한 사람의 의사를 입법자의 의사로 간주하는 경우에도 문제는 그대로 남는다. 그런 의미의 입법자의 의사를 확인

하는 작업에도 언제나 해석이 개입되기 때문이다.

(3) 체계적 해석

체계적 해석은 법규정을 일정한 법적인 연관관계 속에서 이해하는 방법을 말한다. 여기서 법적인 연관관계는 법률이 스스로 설정해 놓고 있는 경우도 있지만 대개는 법학자들이 이론적으로 형성하는 구성물이다.

■ 체계적 해석　　체계적 해석의 대표적인 예는 법규정들의 관계를 「일반과 특수」의 관계로 이해하는 방법이다. 상법의 규정들은 민법의 일반적 규정에 대한 특수한 경우라고 이해된다. 즉, 상법의 규정은 민법의 규정에 '우선'하여 적용된다. 이를테면 상법전의 매매에 관한 규정(상법 제67조~제71조)은 매매의 법적 관계 가운데 특수한 일부분만을 규율할 뿐이어서 그 나머지 부분은 민법의 일반적 규정(예: 민법의 제563조~595조 등)에 의해 규율될 수밖에 없다.

(4) 목적론적 해석

목적론적 해석은 법규정을 법률의 객관적인 규율목적에 따라 이해하는 방법을 말한다. 여기서 규율목적은 입법취지(ratio legis)라고도 부른다. 입법취지는 입법자의 입법동기에 대한 재해석이나 법정책적 판단 또는 법학계의 지배적인 견해 등의 도움을 받아 정할 수 있다. 입법취지는 '확인'되는 것이 아니라 '구성'되는 것이다.

■ 목적론적 해석　　예를 들어 甲이 1996.1.20. H 종금사의 주식을 K 그룹의 도움을 받아 매입하여 마침내 제1대주주인 H 그룹회장 乙의 지분을 능가하게 되자, 乙은 H 종금사(이사회)로 하여금 400억원 어치의 전환사채(轉換社債 CB)를 발행하여 우호세력에게 인수시킨 뒤 곧바로 주식으로 전환함으로써 경영권을 방어하였다. 즉, 甲은 전환사채를 배정받을 기회도 없이 제1대주주의 지위에서 밀려난 것이

다. 이와 같은 전환사채의 발행에 관하여는 기존 주주 이외의 자에게 신주인수권을 부여할 경우의 제한(상법 제418조 제2항)이 행위 당시에는 없었고, 2001.7.24. 개정된 상법에서야 비로소 이 제한규정을 준용하는 규정(제513조 제3항 2문)이 들어왔다. 그러나 행위 당시의 상법 아래서도 전환사채를 발행할 경우에 기존 주주(甲)에게 그 인수의 기회를 주지 않으면, 주주의 사원권적 · 재산권적 지위는 현저히 부당하게 침해함(주주권의 보호목적)을 고려하여 "주식의 수에 따라서 신주(新株)의 배정을 받을 권리"(상법 제418조 제1항)에서 "신주"는 "전환사채"를 포함한다고 해석할 수 있다. 이런 해석은 제418조 제1항의 목적론적 해석에 해당한다. 이 해석에 의하면 H 종금사의 위와 같은 전환사채발행은 위법(제418조 제1항 위반)이므로 무효가 된다.

(5) 해석방법의 메타규칙

이상과 같은 네 가지 해석방법 가운데 어떤 해석방법을 어떤 사안에 사용해야 하는지에 관한 규칙(메타규칙)은 없다. 그렇기 때문에 법률의 해석에서 어떤 해석방법을 사용할 것인지는 법관의 자유에 속한다. 이를 '방법다원주의'라고 부를 수 있다.

2. 헌법합치적 법률해석

(1) 의 미

헌법합치적 법률해석이란 법률에 위헌적 요소가 있을 경우에 그 요소를 제거하는 해석, 즉 헌법에 합치되는 방향으로 법률을 해석하는 것을 말한다. 이는 헌법재판소가 국회의 입법권, 즉 정치를 적극적으로 수행하는 기능을 존중하는 것이고, 다른 한편 정치영역에서 형성되는 법규범을 민주적 법치국가의 헌정질서 속으로 통합시키는 헌법재판소의 역할을 수행하는 것이기도 하다.

(2) 헌법재판의 형식

헌법합치적 법률해석은 네 가지 종류의 변형결정, 즉 일부위헌 또는 일부합헌, 한정위헌 또는 한정합헌이라는 결정의 형식을 취한다. (일부 또는 한정)위헌결정은 법률의 위헌적 요소를 제거해내는 방식이고 (일부 또는 한정)합헌결정은 법률의 합헌적 요소만을 골라내는 방식이다. 또한 일부(위헌 또는 합헌)결정은 마치 법률텍스트를 부분적으로 지워버리는 것과 같은 방식('양적' 변형결정)인데 비해, 한정(위헌 또는 합헌)결정은 법률텍스트는 그대로 두고 특정 사안(군)에 국한시켜 적용하도록 하는 방식('질적' 변형결정)이다.

■ **헌법합치적 법률해석의 네 가지 유형** 예를 들어 설명해보면, ⓐ **일부위헌결정** 가령 부실감사를 형사처벌하는 「주식회사의 외부감사에 관한 법률」 제20조 제1항 제2호(1998.2.24. 법률 제5522호로 개정되기 전의 것 및 2000.1.12. 법률 제6108호로 개정되기 전의 것)의 요건인 "감사보고서에 기재하여야 할 사항을 기재하지 아니하거나 허위의 기재를 한 때" 가운데 '감사보고서에 기재하여야 할 사항을 기재하지 아니하거나' 부분은 헌법에 위반된다는 결정이 일부위헌결정이라면 ⓑ **일부합헌결정** 같은 조문에서 '감사보고서에 허위의 기재를 한 때' 부분만 헌법에 합치한다는 결정이 일부합헌결정이 된다. ⓒ **한정위헌결정** 또한 "감사보고서에 허위의 기재를 한 때"도

결정내용 / 대상	위헌	합헌
텍스트의 양적 부분	ⓐ 일부위헌결정	ⓑ 일부합헌결정
텍스트의 질적 부분	ⓒ 한정위헌결정	ⓓ 한정합헌결정

위헌적 요소가 있다고 보고, 이를 합헌적으로 해석하기 위해 이를테면 공인회계사가 이득의사(Bereicherungsabsicht)를 가지지 않은 사례에 대해 동 조항을 적용하면 위헌이라고 결정하는 것이 한정위헌결정이다. 이에 비해 ⓓ **한정합헌결정** 공인회계사가 이득의사를 가진 사례에 적용될 때에만 합헌적이라고 결정하는 것이 한정합헌결

정이 된다.

(3) 헌법합치적 법률해석의 효력범위

하지만 헌법재판소의 헌법합치적 법률해석은 대법원의 법률해석권(헌법 제107조)을 제한하는 결과를 가져온다. 물론 대법원의 헌법합치적 법률해석은 헌법재판소의 헌법해석권을 제한하는 결과를 가져오기도 한다. 여기서 헌법재판소가 대법원보다 법률해석에 있어 상위의 기관, 즉 제4심이 되지 않도록 하기 위해 변형결정의 효력범위는 제한할 필요가 있다.

Ⅲ. 법규범찾기

이와 같은 법률과 사안의 해석학적 순환을 잠시 정지시켜 놓고 법률적용의 과정을 분석해보면, 법률적용은 크게 보면 사안에 적용될 법규범을 찾는 작업(Ⅱ)과 법규범에 의해 사안의 규범적 의미를 구성하는 작업(Ⅲ)으로 분류될 수 있다.

1. 법규범찾기의 복잡성

실무에서 법률을 적용하려 할 때 법률가들은 구체적인 사건(생활사태)을 탐구하는 것부터 시작한다. 여기서 사건은 미래에 법적 규율의 대상이 되는 경우(예: 계약체결)도 있고, 과거에 발생한 분쟁(예: 불법행위)인 경우도 있다. 어쨌든 사건을 분석하고 난 후 법률가들은 그 사건에 적용할 법규범(대전제)을 찾아 나선다.

(1) 법정보화의 불충분

그러나 현대사회에서 법규범은 양적으로 엄청나게 증가해 있고,

현재도 거의 매일 같이 새로운 법규범이 제정되고 또 매일 같이 개정되고 있다. 또한 그 수많은 법규범들은 매우 복잡한 관계 속에 얽혀 있다. 그래서 법률가들도 자신이 해결해야 할 사건에 적용할 법규범을 찾는다는 것이 쉽지 않은 경우도 있다. 다만 컴퓨터에 의한 법정보기술(예: 판례, 법령, 법학 문헌검색프로그램)의 발전은 이러한 어려움을 이겨내는 데 상당한 도움을 줄 수는 있다.

(2) 법규범의 공동작용

법규범찾기가 복잡한 또 다른 이유는 법률적 삼단논법의 대전제가 되는 법규범이 하나의 법규범이 아니라 여러 개의 법규범인 경우가 있기 때문이다. 이에는 크게 두 가지 유형이 있다. 결합과 경합의 관계가 그것이다. 그러나 규범의 결합이나 경합이 언제 어떻게 이루어져야 하는지에 관해 대개의 법률은 아무런 언급도 하지 않는다. 그것은 법률해석의 과제로 남겨져 있다.

㈎ 법규범의 결합　첫째, 여러 개의 법규범이 '결합'(공동작용)하여 법률적 삼단논법의 대전제를 형성하는 경우가 있다.

ㄱ) 준용　여러 개의 법규범이 결합하여 하나의 대전제를 형성하는 유형으로는 첫째, '준용(準用)'에 의한 법규범의 결합유형이 있다. 예를 들면 등기는 하지 않았으나 전입신고를 하여 제3자에게 대항력을 갖춘 주택임대차의 목적물인 주택을 산 사람(매수인)이 판 사람(매도인)에게 묻는 하자담보책임(예: 계약해제권, 손해배상청구권)은 「주택임대차보호법」 제3조 제5항과 이 규정이 준용하는 민법 제575조 제1항의 공동작용에 의하여 인정된다.

ㄴ) 보충규범　「상가건물임대차보호법」 제3조 제3항은 등기가 없어도 임차인이 건물을 인도받고 사업자등록을 신청하면 그 다음 날부터 제3자에 대하여 대항력이 발생하게 하는데, 그런 보호

를 받는 상가건물임대차의 범위를 대통령령인 「상가건물임대차보호법시행령」 제2조 제1항 제1호는 서울지역의 경우는 4억 원으로 정한다. 대통령령인 ○○법시행령이 ○○법의 규범을 보충하는 방식으로 법률과 법시행령은 결합하여 사안을 규율한다.

(나) 법규범의 경쟁 둘째, 하나의 사건에 적용될 수 있는 법규범이 여러 개인 경우, 즉 여러 개의 법규범이 사안에 적용되기 위한 '경쟁'을 펼치는 경우가 있다. 이 '경쟁'은 여러 개의 법규범이 모두 적용되는 경우(경합관계)와 외견상으로는 여러 개의 법규범이 적용될 수 있지만, 법논리적으로 어느 한 법규범만 적용되는 경우(배제관계) 그리고 모두 적용되지만 실질적으로는 마치 어느 하나만 적용되는 결과를 갖는 경우(경합적 배제)로 나눠볼 수 있다.

ㄱ) 경합관계 예를 들어 민법상 손해배상청구권은 다양한 규범으로부터 발생하기도 한다. 이를테면 건축업자가 단독주택건축을 도급받아 시공하다가 기둥구조를 취약하게 세움으로써 주차장이 무너져 자동차를 크게 파손시킨 경우에 (도급계약의) 불완전이행규정(민법 제390조)과 불법행위책임규정(민법 제750조)은 모두 손해배상청구권의 근거규범이 될 수 있다.

ㄴ) 배제관계 배제관계의 전형은 법조경합(法條競合)의 경우이다. ① 형법영역에서 예를 들면 아버지를 살해하면 살인죄(제250조 제1항)와 존속살인죄(제250조 제2항)에 모두 해당하지만 존속살인죄만 적용되고 살인죄는 적용이 배제된다. 양자는 일반과 특수의 관계에 있기 때문이다. ② 사법영역에서는 대표적인 예로 법정책적인 특수목적을 수행하는 책임법규정('특수'불법행위책임법)과 민법상 ('일반')불법행위책임규정이 경합하는 경우를 들 수 있다.

예컨대 공인회계사의 부실감사에 대한 손해배상책임은 민법상 책임법규정(제750조) 또는 「주식회사의 외부감사에 관한 법률」(외감법)의 책임법규정(제17조)에 의해 물을 수 있다. 외감법은 배상책임의 요건인 인과관계를 완화하고 입증책임을 피고(공인회계사)에게 전환시킴으로써 투자자의 이익을 강하게 보호하는 대신, 투자자가 공인회계사에게 책임을 추궁할 수 있는 기한, 즉 소멸시효를 '청구권자가 당해 사실을 안 날로부터 1년 이내 또는 감사보고서를 제출한 날로부터 3년'(외감법 제17조 제7항)으로, 즉 민법상의 소멸시효인 10년보다 훨씬 짧게 정한다. 따라서 3년 이전에 손해배상을 청구할 때에는 민법과 외감법이 모두 청구권의 기초가 되지만, 3년이 지난 후에 민법 제750조에 의거한 손해배상청구를 할 수 있는지가 문제된다. 판례(대판 97다32215)는 이를 인정하지만, 외감법상 책임은 특수불법행위책임으로서 민법상의 불법행위책임과 '법조경합' 관계에 있다고 보아야 한다.[7)]

ㄷ) 경합적 배제 형법에서는 하나의 행위에 여러 개의 법규정이 적용되는 경우에 관한 특별한 규칙들(이른바 '죄수론')을 두고 있다. 예를 들어 보험금을 타려고 아파트에 방화를 한 다음에 보험금을 타내면 현주건조물방화죄(형법 제164조 제1항)와 사기죄(제347조 제1항)라는 두 개의 규정이 적용된다. 그러나 실체적 경합범(제38조)이라고 하여 형벌은 유기징역의 경우에 2분의1을 가중하여 처벌한다.

또한 만취된 상태로 차를 몰다 사람을 치어 다치게 하면 음주운전죄규정(「도로교통법」 제44조 제1항 제4항, 제148조의2 제1호)과 업무상 과실치상죄(「교통사고처리특례법」 제3조 제1항)가 적용되지만, 상상적 경합이라고 하여 둘 중 가장 중한 죄에 정한 형으로 처벌하도록 규정하고 있다(형법 제40조).

---

7) 이 점에 대한 자세한 논의와 분석은 이상돈, *부실감사법*(법문사, 2007), 37쪽 아래 참조.

2. 법규범찾기와 인식관심

어떤 사건에 적용할 법규범으로 어떤 것을 찾아내느냐는 그 사건을 법적으로 규율하려는 사람이 어떤 인식관심을 갖느냐에 따라 달라질 수 있다. 다음과 같은 사건을 예로 들어 설명하기로 한다.

■ 승용차이중매매사건 예를 들어 甲은 2017. 1. 3. 자신의 차량 포르쉐를 乙에게 9천만원에 팔기로 하고 매매계약을 체결하였고, 인도일은 2017. 1. 22.로 정하였다. 그러나 甲은 인도일이 되기 10일 전인 2017. 1. 12 丙에게 그 차를 9천 3백만원을 받고 판 뒤 곧바로 丙에게 포르쉐를 인도해주었다.

(1) 분과별 인식관심

이 사건에 어떤 법규범을 적용할 것인가는 첫째, 인식관심이 어떤 법'분과'의 영역에 관한 것이냐에 따라 달라진다. 예를 들면 법규범에 대한 인식관심이 '이익과 손해의 공정하고 형평있는 조정'이라면, 이는 민사법적 인식관심이다. 이런 인식관심은 '누가 누구로부터 무엇을 원하는가'라는 물음형태로 표현될 수 있다. 이런 물음에 대한 대답을 위해서는 민사법규범을 뒤지게 된다.

이에 비해 법규범에 대한 인식관심이 '정의'나 '규범의 효력유지' 또는 '미래의 동일한 사태 발생의 예방' 등과 같은 것이라면 이는 형사법적 인식관심이라 할 수 있다. 이런 인식관심은 '사건에 관계된 누구에게 어떤 처벌가능성이 있는가'라는 물음형태로 표현될 수 있다. 이 물음에 대한 대답을 위해서는 형법규범을 찾아 나서게 된다.

■ 민법적 인식관심과 형법적 인식관심 승용차이중매매사건에서 ⓐ 첫 번째 매수인 乙은 먼저 계약한 자신이 아무런 잘못도 없었는데도

승용차를 인도받지 못하는 손해를 감수하는 것은 옳지 않다고 생각할 수 있다. 이 때 乙의 법규범에 대한 인식관심은 민사법적 인식관심이 된다. 이런 경우 예를 들어 乙은 丙에게 자신이 먼저 계약했으니 포르쉐를 자신에게 다시 인도해 달라고 요구할 권리가 있는가 하는 물음을 가질 수 있다. 이 물음에 대한 대답은 민사법규범을 발견함으로써 이루어진다. ⓑ 이에 반해 乙은 甲의 행동처럼 약속을 저버린 행동방식을 그대로 놔두었다가는 아무도 계약이란 것을 할 수 없을 것이라고 생각할 수 있다. 이 때 乙의 법규범에 대한 인식관심은 형사법적인 인식관심이 된다. 이런 경우 예를 들어 乙은 甲을 경찰에 고소하여 형사처벌을 받게 할 수는 없을 것인가 하는 물음을 가질 수 있다. 이 물음에 대한 대답은 형사법규범을 찾아냄으로써 이루어진다.

(2) 체계적 인식관심

사건에 적용할 법규범의 분과(법영역)를 확인하고 나면, 그 법분과에서 적용할 적절한 법규정을 찾아야 한다. 그러나 구체적으로 어떤 법규정이 적용될 수 있을 것인지는 법률이 그 규정과 관련하여 어떤 '체계'를 형성하고 있는가를 알아야만 판단이 가능할 수 있다. 즉, 법률적용을 하려는 사람은 체계적 인식관심을 가져야 한다.

■ 체계적 인식관심 민법은 물권(민법 제2편)과 채권(민법 제3편)을 분리하는 '체계'를 갖고 있다. 이러한 민법체계에 대한 인식은 채권행위로서 매매계약(민법 제563조)과 승용차와 같은 동산(動産)물권(소유권)을 이전시키는 물권행위(민법 제188조)를 효력상 분리시키는 방향으로 전개될 수 있다. 예를 들어 위의 포르쉐 이중매매사건에서 승용차매매계약과 승용차소유권이전에 관한 (물권적) 합의는 서로 분리된 채 그 법적 효력이 검토된다. 즉, 甲과 丙 사이에 매매계약은 물론 동산소유권의 이전에 필요한 '소유권이전의 합의'(물권적 합의)와 '동산(포르쉐)의 인도'가 유효하게 이루어졌다면, 丙은 그 승용차 소유권을 유효하게 취득한다. 그리고 甲과 乙의 매매계약의 법적 관

계는 이와는 별도로 그대로 남는다. 따라서 甲은 물론이고 乙도 이미 소유권자가 된 丙에게 승용차를 인도해 달라고 요구할 수 없다. 乙은 단지 甲에게 매매계약을 해제하거나(민법 제546조), 채무불이행(이행불능)으로 인한 손해배상을 청구할 수 있을 뿐이다(민법 제390조).

또한 甲에게 형사책임을 물을 때에도 이러한 민법의 체계는 부분적으로 의미 있게 작용한다. 우선 甲이 침해한 법익이 개인(乙)의 재산권이라는 점에서 형법전 가운데 개인의 재산권을 보호법익으로 하는 제37장에서 제42장의 규정을 검토하게 된다. 그 다음 乙은 매매계약만으로 아직 소유권자가 되지 않았으므로 甲이 침해한 乙의 이익은 포르쉐를 인도받을 권리, 즉, 포르쉐 인도청구권이라는 채권임을 확인한다. 따라서 예를 들면 절도죄, 횡령죄, 강도죄, 공갈죄, 장물죄, 손괴죄, 사기죄 등은 쉽게 적용의 검토대상에서 배제되며, 그 결과 배임죄(형법 제355조 제2항)가 적용을 검토할 재산범죄규정으로 남게 된다.

(3) 이론적 인식관심

적용할 법규정이 잠정적으로 선택되면 문제가 되고 있는 사건이 해당 법규정에 포섭될 수 있는지를 판단하게 된다. 이를 위해서는 그 법규정의 구성요건요소에 관한 다양한 형태의 해석'이론'(예: 개념설명, 학설, 판례)을 참조하여야 한다. 즉, 법률을 적용하려는 사람은 이론적 인식관심을 갖게 된다.

■ 이론적 인식관심　예를 들면 포르쉐 이중매매사건에서 甲이 배임죄규정(형법 제355조 제2항)에 포섭될 수 있기 위해서는 특히 甲이 "타인(乙)의 사무를 처리하는 자"에 해당하는지가 중요하다. 그러나 이러한 점은 그런 법률텍스트의 일상언어적 의미를 확인하는 것으로는 판단될 수 없다. 그 규정에 관한 해석이론에 대한 탐색이 필

요하다. 예를 들어 배임죄에서 말하는 '타인의 사무처리'란 그 타인의 재산을 유지하거나 증식시키는 적극적인 의무(재산관리의무)가 있고, 사무를 처리함에 있어 그 타인의 지시에 종속하는 정도가 강한 경우(예: 지배인)만을 가리킨다는 해석이론에 의하면 甲은 배임죄의 행위주체가 될 수 없다. 또한 乙이 甲에게 손해배상책임을 물을 때에도 예를 들면 甲과 乙 사이에 매매계약이 유효하게 성립되었는지가 검토되어야 하고 이를 위해서는 이를테면 의사표시규정(민법 제107조~제113조)에 관한 해석이론들이 참조되어야 한다.

3. 법규범 찾기의 실패와 법형성

어떤 사건에 적용할 마땅한 법률규정을 찾지 못한 경우에 민사법적 인식관심과 형사법적 인식관심은 완전히 다른 길을 걷게 된다.

(1) 형사법규의 부존재와 불가벌성

먼저 형사법적 인식관심은 법규범 찾기에 실패한 경우에는 더 이상 추적해서는 안 된다. 형법영역에서는 '법률에 미리 범죄와 형벌이 규정되어 있지 않은 경우에는 형벌을 줄 수가 없다'는 죄형법정주의가 지배하기 때문이다.

■ 죄형법정주의 예를 들어 ① 2005년 5월 신촌의 G 백화점 지배인 甲은 여성전용화장실에 몰래카메라를 설치하여 여성손님의 행동을 화면에 담았다. (이 사건을 계기로) 2006. 10. 26. 개정된 「성폭력범죄의 처벌 및 피해자보호 등에 관한 법률」 제14조의2(카메라등 이용촬영)가 입법되기 이전에는 甲의 행위에 적용할 형사법률은 발견되지 않았다. 또한 형사처벌은 행위시의 법률상태를 기준으로 정한다(형법 제1조 제1항). 따라서 甲은 도덕적으로는 강한 비난을 받기는 하지만 그를 형사처벌할 수는 없다. ② 또 다른 예로 같은 대학의 동아리 선배 甲이 신입생 乙에게, 乙이 중단하라고 말했는데도, 乙의

신체부위에 대한 욕망을 표현하는 말을 상당한 시간 계속하였다. 이와 같은 성희롱 자체를 처벌하는 형사법률은 없으므로 甲을 도덕적으로 비난하고, 이론구성에 따라서는 정신적 손해에 대한 배상청구, 즉 위자료 청구는 가능할 수 있어도 형사처벌을 할 수는 없다. 이는 '법률이 없이는 범죄도 없고 형벌도 없다'는 죄형법정주의(nullum crimen nulla poena sine lege)로부터 나오는 제한이다.

(2) 민사법규의 부존재와 법형성

이에 반해 민사법적 인식관심은 법규범찾기에 실패한 경우에도 계속하여 분쟁당사자 사이에 이익과 손해를 형평 있게 조정하는 기준을 형성하게 된다. 즉, 판례나 학설은 때때로 법률에 규정되지 아니한 일반적인 법원칙을 형성하고 재판규범을 형성('법형성')하고 그것을 청구권의 기초로 삼기도 한다.

Ⅳ. 사안의 구성

1. 법률에 의한 사건의 의미 구성

'법률과 사안의 상호수렴'(또는 유사성 판단을 통한 동시적 접근)에서 법규범이 사안을 구성한다는 명제는 첫째, 소송을 통해 이미 구성된 — 즉 수집되는 정보의 선별과 중요성 판단을 통해 하나의 스토리로 구성된 — 사건을 전제하는 것이다. 사건의 올바른 구성 자체는 소송법적 문제(예: 입증문제)로서 합리적인 소송절차를 통해 해결해야 할 문제이다. 둘째, 이 때 법규범이 사안을 구성한다는 명제의 의미는 어떤 사건에 대해 어떤 법적 효과가 발생하게 되는지는 '어떤' 법규범을 기준으로 그 사건의 규범적 의미를 해명하느냐에 따라 달라진다는 것이다.

■ 해석학적 순환에서 법규범의 사안구성　예를 들면 甲이 乙에게 깨진 마요네즈 병을 보여주면서 乙의 얼굴을 주먹으로 가격하여 상해를 입힌 사건이 있다고 하자. 이 상해행위에서 '마요네즈 병을 피해자에게 제시하였다'는 사실은 乙의 상해에 직접적인 영향은 없다. 그러나 이 사실은 "위험한 물건을 휴대하여" 상해를 범한 경우에 그렇지 않은 경우보다 무겁게 처벌하는 형법 제258조의2에 의해 비로소 — 법적 효과와 연결되는 — 규범적 의미를 갖게 된다. 만일 이 규정이 없었다면 甲의 사건은 형법 제257조의 상해죄로만 그 규범적 의미가 해명될 것이다.

다시 말해, 법규범은 하나의 사건을 구성하고 있는 많은 사실들(데이터) 중에서 규범적으로 의미 있는 것과 그렇지 않은 것을 선별하는 기준으로 작용한다. 법률과 사안 사이의 상호수렴(또는 유사성 판단을 통한 동시적 접근)에서 '법률이 사안을 구성'한다는 명제는 바로 이 점을 가리킨다. 이처럼 법률이 사건의 의미를 구성하는 것을 바꿔 말하면 법률의 해석이라고 할 수 있다. 법률은 어떤 사건의 의미를 구성하는 데 사용됨으로써 그 의미내용이 비로소 구체화되는 것이기 때문이다. 따라서 법률에 의해 사건의 의미를 구성하는 것은 그런 사건이 과거에 존재했음을 소송절차에서 입증하는 것(사건의 확정)과 구별되어야 한다.

2. 사건의 확정을 변화시키는 적용법률의 선택

그러나 법률이 사안을 구성한다는 명제는 소송절차에서는 또 다른 의미로도 이해될 수 있다. 소송절차에서 사건의 '확정'[8]은 나중에 그렇게 확정된 사건에 적용할 법률로 어떤 것을 선택하느냐에 따라 달라질 수 있다는 것이다. 적용할 법률을 먼저 선택한 다

8) 이에 관해서 자세한 논의는 [6] 단락(소송의 원리) 참조.

음, 그것에 맞추어 소송절차에서 개별사실을 주장하고 입증하는 것이다.

■ **소송절차에서 사실확정을 좌우하는 적용법률의 선택** 예를 들어 앞의 마요네즈 병 상해사건에 대한 수사절차에서 甲이 검사에게 자신의 상해사실을 부인하고 있다고 가정하자. 이 때 甲을 처벌하려는 의지를 가진 검사는 甲에게 만일 폭행사실만 자백하면 가볍게 처벌해주겠다고 약속한다. 甲이 동의한다면 검사는, 위험한 물건을 휴대한 상해에 대해 적용되는 형법 제258조의2 제1항의 법정형이 1년 이상 10년 이하의 유기징역임을 감안하여, '벌금'형을 선택할 가능성이 있는 형법 제257조 제1항(상해죄)을 적용할 필요가 있게 된다. 검사는 甲이 乙을 상해할 당시 깨진 마요네즈 병을 들고 있었다는 사실을 없었던 것으로 하여 甲의 혐의내용을 공소장에 서술한다. 공소사실이 법원에 의해 그대로 받아들여지게 되면, 甲의 범죄사실에서 깨진 마요네즈 병을 들고 있었다는 사실부분이 사라지고 만다. 이를 두고 형법 제258조의2 제1항과 제257조 제1항의 법정형 차이가 사안을 (진실과는 다르게) 구성하는 방향을 결정지었다고 말할 수 있다.

이 설명에서 법률이 사건의 확정을 좌우하는 현상은 법집행자가 법의 적용을 굴절시켰기 때문에 예외적으로 발생한 것처럼 이해될 수도 있다. 그러나 이 현상은 예외적인 것이 아니라 원칙적인 것이다. 예컨대 소송에서 등장한 증거만으로 법률에 포섭될 수 있는 사건을 확정할 수 없는 경우에는 언제나 '적어도 그런 사건과의 유사성을 인정할 수 있고, 그래서 약간의 다름에도 불구하고 원래 적용하려고 했던 법률의 적용을 계속 밀고 나아갈 수 있게 하는' 새로운 사안의 존재가 확실하게 입증될 수 있는 지를 검토하게 된다.

물론 이 검토의 과정, 즉 좀 다르지만 계획했던 법률을 그대로 적용할 만큼 유사한 사안이 존재하는지에 대한 판단에는 법관의 선이해가 작용한다. 또한 이 새로운 유사한 사안의 존재에 대한 확신은 소송법규칙이나 자유심증의 내재적 한계를 벗어나지 않는 것일 수 있어야 한다.

3. 법률의 해석을 변화시키는 사건의 확정

그러나 소송에서 등장한 증거만으로 소송법규범에 위반하지 않고는 원래 적용하려 했던 법률에 포섭될 수 있는 사건을 구성할 수 없는 경우에는, 다른 법률의 적용을 새롭게 시작하거나, 아니면 그 법률의 기존 의미를 소송에서 확정되는 사건에 적용이 가능하도록 변경시키는 해석(예: 판례변경)을 감행할 수도 있다. 법률적용자가 어떤 길을 갈 것인지는 그가 사건을 바라보는 관점에 내재된 선이해에 따라 좌우될 수 있다.

■ 법률해석을 변화시키는 사건의 확정　상장회사 S ㈜의 대주주인 甲은 아버지로부터 상속받은 차명계좌에 의한 주식거래에서 발생한 양도차익에 대한 세금을 내지 않았다. 소송에서 확정된 사건의 내용을 보면 甲은 여러 차명계좌에 분산 입금하고, 인출시에는 현금으로 하였으며 수표로 인출할 때에는 동일인 계좌로 입금하거나 금고에 장기 보관하는 방법을 사용했다. 이 행위는 양도차익의 발생을 적극적으로 은닉하는 행위로서 종래 판례(대판 96도667)에 의하면 「조세범처벌법」 제9조(「소득세법」 제94조 제1항 제3호)의 “사기 기타 부정한 행위로써 조세를 포탈”에 해당한다. 그러나 가령 甲의 사회공헌, 예컨대 미납세액을 훨씬 초과하는 기부나 자선 등을 한 점을 고려하여 甲을 조세범으로 처벌하지 않으려고 한다면 가능한 범위에서 법률해석을 변경시킬 수 있다. 이를테면 소득세법상 일반투자자는 주식거래차익에 세금을 내지 않는 반면, 상장회사의 3% 이상 대주주만 주식거래차익에 세금을 내는 차등이 비록 조세형평을 위한 것이기는 하지만 ‘형벌불평등’을 초래한다는 점을 고려하여 첫째, 「조세범처벌

법」 제9조와 「소득세법」 제94조 제1항 제3호의 결합으로 구성되는 '상장주식양도세포탈죄'를 재산범으로 보고 이 죄의 성립을 위해서는 소득의 적극적 은닉행위(와 그 의사) 이외에 '재산증식행위(의사)'가 있어야 하고, 또한 「소득세법」 제94조 제1항 제3호의 입법취지가 변칙증여방지였다는 점을 고려하여 행위자에게 변칙증여목적이 있을 것을 요구하는 것이다. 그럴 경우 甲의 행위는 상장주식양도세포탈죄에 해당하지 않을 수 있게 된다.[9]

V. 법률해석과 사안구성의 통합적 지평

1. 규율의지와 법률적용의 실질적 근거

이처럼 법률의 적용은 법률과 사안이 서로에게 수렴됨으로써 각자의 의미가 구체화되는 과정이다. 이 과정에서 적용할 법률의 선택에 따라 사안이 소송에서 다른 모습으로 확정되기도 하고, 그 규범적 의미가 구체화되기도 하지만, 반면에 사안에 어떤 법률을 적용하기 위해 그 사안을 포섭할 수 있는 의미로 법률이 재해석되기도 한다. 바로 이런 역동적인 상호적 수렴의 전 과정을 관통하면서 그 수렴의 향방을 결정하는 보이지 않는 요소가 있다. 그 요소는 법률적용자가 그 사건에 대해 가지는 '규율(규제 · 통제 · 처벌)의지(· 태도)'라 할 수 있다. 이 의지는 '정책적(정치적) 목표설정', '윤리적 선호' 그리고 '경제성지향' 등의 모습으로 나타날 수 있다. 그러나 어떤 특정한 정치적, 윤리적 또는 경제적 판단이 왜 지금 여기의 법률적용, 다시 말해 법률에 의한 사안의 구성과 사안에 의한 법률의 구체화를 결정하는 실질적 근거로 작동하는지는 합리적으

9) 이는 축소해석이며, 자세한 내용은 이상돈, *조세형법론*(세창출판사, 2009), 197~202쪽 참조.

로 설명되지 않는다.

2. 선이해

(1) 선이해의 개념

그것은 법률적용자의 개인적 경험(과 그 반성적 지식)이나 직업사회화 과정에서 형성되는 집단적 이해나 고정적인 관념 그리고 전통과 같은 역사적으로 형성된 지식들의 작용 속에 묻혀 있는 것으로서 이해를 제약하는 요소, 즉 선이해(Vorverständnis) 때문이라고 개념화할 수 있을 뿐이다. 법률적용자는 자신의 선이해 자체를 드러낼 수는 없다. 하지만 선이해는 법률의 적용을 실질적으로 좌우하는 기능을 한다. 법률해석을 지배하여 사안의 구성과 확정을 변화시키는 방향으로 작용하기도 하고, 사안의 확정을 지배하여 그에 맞게 법률의 의미를 재해석시키는 힘으로 작용하기도 한다. 여기서 서로 별개의 것처럼 보이는 법률해석과 사안의 확정이 하나의 과정으로 통합되는 지평이 형성된다. 그 지평은 바로 이해의 지평으로서 선이해인 것이다.

(2) 선이해의 통제

선이해는 물론 언어적으로 설명될 수 없다. 그러나 법률적용을 실질적으로 지배하므로 최대한 합리적인 방법으로 통제되어야 한다. 선이해의 통제방법은 간접적으로 할 수 밖에 없다. 즉 선이해의 작동이 등장하는 정치적, 윤리적, 경제적 판단의 실질들을 법률적용의 논거로 제시하게 하여 그 법률적용의 타당성이 다른 사람들에 의해 비판과 토론의 대상이 되도록 하는 것이다.

(3) 법감정으로서 선이해

선이해는 때로는 법률적용자 개인의 감정일 수 있다. 그 감정이 개인의 차원을 넘어 집단적인 반응이 되면 법률적용자는 그 감정을 흔히 '법감정'이라고 개념화할 수 있다. 법감정(Rechtsgefühl)이란 법적 정의에 관해 사람들이 갖는 보편적인 감정적 반응이다.

그러나 법감정이 무엇인지는 분명하지 않다. 그 구체적인 내용 또한 변화무쌍하고, 한없이 다양하다. 이념적으로 통일된 것도 아니고, 감정의 색깔에 규칙이 있는 것도 아니다. 그럼에도 불구하고 대법원은 거의 모든 법영역에서 법률적용의 합리적 근거를 제시할 수 없는 지점에 이르렀을 때에는 종종 "국민 일반의 가치관 내지 법감정"(대판 2007도4818)"을 판결의 정당화 근거로 삼는다. 이는 법감정을 윤리적 선으로 환원시킴으로써 법감정을 법발견의 일반조항으로 사용하는 것이라고 볼 수 있다.

그러나 법감정을 윤리적 선으로 환원시키는 것은 적절하지 않다. 법감정은 이성과 윤리 저 너머에 위치한다. 법감정은 바로 사안에 대한 보편적인(또는 보편화가능성을 지닌) '미학적 체험'을 의미한다고 보아야 한다.[10] 즉 어떤 법률적용에 대한 개인의 주관적인 미추체험이 점점 더 많은 사람들과 나누어짐으로써 정의의 한 부분을 구성하는 것이다. 이성적으로 옳은 결론도 그것이 추하다는 체험이 보편화되면 더 이상 옳은 것이 아닌 것이 되며, 그 반대의 관계도 성립할 수 있다.

---

10) 이러한 새로운 해석으로 이상돈, *법미학*(법문사, 2008), 86쪽 아래 참조.

제4부

법의 내용

8

법과 도덕

Ⅰ. 법과 도덕의 관계

1. 전통적 이해와 현대적 현실의 간극

법과 가장 이웃해 있는 규범은 도덕이다. 그러나 법과 도덕이 서로 어떤 관계에 놓이는지, 또 어떤 관계에 놓여야 하는지에 관해 명확한 대답이 주어지지 않는다.

(1) 법문화적 차원에서 도덕의 우위

법과 도덕의 관계에 대한 전승된 이해는 아마도 '법은 최소한으로, 도덕은 최대한으로!'라는 명제로 요약될 수 있을 것이다. 이러한 이해는 법보다 윤리와 덕(德)이 사회질서의 기초로서 더 중요하게 여겨졌던 전통사회의 문화가 일반인의 법의식 속에 계승된 결과이기 쉽다. 이러한 법의식 속에서 한국사람들이 일상적으로 사용하는 도덕 개념은 '분석적'이지 않고 '종합적'이다. 즉, 도덕(moral)은 윤리(ethics)와 구분되지 않고, 도덕은 사회규범(social norm)과도 구별되지 않으며, 더 나아가 공동체의 집단적인 에토스(Ethos)와도 구분되지 않는다. 이런 종합적인 도덕 개념은 일상에서 뿐만 아니라 법전문가 사회에서도 마찬가지이다.

그런데 이와 같은 법과 도덕의 관계에 대한 한국사람들의 평균적 이해는 엄밀히 말하면 일상적인 이해가 아니라 이론적으로 가공된 일상적 이해이다. 반세기가 넘는 기간 동안 서양의 법학자 옐리네크(Jellinek)의 '법은 윤리의 최소한'(ethisches Minimum)이라는 명제가 중·고등학교의 사회과목교육에서 학습되고 법과 도덕에 관한 한국사회의 전통의식과 융합되어 왔다.

(2) 법현실적 차원에서 법의 우위

그러나 전통문화의 연장선상에 있는 법의식과는 달리 사회경제적 현실의 차원에서 한국사회는 위험사회·정보화사회·과학기술사회의 전형을 보여준다. 이는 사람들로 하여금 사회적 분쟁의 해결을 점점 더 많이 법에 의존할 수밖에 없도록 만들어 간다. 왜냐하면 그런 사회에서는 사람들의 분쟁을 해결할 수 있는 역량을 지닌 '통일된'(단일한) 도덕관념이 더 이상 존재하지 않게 되었기 때문이다. 그래서 시민들의 법에 대한 수요도 매우 높아졌고, 법의 규율영역은 날로 넓어져왔다. 한국의 사회현실에서 '도덕은 최소한으로, 법은 최대한으로!'라는 명제가 타당하다고 보아도 지나치지 않다.

2. 법의 도덕화 경향

(1) 도덕주의의 지배

여기서 법의 이중적 구조가 발생한다. 즉, 사회문화적으로는 법의 윤리화·도덕화가 계승되면서 법의 최소화가 이념적으로 요구되지만, 사회경제적 현실로부터 나오는 법의 기능확대에 대한 요구에 의해 법의 최대화가 도모되는 것이다. 그러나 이 모순은 법의 최소화를 요구하는 윤리주의나 도덕주의의 퇴장을 초래하는 방향으로 지양되고 있지는 않다.

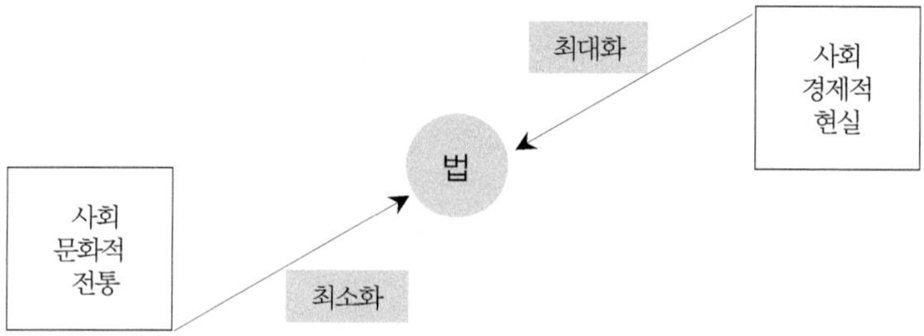

(가) 법의 윤리주의적 기능팽창　　법의 새로운 기능확대는 오히려 윤리주의나 도덕주의의 이념에 의해 뒷받침되는 경향이 지배적이다. 그렇기 때문에 한국사회에서 법은 윤리의 최소한이 아니라 윤리의 최대한이 되고 있다. 즉 법은 도덕적 과제의 짐을 너무 많이 짊어지고 있고, 도덕은 법에 의해 과대화(過大化)되고 있다. 이를 '법의 윤리주의적 기능팽창' 이라고 부를 수 있다. 이런 팽창은 가장 도덕과 거리를 두어야 할 경제영역의 문제들마저 윤리의 관점에서 해석하고, 해결을 모색하는 법의 현상에서 인상적인 모습으로 확인할 수 있다. 2000년대 들어 경영분야에 강조되는 '윤리경영'은 경영을 규율하는 '법의 윤리화'를 의미하는 것이기도 하다.[1]

■ 차입매수의 범죄화와 경영을 윤리화하는 법　　① 차입매수(LBO: Leveraged Buyout)란 가령 자신이 대표로 있는 페이퍼컴퍼니로 하여금 법정관리에 들어간 기업의 자산을 담보로 은행에서 대출을 받

1) 이런 경향에 대한 자세한 논의로는 이상돈, *윤리경영과 형법*(신영사, 2005); 이상돈 · 지유미 · 박혜림, *기업윤리와 법*(법문사, 2008) 참조.

게 한 다음 그것으로 그 기업의 경영권 인수에 필요한 양의 주식을 인수하여, 그 기업의 대표이사에 취임하고, 그 기업에 구조조정을 실시하는 등 새로운 경영체제를 구축해 기업을 정상화시키는 M&A를 가리킨다. ② 대법원은 차입매수를 업무상 배임으로 본다(대판 2004도7027; 2007도5987). 피인수회사의 자산을 담보로 잡으면서 그에 상응하는 반대급부를 제공하지 않았기 때문에 배임을 인정한 것이다. 이 판결에는 자기 돈을 내지 않고 기업을 인수한 것은 부도덕하다는 평가가 스며있다. 즉 이 판결들은 형법을 M&A 영역에서 도덕을 세우는 수단으로 만든 셈이다. ③ 차입매수는 중요한 기업회생전략의 하나이다. 법정관리에서 빠져나오지 못하면 주주이든 채권자이든 어차피 큰 손실을 입을 수 있다. 그런 상황에서 경영진을 유능한 — 특히 피인수기업을 '리엔지니어링(reengineering)'하는 능력이 있고 '사회적 네트워킹(networking)'의 능력도 있는 — 사람으로 교체하여 기업의 이미지를 변화시키고 시장의 신뢰를 증대시킴으로써 기업을 회생시킬 가능성이 높아진다. 여기서 경영영역을 윤리화하는 (형)법은 이와 같은 합리적 경영기법을 파괴시키는 역기능을 발휘할 수 있음을 알 수 있다. ④ 차입매수의 반윤리화 및 범죄화는 출자자들의 보증 하에 은행으로부터 자금을 대출 받아 부동산개발사업 등을 수행하는 프로젝트금융투자회사(Project Financing Vehicle)가 페이퍼컴퍼니의 요소가 크면서도 「법인세법」과 「조세특례제한법」에 의해 혜택을 받는 것과 매우 부정합적이라는 문제점도 있다.

(나) 도덕적 엘리트주의　　이런 경향은 다양한 원인을 갖고 있다. 그 가운데 가장 중요한 원인의 하나로서, 한국사회의 민주화에 중요한 몫을 담당해온 시민운동이 '도덕적 엘리트주의'[2]에 물든 시민단체의 리더들에 의해 주도되어 온 점을 들 수 있다. 이를테면 생명공학에 족쇄를 채우는 윤리('생명윤리')가 새롭게 만들어지는 과정에서 시민단체의 역할은 간과할 수 없을 만큼 중요했다. 「생명윤리

2) 이러한 점에 대한 상세한 분석과 비판으로 이상돈, *시민운동론*(세창출판사, 2007) 참조.

및 안전에 관한 법률」은 법률의 명칭부터 생명공학의 발전보다는 생명윤리의 확립을 지향한다.[3]

(2) 도덕화된 법의 미약한 문제해결능력

그러나 현실의 문제들은 이와 같이 윤리나 도덕의 관점에서 해결될 수 없는 것들이 많다. 예를 들어, 환경오염은 환경보호의 윤리를 법적 의무로 전환하고 그 의무의 위반에 대하여 강력한 제재를 가하는 방법(예: 「환경범죄의 단속에 관한 특별조치법」)으로 제거되지 않는다.[4] 그보다는 환경을 오염시키는 기업의 생산방식을 변경시키는 구조정책이 더 효과적이다. 그런 구조정책의 내용과 방향을 정하기 위해서는 수많은 과학적 연구와 그것을 바탕으로 한 합리적인 이론의 설립이 요구된다. 여기서 독일의 사회학자 루만(Luhmann)이 「이론은 더 많이, 도덕은 더 적게」(mehr Theorie, weniger Moral)라고 외친[5] 이유를 이해하게 된다. 그러나 문제의 이론적·구조정책적 해결은 때때로 정치계와 산업계에 감당하기 힘든 비용의 지불을 요구한다. 바로 그렇기 때문에 법을 통한 윤리의 강화가 가장 저렴하고 관철하기 손쉬운 해결방법으로 선호된다. 윤리를 담는 법의 전형은 형법이다.

■ **환경문제해결의 구조적 한계** 예를 들면 환경오염을 방지하기 위해서는 각 기업으로 하여금 값비싼 환경오염방지장치를 설치하게 하거나, 환경책임보험제도를 도입하여 상당한 액수의 책임보험료를

---

3) 특히 핵치환에 의한 배아의 생성을 토대로 개발될 것이 기대되는 세포치료술 등은 윤리화된 법제에 의해 큰 걸림돌에 부딪혔다. 이를 윤리주의로 개념화하여 설명하는 이상돈, *생명공학과 법*(아카넷, 2003), 22~27, 30~34쪽 참조.

4) 이러한 점에 대한 이론적 연구로 이상돈, *형법의 근대성과 대화이론*(홍문사, 1994), 48~50쪽, 77쪽 참조.

5) 이 표제는 루만(Luhmann)이 1989년 독일의 모 방송(Hessen 3)에서 환경문제를 주제로 한 강연의 제목이었다.

지불하도록 하거나 또는 환경오염초래의 확률에 따라 각 기업의 주력업종을 조정하는 구조정책을 실시할 필요가 있다. 그러나 이는 기업의 생산비용을 엄청나게 증가시키거나 재무구조를 급격히 악화시킨다. 이러한 기업의 재정악화는 정치자금원의 위축을 의미하며, 이는 다시금 정치기반의 약화를 초래할 수 있다는 점에서 정치계에도 값비싼 대가를 요구한다. 여기서 산업계와 정치계는 모두에게 타격을 주는 구조정책을 피하는 반생산적 동맹을 할 수밖에 없다. 환경형법은 그런 동맹의 산물이다.

그러나 형법을 통한 윤리의 강화가 사회문제를 해결해주는 예는 그리 많지 않다. 특히 원래 핵심도덕의 문제가 아니라 구조정책의 문제들을 형법에 의해 해결하려고 할 때에 실제로 얻는 것은 매우 미미하다. 이와 같은 현실상황 속에서 법과 도덕의 관계에 관한 물음은 세 가지 차원에서 제기될 수 있다.

- 첫째, 법이 관계를 맺는 도덕이란 무엇인가? (아래 II).
- 둘째, 현재의 한국사회에서 법은 도덕과 어떤 관계를 맺고 있는가? (아래 III).
- 셋째, 미래의 한국사회에서 법은 도덕과 어떤 관계를 맺어야 하는가? (아래 IV).

Ⅱ. 도덕 개념의 유형

법과 도덕이 서로 어떤 관계를 설정하고 있으며 또 어떤 관계를 설정해야 하는가라는 물음은 무엇보다도 법이 어떤 도덕 개념과 관련을 맺느냐에 따라 다르게 대답된다. 일상적인 도덕 개념은 크게 다음 세 가지를 포괄한다: 윤리(ethics), 도덕(moral), 사회규범(social norm). 아래서의 구분은 이념형적인 구분이다.

	다른 명칭	판단기관	특성	예시
윤리	도덕	양심	자율적 · 내면적 믿음	간음하지 말라
도덕	핵심도덕	이성	자율적 · 공적 확신	살인하지 말라
사회규범	사회도덕	직관	타율적 · 외양적 준수	공중도덕

현실에서 도덕 개념은 매우 불명확하다. 이런 현실은 현대사회에서는 과학 · 기술의 발전에 의해 새롭게 형성된 사회현실에 문화적으로 전승된 도덕규범이 부재한 가운데 다양한 가치관점에 서서 다양한 방향으로 도덕규범이 만들어지고 있는데서 비롯된다.

1. 윤 리

(1) 양심에 따른 선에 대한 집단적 관점

윤리(倫理 Ethik)란 각 개인이 양심(良心)을 기초로 하여 선(善)한 것('좋은 것' ethical good)이라고 생각하는 규범을 말한다. 이런 규범은 순전히 개인적인 것일 수 있지만(예: 양심선언에서 표명되는 윤리적 자기평가), 많은 경우에 집단적이면서, 형이상학적이며 종교적인 성격을 띠고 있다. 헌법은 이와 같은 의미의 윤리규범에 대한 확신과 그에 따른 삶의 영위를 인간의 기본권으로 보장하고 있다(헌법 제19조[양심의 자유], 제20조 [종교의 자유]).

■ 윤리규범의 예　　도덕규범 및 사회규범과 구별되는 윤리규범의 대표적인 예로는 전통윤리와 종교윤리를 들 수 있다. 전통윤리인 유교윤리(예: 동성동본간의 혼인금지, 각종 祭式)는 형이상학적 윤리이면서 전통윤리의 계승을 도모하는 사람들의 집단만이 규범으로 승인하는 것이다. 또한 각종 여호와증인의 교리(예: 수혈거부, 병역거부)는 종교적인 윤리이면서 그 교회에 속한 사람들만이 승인하는 규범이다.

(2) 윤리의 당파성

집단적 또는 형이상학적·종교적 윤리는 비록 그 윤리를 신봉하는 사람이 그 윤리의 보편적인 효력을 주장한다고 할지라도 결코 보편적일 수 없다. 오늘날의 현대사회처럼 가치관이나 세계관 그리고 종교관의 다원화가 이루어진 사회에서 선(善)의 구체적 내용에 대하여 한 공동체의 모든 사람이 똑같은 생각을 가질 수는 없기 때문이다. 아마 보편적 윤리란 서양의 중세시대나 한국의 조선시대처럼 특정 종교나 형이상학이 공동체형성의 통일적인 기반이 될 수 있는 사회에서나 가능했을 것이다. 그렇기 때문에 보편적 윤리란 그 자체로서 시대착오적 개념이 된다.

(3) 윤리의 재생산

㈎ 전통윤리의 연장, 새로운 사회윤리 그리고 직업윤리　그럼에도 윤리는 새롭게 계속 재생산된다. 가령 (공공연히) '음란하지 말라(형법 제245조)'는 윤리는 정보통신망을 이용하는 윤리(「정보통신망 이용촉진 및 정보보호 등에 관한 법률」 제44조의7]) 또는 방송윤리(「방송법」 제100조 제3항 제1호)로 연장된다. 윤리는 문화적인 영역에서만이 아니라 사회체계의 기능을 유지·향상하기 위한 방편으로도 새롭게 생산되어간다. 환경윤리, 생명윤리, 교육윤리, 기업윤리 등은 그 대표적인 경우이다.

또한 윤리는 전문직업의 영역에서 직업윤리로 표현되기도 한다. 법조윤리(「변호사법」 제85조, 제88조 내지 제89조의7)나 의료윤리(예: 「의료법」 제15조 제1항[비응급환자에 대한 진료의 인수의무]) 그리고 공인회계사의 직업윤리(「공인회계사법」 제43조) 등은 그 대표적인 예이다.

㈏ 다른 도덕과의 구별 어려움　이와 같은 새로운 윤리들은 도덕과 구별이 언제나 명확한 것은 아니다. 이를테면 환경윤리도 후

세대의 생존조건에 관계한다는 점에서는 도덕이 될 수 있다. 그러나 타인의 권리를 직접 침해하거나 위태화하지 않는 환경위태화행위의 금지는 '윤리적'인 요청이라고 할 수 있다. 또한 환경윤리가 시민들의 환경운동에 의해 터 잡힌 환경보호 시민행동의 준칙들로 표현될 경우에 환경윤리는 '사회규범'이 되기도 한다.

2. 도 덕

(1) 공존조건에 관련한 지배적인 공적 견해

도덕(道德 Moral)이란 이성적으로 올바른(right) 것에 대한 (한 사회를 지배하고 있는) 공적인 견해를 말한다. 여기서 공적이라 함은 한 공동체의 구성원들이 그 규범의 타당성에 대해 광범위하게 의견을 같이 함을 뜻한다. 만일 윤리를 넓은 의미에서 도덕이라는 용어에 포함시킨다면, 여기서 말하는 도덕은 핵심도덕이라는 개념으로 차별화할 필요가 있다.

■ 도덕의 예 핵심도덕의 예로는 '다른 사람을 정당한 이유 없이 죽이지 말라'든지 '다른 사람의 물건을 훔치지 말라' 또는 '약속은 지켜져야 한다'(pacta sunt servanda)는 등의 규범을 들 수 있다.

이러한 예들처럼 도덕은 주로 모든 인간의 실존이 가능하기 위한 조건, 즉 공존조건에 관계한다. 가령 모든 사람이 약속을 지키지 않는다면, 공동체가 존립하기가 어렵다.

(2) 윤리와 구별의 어려움

그러나 윤리와 도덕을 구별하는 것은 많은 경우에 쉽지 않다. 도덕도 시대와 사회에 따라 작은 폭의 변화를 갖는 반면, 윤리도 때로는 광범위한 사람들의 양심으로부터 공유되기도 하기 때문이다. 예컨대 '인간을 복제하지 말라'는 규범은 도덕일까 윤리일까? 인간개체의 복제금지(「생명윤리 및 안전에 관한 법률」 제11조)는 얼핏 도덕처럼 보인다. 복제인간이 자연출생 인간의 편리를 도모하는 수단으로 사용될 위험성에 대한 경고는 이를 뒷받침해준다. 그러나 이제까지의 도덕은 자연적인 출생이나 자연적으로 출생한 인간들 사이의 관계에 관련될 뿐 인공적인 인간의 출생에 관계하지는 않는다. 인간개체의 복제금지는 인간의 생명에 대한 신의 전권을 지키려는 윤리라고 보아야 한다.

3. 사회규범

(1) 선한 행동에 관한 공통된 직관

한 공동체 내에는 언제나 도덕적으로 선한 행동에 관하여 일정량의 공통된 직관(直觀)이 존재하는데, 이런 직관을 사회규범이라고 한다.

■ 사회규범의 예　사회규범의 예로는 '계약은 성실하게 이행하여야 한다'든지, 각종 '공중도덕'처럼 일상적인 사회생활에서 다른 사람을 배려해야 한다든지, '어려움에 처한 이웃을 도와주어야 한다', 또는 '우측통행' 등의 행동의 준칙을 들 수 있다.

이러한 사회규범은 신(神)이나 형이상학적 이념과 직접 관련이 없고, 자기 자신에 대한 윤리적인 책임의식과도 직접 관련은 없으며, 그저 사회구성원으로서, 예컨대 상인으로서, 시민으로서 그리고 이웃으로서 다른 사람들에 대해 준수하고 있는 행동방식을 가리킨다.

(2) 사회규범의 특징들

이 행동방식은 준수되었다는 '외양'이 중요할 뿐이며 그 준수의 내면의식은 중요하지 않다. 이런 점에서 윤리가 '자율적 · 내면적'이라면, 사회규범은 '타율적 · 외양적'이다. 또한 사회규범은 — 독일의 법사회학자 막스 베버(M. Weber)에 따르면 "효력이나 제재 수준에서 관행이나 관습을 넘어서지만, 그러나 법과 법률과 같이 실정화된 질서의 정형화 수준(Formalisierung)에는 도달하지 못한, 규범이나 가치에 연계된 사회적 행동의 규율"[6)]이라고 할 수 있다. 정형화되지 않은 규범이기 때문에 사실상 준수됨으로써 그 존재가 확인된다.

사회규범은 그것이 효력을 갖고 있는 영역에서는 '보편성'이 있지만 이 보편성은 사회마다 도덕에 비해 훨씬 '제한적'이다. 예컨대 유럽에서는 식탁에서 식사 중 코를 흔히 풀기도 하지만, 한국에서 코 푸는 행위는 공중도덕에 매우 심각하게 위배된다.

Ⅲ. 법과 도덕의 관계현실

도덕 개념의 세 가지 유형은 현행법과 다양한 관련을 맺고 있다. 그 관련의 양상은 아래 그림이 보여주는 바와 같은 여덟 가지의 경우로 나누어 볼 수 있다.

1. 세 가지 도덕 개념의 동시적 충족

첫째 유형은 도덕이면서 윤리이고 동시에 사회규범인 경우이다(유형 ⓐ). 이런 도덕은 원칙적으로 모두 법규범의 내용이 될 수 있다. 예를 들면 헌법상의 각종 기본권(헌법 제2장)이나, 민법상의 일

6) M. Weber, *Wirtschaft und Gesellschaft*(Studienausgabe, 1980), 187쪽 아래.

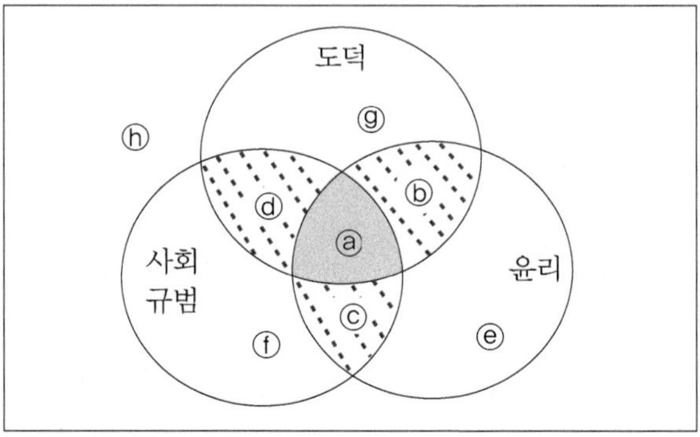

반원칙인 '계약은 지켜야 한다'(pacta sunt servanda) 등이 여기에 속한다. 이런 도덕을 제도화한 법은 가장 도덕적 정당성이 강한 법이다.

2. 두 가지 도덕 개념의 충족

윤리, 도덕, 사회규범 가운데 동시에 두 가지의 성격을 갖는 경우로는 세 가지 유형이 있다.

(1) 도덕적 윤리규범과 법

첫 번째 유형은 도덕이면서 윤리이기도 하지만 사회규범이 아닌 경우이다(유형 ⓑ). 예를 들어 낙태금지는 태아의 생명권에 대한 존중이라는 도덕이고 종교적(예: 천주교)인 윤리이지만 사회규범으로서는 — 한국에서 낙태건수가 매년 출생아 수의 약 70~80%에 달한다는 점에서 — 그 효력이 미미해졌다고 할 수 있다. 하지만 법은 낙태금지의 도덕과 윤리를 수용하고 있다(형법 제269, 270조[낙태죄]).

(2) 윤리적 사회규범과 법

두 번째 유형은 윤리규범이며 동시에 사회규범이긴 하지만 도덕은 아닌 경우이다(ⓒ영역). 예를 들면 '곤경에 처한 이웃을 도와주라'는 규범은 대표적인 경우이다. 법은 이러한 사회규범이자 윤리규범에 대하여 수용하거나 배제하는 태도를 취한다. ① 법이 배제하는 예를 들면 형법이 유기죄(제271조 제1항)를 법률과 계약에 의해 부조(扶助)할 의무가 있는 자의 부조의무 불이행에 대해서만 인정하는 것을 들 수 있다. ② 이에 비해 「응급의료에 관한 법률」은 — 설령 응급진료비를 완전하게 회수할 수 없는 경우라 할지라도 — 응급의료인에게 응급환자에 대한 응급의료를 의무화한다(제6조 제2항).

(3) 도덕적 사회규범과 법

세 번째 유형은 사회규범이자 도덕이지만 윤리가 아닌 경우이다(유형 ⓓ)이다. 이와 같은 사회규범이자 도덕이 법규범으로 수용되는 경우로는 민법 제103조의 "선량한 풍속 기타 사회질서"를 들 수 있다. 이런 조항이 단순히 사회규범이 아니고 도덕이기까지 하기 때문에 민법은 이에 위반한 사항을 내용으로 하는 법률행위를 무효로 한다. 또한 형법 제20조의 "사회상규(社會常規)"도 전형적인 경우이다. 형법은 사회상규에 어긋나지 않는 범죄행위는 벌하지 않도록 하고 있다. 그 밖의 헌법 제21조 제4항의 "공중도덕" 개념도 사회규범의 전형을 이룬다. 이 조항에서 언론・출판이 해서는 아니 되는 사항으로 '타인의 명예나 권리에 대한 침해의 금지'는 도덕을, 그리고 '사회윤리'에 대한 침해의 금지는 사회규범을 가리킨다.

3. 한 가지 도덕 개념만의 충족

다음으로는 윤리, 도덕, 사회규범 가운데 오직 하나의 도덕 개념에만 해당하는 경우들로서 다음 세 가지 유형이 있다.

(1) 순수한 윤리규범과 법

첫 번째 유형은 도덕도 아니고 사회규범도 아닌 윤리규범인 경우이다(ⓔ영역). 이런 유형의 윤리규범에 대하여 법이 취하는 태도는 원칙 없는 수용과 배제이다.

㈎ 법의 배제　　예를 들면 여호와증인의 교리(예: 수혈거부, 병역거부)는 사회규범도 아니고, 보편적인 도덕도 아니며, 법규범으로 수용되어 있지도 않다. 하지만 이런 윤리규범도 법적 수용이 완전히 불가능한 것은 아니다. 예컨대 여호와증인의 병역거부, 정확히는 집총거부를 대체복무제도에 의해 합법화할 수도 있다.

㈏ 법적 수용　　하지만 현실의 법은 이런 윤리규범을 수용하기도 한다. 예컨대 '인간복제의 금지'는 윤리일 뿐이지만 「생명윤리 및 안전에 관한 법률」(제11조)이, 비응급환자에 대한 진료거부를 금지하는 윤리(무조건적인 진료인수윤리)는 환자의 의사선택권에 대응하는 의사의 환자선택권을 침해한다는 점에서 도덕도 아니고 의사사회에서 타당성이 인정되지도 않지만 「의료법」(제15조 제1항)에 수용되어 있다.

(2) 순수한 사회규범과 법

두 번째 유형은 도덕이나 윤리의 성격을 갖지 않은 사회규범인 경우이다(유형 ⓕ). 예를 들면 「경범죄처벌법」이 금지하는 행위들 가운데 일정한 유형들(예: 노상방뇨[제1조 제17호], 음주소란[제1조 제25호] 등의 금지)이 전제하는 사회규범들이 이에 해당한다.

(3) 순수한 도덕과 법

세 번째 유형은 도덕이지만 사회규범도 윤리도 아닌 경우이다(유형 ⓖ). 이런 유형은 매우 찾기가 어렵다. 하지만 자신을 죽이려는 타인을 살해하는 정당방위행위는 도덕적이지만, 윤리나 사회규범은 그런 긴급행위에 대해 어떤 적극적인 판단을 갖고 있지는 않다. 법은 이런 행위를 정당방위권(형법 제21조 제1항, 민법 제761조 제1항)의 행사로 합법화한다.

4. 어떤 도덕 개념도 충족하지 않는 경우

마지막으로 원래 사회규범도 도덕도 그리고 윤리도 아닌 경우이지만 법에 의해 도덕이 형성되는 경우가 있다(유형 ⓗ). 예컨대 도로교통에서 차는 우측운행을 해야 하는데(「도로교통법」 제13조 제3항), 우측운행의무가 일본의 좌측운행에서 보듯 살인금지와 같은 도덕이 아니며, 윤리도 아니다. 또한 우측운행은 — 도로교통이 발달하고 법규로 제도화된 역사가 어느 정도 진행되기 전까지는 — 원래 사회규범도 아니었다. 그러나 우측통행은 차량이 많아지고 교통이 발달하면서 사고의 방지와 교통의 원활을 위해 법이 기술적 이유로 설정한 규범이지만 거의 모든 사람들이 지킨다는 점에서 사회규범이면서 동시에 인명침해를 방지한다는 점에서 도덕으로 되어가는 규범이다.

Ⅳ. 법과 도덕의 이성적 관계

그러면 법은 도덕과 어떤 관련을 맺어야 마땅한 것일까? 도덕개념의 세 가지 유형에 따라 다르게 대답될 수 있다.

1. 법과 도덕의 관계

(1) 도덕의 제도화로서 법

법이 핵심도덕(유형 ⓐⓑⓓⓖ)을 수용하는 것에는 별다른 문제가 없다. 핵심도덕에 침전되어 있는 공동체의 근본가치(예: 자유, 생명, 계약이행에 대한 신뢰 등)를 실현하는 것은 — 근대사회에서나 현대사회에서나 — 법의 중요한 임무 가운데 하나이기 때문이다. 여기서 법은 핵심도덕의 제도화라는 의미를 갖는다.

특히 많은 경우에 법규범은 도덕명령과 그 내용에 있어 완전히 일치한다. 예를 들면 사람을 죽이지 말라는 도덕명령은 곧 법규범(형법 제250조)의 내용이 된다.

■ 법으로부터 또는 도덕으로부터 자유로운 영역 ① 가령 인공호흡기가 한 대 뿐인 의원에 등산사고로 인공호흡이 필요한 두 명의 응급환자가 동시에 후송되어 왔고, 다른 병원에 이송할 시간적 여유도 없는 상황에서 의사가 특별한 이유 없이 한 사람을 선택하여 생명을 구하고, 다른 한 명은 사망할 수밖에 없었던 경우에, 법은 의사에게 두 환자 가운데 누구에게 인공호흡기를 부착시킬 것인지를 명령할 수 없다. 인공호흡기를 부착하지 않음으로써 한 환자를 죽게 놔두는 것은 법적으로 '허용된 것'은 아니지만 그렇다고 '금지된 것'도 아니다. ② 또한「의료법」제15조 제2항이나「응급의료에 관한 법률」제6조 제2항이 의사의 응급의료의무를 규정하고 있고, 형법 제250조가 (부작위에 의한) 살인죄를 규정하므로 이러한 행위영역에 대한 법적 규율 자체가 포기된 것은 아니다. ③ 다만 법은 어떤 행위(선택)가 적법하고, 어떤 행위(선택)가 위법한 것인지를 말하지 않을 뿐이다. 이처럼 행위에 대해 법이 적법과 위법의 평가를 포기하는 영역을 흔히 '법으로부터 자유로운 영역(rechtsfreier Raum)'이라고 한다. ④ 이 이론은 그와 같은 실존적 영역에서 시민 스스로가 책임 있는 결정을 내리는 성숙한 시민상을 전제로 한다. 하지만 이 영역은 '도덕

으로부터 자유로운 영역(moralfreier Raum)'이라고 보아야 한다. 이처럼 도덕적 평가를 내릴 수가 없는 사안에서 법은 어떤 선택도 '합법적인 것'으로 승인한다.

(2) 도덕규범과 법규범의 형식차이

다만 도덕규범과 법규범이 내용상 일치하는 경우에도 그 규범의 언어형식에서는 차이가 있다. 즉 도덕규범은 '직접적인 명령이나 금지'의 형식(~하라! 또는 ~하지 말라!)으로 표현되는 반면, 법규범은 많은 경우(특히 민법이나 형법의 경우) '조건구문'의 형식('만약 ~[법률요건]라면' '~[법률효과]이다')으로 표현된다.

도덕명령 : - 다른 사람의 신체를 상해하지 말라!

법규범 : - 사람의 신체를 상해한 자는 7년 이하의 징역, 10년 이하의 자격정지 또는 1천 만원 이하의 벌금에 처한다(형법 제257조 제1항).

- 고의 또는 과실로 인한 위법행위로 타인에게 손해를 가한 자(예: 사람의 신체를 상해한 자)는 그 손해를 배상할 책임이 있다(민법 제750조).

즉 법규범은 금지된 행위나 명령된 행위를 일반적·추상적 언어에 의해 법적 요건(구성요건)으로 기술하고 그 요건이 충족되었을 때 행위자에게 부과되는 법적 효과를 함께 규정한다.

■ **조건구문에서 목적강령으로의 전환** 민법과 형법의 전통적인 언어형식인 '조건구문'은 법률요건이 충족되는 경우에 법률효과가 부과된다는 것이며, 그 요건은 개인에게 책임을 지우기 위한 전제들을 구체화한다. 법원이 법률해석을 통하여 다양한 정책(policy)을 수행하는 현대사회에서 이러한 조건구문의 의미는 점차 사라지고 있다. 예컨대 의료사고로 인한 손해배상청구소송에서 의사의 과실이나 그 과실과

환자가 입은 피해 사이의 인과관계가 입증되지 않았는데도 (즉 배상책임의 법률요건이 충족되지 않았는데도) 의사에게 손해배상책임을 인정하는 판례의 경향은 민법 제750조의 조건구문을 사실상 '의사는 최고의 의료서비스를 환자에게 제공하라!'는 정책적 목적을 달성하기 위한 목적강령(綱領)으로 전환시킨다.[7]

2. 법과 윤리의 관계

법은 윤리에 대하여 중립적(아래 (1))이거나 공평하게(아래 (2)) 고려하여야 한다.

(1) 법의 윤리적 중립성

도덕규범이 아닌 윤리규범은 그 규범을 신봉하는 개인이나 집단에 대하여만 구속력이 있다. 다른 개인이나 다른 집단은 또 다른 윤리규범을 신봉한다. 현대사회를 다원주의사회라고 부르는 것은 이처럼 윤리적 표상이 다원화되어 있음을 말한다. 국가의 법규범은 바로 이와 같은 윤리규범에 대하여는 '중립성'을 유지하여야 한다. 헌법 제20조 제2항이 "국교는 인정되지 아니하며, 종교와 정치는 분리된다"고 규정한 것은 국가가 여러 종교에 대하여 중립성을 유지해야 함을 선언한 것이며, 이는 종교적 윤리에 대한 법의 중립성을 요구하고 있는 것이기도 하다. 이 중립성요청은 단지 종교적 윤리에 대해서만이 아니라 숭고윤리(예: 유교)들에 대해서도 적용된다.

■ 동성동본불혼제와 법의 윤리적 중립성 ① 윤리규범의 예로 2005. 3. 31. 개정 전 민법 제809조의 동성동본혼인금지를 들 수 있다. 이 제도는 가부장적인 종법제도에서 비롯되는 전통윤리를 수용하고 있었다. 이런 윤리는 그 타당성을 인정하는 사람들에 대해서만 구

---

7) 이상돈, "의료행위의 법제화와 형법", *형사정책연구*(봄호, 1997), 153~185쪽; *의료형법*(법문사, 1998), [1] 단락 참조.

속력이 있고, 그 타당성을 인정하지 않는 사람들에게는 구속력을 발휘하지 못한다. 그럼에도 불구하고 민법 제809조처럼 법이 그런 윤리규범을 국가의 강제권력으로 관철하려 한다면, 법은 그런 윤리규범의 타당성을 인정하지 않는 사람들(예: 기독교신자)로 하여금 자신의 심정상태를 전통윤리에 억지로 맞추도록 강요하는 셈이 된다. 이는 법에 의한 윤리적 심정테러가 된다. 동성동본불혼제는 헌법불합치결정(헌재결 95헌가6 내지 13[병합])을 받음으로써 법에서 윤리규범의 세계로 방출되었다. ② 동성동본불혼제는 과거에는 숭고윤리가 아니라 사회규범의 성격도 갖고 있었다. 이럴 경우 사회규범의 (지역적) 보편성은 동성동본불혼제의 법제도화를 뒷받침할 수 있다. 그러나 한국사회가 서구체제로 발전하고 생활양식이 현대화됨에 따라 동성동본불혼제는 사회규범으로서 점차 무기력해지고, 단순한 숭고윤리가 되어버렸다.

(2) 법의 윤리적 공평성

그러나 이처럼 법이 특정 개인이나 특정 집단의 윤리규범에 대해 중립적이어야 한다는 요청은 법이 윤리규범에 대해 '맹목적'이어야 함을 의미하지는 않는다. 여기서 맹목적이라 함은 국가가 특정 개인이나 집단의 고유한 윤리의식을 고려하지 않고 법규범을 엄격하게만 집행하는 것을 말한다.

예를 들어 어떤 상황에서도 살상을 해서는 안 된다는 윤리적 양심을 이유로 군복무를 거부하는 사람(양심적 집총거부)(독일기본법 제4조 제3항)에 대하여 국가는 총칼을 잡도록 강요해서는 안 된다. 즉 병역법 위반을 이유로 그를 처벌해서는 안 된다. 다만 국민의무의 평등한 부담을 위해서 병역거부자는 다른 공익업무를 함으로써 병역의무를 대신하게 할 필요가 있다. 즉 특정 개인이나 집단의 윤리규범을 고려하고, 그들의 윤리적 자율성을 보장하되, 그런 보장의 기회를 모든 이들에게 '공평하게' 제공하여야 한다.

■ **양심적 병역거부와 법의 윤리적 공평성**8) ① 가령 여호와 증인으로서 종교적 양심이나 평화이념을 이유로 집총을 거부하고, 병역소집에 응하지 않는 행위를 소집기피죄(「병역법」 제88조)를 적용하여 3년 이하의 징역형으로만 처벌하는 것은 법이 윤리적 자율성을 보장하지 못하는 예가 된다. ② 하지만 병역을 거부는 개인의 양심은 개인의 자유(기본권) 가운데서도 핵심을 이룬다. 자유주의의 전통에서 보면 양심적 병역거부자가 지키려는 양심의 자유는 국가 '이전에' 국경을 '넘어서' 인정되어야 하는 인권의 하나가 된다. 이에 반해 고전적인 공화주의(또는 공동체주의)의 입장에서 보면 국가의 존립과 주권의 수호에 필수적인 병역의무는 국가로부터 인권을 보장받을 전제조건이 되며, 개인적인 양심을 이유로 거부될 수 없다. ③ 민주적 법치국가는 자유주의와 공화주의를, 바꿔 말해 인권과 주권을 변증적으로 종합한다. 양심의 자유라는 인권이 양심적 병역거부에까지 그 효력을 미칠 것인지는 민주적 법치국가의 체제에서는 민주적 의견수렴을 통해 결정되어야 한다. 물론 이 결정 과정에는 양심의 자유라는 인권뿐만 아니라 각국이 처한 안보상황과 그에 따른 병역제도의 실효성이 조화롭게 고려되어야 한다. 헌법상의 기본권은 그런 고려의 결과로서 구체화된다. ④ 양심적 병역거부를 인정하지 않는 견해의 핵심논거는 모든 국민의 인권을 보장하기 위한 전제조건인 국방력 유지를 위태롭게 한다는 점에 있다. 그러나 오늘날 총체적 방어(total defence)의 개념에서 보면 국방력이란 군의 전투력만이 아니라 시민사회의 결속력과 같은 요소를 포괄한다. 양심적 병역거부자들에 대한 '대체복무'의 허용은 양심의 자유를 보호하면서도 총체적 방어력의 형성에 기여하게 하는 방안이 된다. 대체복무를 도입하더라도 그것이 병역기피의 경향을 촉진시키는 영향력을 발휘하지 못하도록 그 부담을 현역근무보다 다소 무겁게(예: 방위산업체 대체복무기간인 5년 정도) 설정할 필요가 있다.

이처럼 개인이나 집단의 윤리적 자율성을 보호하는 것은 국가

8) 이 단락의 내용은 이상돈, *인권법*(세창출판사, 2005), 4쪽 아래를 부분 발췌하고 보완한 것임.

의 의무이기도 하다. 헌법이 양심의 자유(헌법 제19조), 종교의 자유(제20조 제1항)를 규정하는 것도 같은 맥락이다.

(3) 심정윤리와 책임윤리

(가) 책임윤리의 법 국가와 법이 개인의 윤리적 자율성을 보호한다고 할 때 그 윤리는 원칙적으로 책임윤리를 가리킨다.

■ 책임윤리와 심정윤리 막스 베버(M. Weber)는 개인의 윤리적 태도를 심정윤리(Gesinnungsethik)와 책임윤리(Verantwortungsethik)로 나눈다. 책임윤리적으로 사고하고 행동하는 사람은 자신의 윤리적 판단과 결정이 정치생활이나 사회생활 일반에 가져올 결과를 함께 고려하고, 다른 윤리적 요청도 최대한 고려하면서 자신이 내린 윤리적 결정을 현실에 옮기려는 태도를 취한다. 이에 반해 심정윤리적으로 사고하고 행동하는 사람은 자신의 윤리적 판단과 결정을 상황과 결부시키지 않고 절대적으로 고수하려 한다. 그렇기 때문에 원리주의적인 입장을 취하며 자신의 윤리적 결정이 다른 윤리적 결정이나 목표와 펼치는 갈등관계를 무시한다.

예를 들면, 환경오염을 방지하기 위하여 모든 핵에너지를 일거에 폐기해야 한다는 주장이 '심정윤리적'이라면, 대체에너지의 개발과 사용이 국민경제가 당장 감당하기 어려운 재정적 부담을 준다는 점을 고려하여 대체에너지가 충분히 마련되지 않는 한에서 핵에너지를 사용하자는 주장은 '책임윤리적'이라고 할 수 있다. 이와 같이 법은 원칙적으로 책임윤리적 태도의 인간상을 전제로 한다. 충돌하는 이익들 모두를 조화롭게 실현하는 것, 즉 '실제적 조화'의 원칙은 책임윤리를 배후에 두고 있는 법의 근본원칙 가운데 하나이기도 하다.

(나) 심정윤리의 법 그렇다고 해서 법이 개인의 심정윤리적 태

도를 배척하고 무시하는 것은 아니다. 예컨대 법은 핵에너지 폐기에 대한 심정윤리를 표현하는 시위를 — 적법한 경우는 물론이고 부적법한 경우에는 시민불복종운동으로 취급하면서 — 일정한 범위에서는 허용하여야 한다. 그런 방식의 심정윤리적 표현은 거시적인 관점에서 보면 법공동체가 핵에너지의 폐기나 운용범위 등에 관한 결정(예: 2011년 독일의 원전 완전폐지 결정)을 내리는 비판과 토론의 과정의 일부를 이룰 수 있다. 그리고 시위자는 그것을 통해 자신의 의견을 개진한다. 그렇기 때문에 이를 수용하고 못하고는 바로 민주적 법치국가의 역량을 가늠하게 해주는 척도가 된다.

3. 법과 사회규범의 관계

(1) 구조적 동일성과 차별성

법과 사회규범은 많은 점에서 구조적으로 일치하기도 하고(아래 (가)), 서로 어긋나기도(아래 (나), (다)) 한다.

(가) 외양성, 보편성, 제재의 공통성 ① 수범자들의 준수동기와 같은 내면성보다는 실제의 준수와 같은 외양성이 중요하다는 점, ② 규범이 적용되는 영역에 속해 있는 사람 모두에게 보편적인 타당성을 갖고 있다는 점, 그리고 ③ 규범을 위반할 경우 제재가 뒤따른다는 점에서 그러하다.

(나) 정형성과 비정형성 그러나 두 규범은 무엇보다도 정형성(定型性)에서 차이가 있다. 즉, 법규범은 공식적인 법언어에 의해 분명하게 표현되어 있지만 사회규범은 분명한 언어 속에 담겨 있지 않은 경우가 많으며, 그 내용이나 한계도 불분명한 경우가 많다. 이러한 차이는 사회규범이 법규범으로 수용되는 경우에는 상대화된다.

(다) **효력에서 광역성과 지역성** 그러나 현대사회에서는 법규범과 법규범이 된 사회규범 사이에도 여전히 규범의 실제적인 '효력영역'에서 차이가 남아 있다. 즉, 도덕규범인 법규범이나 순수한 법규범의 효력영역은 법공동체 전체가 한 단위가 되는 반면에, 대부분의 사회규범에서는 특정한 지역이나 특정한 직업영역(예: 의사, 공인회계사 등) 또는 특정한 거래영역이 그 규범의 효력영역의 단위가 된다. 이를 '사회규범의 지역화'라고 부를 수 있다. 지역적 효력은 그 사회규범이 하부문화(subculture)의 한 부분이거나 특정한 사회적 하부체계(subsystem)의 기능을 유지하는 방편이 됨으로써 초래된다. 하지만 바로 이 사회규범의 지역성으로 인해 사회규범은 법규범에 비하여 상대적으로 더 구체적이다.

■ 사회규범의 지역화 ① (하부문화를 형성하는) 사회규범은 예컨대 오토바이 동호회 사람들 사이의 터프한 행동처럼, 그 하부문화 안에서는 적절한 행동방식인 경우도 그 밖의 사회에서는 폭력적인 행동이 될 수 있다. ② 공인회계사가 주식회사에 대한 외부회계감사에서 행하는 '이익의 유연화'(기업의 재무구조 건실화를 위해 매 회계연도의 손익을 일정 수준으로 유지할 필요가 있고, 이를 위해 유형자산의 감가상각을 조정하는 방법 등으로 재고자산을 이익이 많이 나는 해에는 낮게 평가하고, 이익이 적은 해에는 높게 평가하여 매 회계연도 손익수준을 일정하게 유지하는 회계정책적 관행)는 외부회계감사와 기업경영의 영역에서 효력이 있는 (사회적 하부체계의 기능을 형성하는) 사회규범이다.

(2) 사회규범의 법규범화

여기서 법률이 사회규범을 수용하는 데에는 일정한 한계가 있음을 알 수 있다. 왜냐하면 법률은 일반성·추상성을 특징으로 하는 언어형식에 의해 구성되는데 그런 언어형식에는 구체적인 지역성을 띠는 사회규범이 제대로 담길 수 없는 경우가 많기 때문이다.

㈎ **일반조항을 통한 법규범화** 바로 이런 이유로 해서 법이 사회규범을 수용할 때에는 구체적인 사회규범을 열거하는 방식이 아니라 주로 '일반조항'(Generalklauseln)이라는 입법기술이 사용된다. 민법 제103조의 '선량한 풍속'이나 '사회질서' 등의 개념이나 형법 제20조의 '사회상규' 등의 개념은 그 대표적인 예이다. 법관은 이러한 입법기술에 의해 법규범이 구체적으로 어떤 사회규범을 수용할 것인가 하는 문제에 대한 입법권한을 사실상 위임받게 된다.

■ 사회규범의 고려 ① 가령 터프가이들의 오토바이 동호회 회원끼리는 '얼굴을 툭툭치고 침뱉는 것'이 범죄를 구성하지 않지만 그런 행위를 일반 시민에게 하는 경우에는 원칙적으로 폭행죄나 모욕죄가 성립한다. 다만 형법 제20조의 사회상규에 위배되지 않는지, 즉 위법성이 조각될 수 있는 지를 판단함에 있어 고려할 수는 있다. 하지만 하부문화의 고려는 주로 양형의 단계에서 이루어져야 한다. ② '이익의 유연화'에 해당하는 회계가 있었음에도 감사보고서에 그 기업회계에 대한 적정의견을 낸 공인회계사의 행위는 부실감사죄에 해당하지만 사회상규(형법 제20조)에 해당하여 위법성이 조각된다고 볼 수 있다.

㈏ **구체적 법규범을 통한 사회규범의 공식화** 사회규범의 구체적 지역성의 특징 때문에 일반적·추상적 법언어로 공식화하는데 어려움을 겪는 것이지만, 때로는 바로 그 구체적 지역성이 사회규범이 법규범, 특히 구체적 법규범(예: 법관법, 소송규칙)으로 전환될 가능성을 열어주기도 한다. 예컨대 법조인 사회에서는 오랫동안 수소법원으로부터 피고인에 대해 보석허가를 받아내면 설령 유죄판결을 받더라도 최소한 집행유예가 선고된다는 비공식적 규칙이 효력을 유지해 왔다. 이 비공식적 규칙은 넓게 보면 법조인사회에서 말

없이 지켜지는 사회규범이라고 할 수 있다. 법관과 검사 그리고 변호인이 소송행위를 계획하고 실행하고 수행하는 과정에서 고려해 넣는 행위규범으로 기능하는 것이다. 이런 사회규범은 애당초 법규범적 성격이 강하며, 「형사소송규칙」과 같은 구체적 법규범으로 전환하는 것도 가능할 수 있다.

(3) 사회규범의 법규범화의 한계

그러나 법규범이 사회규범을 수용하는 데에는 한계가 있다. 이 한계는 단지 입법기술적인 성격의 것이 아니다. 입법자가 법률언어의 일반성·추상성을 깨뜨리고 무조건 사회규범을 최대한 법률에 수용하는 것이 입법기술적으로 가능하다고 가정해도, 사회규범을 지나치게 법규범으로 전환하는 것은 결코 바람직하지 않다. 이에는 세 가지 이유가 있다.

㈎ 법에 의한 분쟁해결의 한계　첫째 이유는 법에 의한 사회적 분쟁의 해결에는 사실상의 한계가 있다는 점이다. 즉, 사회적 분쟁은 많은 경우에 법규범을 토대로 국가의 사법기관에 의해 공식적으로 해결을 도모하는 것보다, 비공식적인 사회규범을 토대로 개인들간의 자율적인 상호통제나 특정 집단의 내부에 형성되어 있는 통제메커니즘을 통하여 해결을 도모하는 것이 더 효과적일 수 있다. 예를 들어 비행소년을 바로잡는 것은 그 비행에 대해 국가형법을 적용하는 공식적인 처벌이나 「소년법」상의 '보호처분'(제32조 이하 참조)보다는 그 소년과 사회적 관계를 맺고 있는 사람들(예: 부모, 선생님, 종교인)의 도움을 바탕으로 그 소년이 자신에게 결핍된 사회규범을 스스로 내면화하도록 유도하는 것이 더 효과적이다. 왜냐하면 「소년법」은 '미성숙하거나 무능력한 존재를 국가가 보살펴 주어야 한다'는 국친사상(paternalism)으로 각인되어 있어서, 소년으

로 하여금 자신을 삶의 주체가 아니라 단지 돌보아지고 보호받아야 할 대상으로 인식하게 만들고, 그로 인해 소년이 성숙한 주체로 성장해갈 가능성을 오히려 앗아가기도 하기 때문이다. 또한 공식적인 형사처벌도 교정과 재사회화를 가져오기보다는 많은 경우에 비행소년을 더욱 큰 범죄자로 학습시킨다.

㈏ 비례성원칙 둘째, 국가권력작용의 '비례성'(Verhältnismäßigkeit)도 그 이유가 된다. 사회규범이 법규범으로 수용되면, 그 규범의 관철을 위해 국가권력이 사적인 영역에 개입하기 쉽다. 예를 들어 소년의 비행행위를 통해 부정되어진 사회규범을 모두 추상적인 법규범(예: 「소년법」 제4조 제1항 제3호의 '집단적 몰려다님과 불안감조성', '가출', '술 마시고 소란피움', '유해환경에 접함' 등)으로 전환하면, 그 규범(예: 정숙, 단정, 건전생활 등)의 실효성을 보장하는 책무는 국가권력에게 주어지게 된다. 국가권력은 이 규범들을 관철하기 위해 소년의 비행행위에 대해 보호처분을 하여야 할 뿐만 아니라 그 비행행위들을 예방하고 적발하기 위해 소년의 사생활영역을 감시하게 된다. 이로써 소년이 지켜야 할 사회규범의 법규범화는 소년의 사생활의 자유에 대한 중대한 제한을 초래한다.

그러나 이러한 제한이 소년의 교육에 효과적일지라도, 비례성의 문제가 등장한다. 즉 이 때 소년의 비행행위가 위반한 사회규범의 내용이 기존 법규범의 내용보다 사소한 것일수록 국가권력은 그만큼 더 작은 목적을 위하여 큰 권리를 침해하는 셈이 된다. 여기서 국가권력의 목적과 국가권력이 사용하는 수단(기본권제한)은 비례적이어야 한다는 원칙(비례성원칙)은 깨지게 된다. 이는 국가권력의 정당성을 약화시킬 수 있다.

㈐ 법적 전환이 불가능한 사회규범 셋째, 사회규범 가운데에는 오로지 '비공식적인 프로그램'의 형태로써만 실효성을 유지할 수

있는 것들도 있다. 예를 들어 의사가 환자로부터 신뢰를 받을 수 있기 위한 행동방식이라든지, 선생님이 상담학생의 신뢰를 얻을 수 있기 위한 행동방식이라든지, 또는 변호인이 비공식적으로 피의자와 교류하는 방식이나 증언을 성공적으로 얻어내기 위한 증인신문 방법 등을 들 수 있다. 이러한 비공식적인 사회규범을 법규범으로 만드는 것은 이들 사회규범의 본질상 불가능하다. 예를 들어 환자의 신뢰를 얻어내는 의사의 행동방식이 공적인 법규범의 내용이 되고, 시민들이 그 내용을 인지한다면, 법규범에 따른 의사들의 행동방식은 더 이상 환자들로부터 신뢰를 얻어낼 수가 없게 된다. 왜냐하면 환자들은 그런 행동방식을, 바로 법규범에 규정된 일반적인 행동방식이라는 점 때문에, 자신의 개인적 특성을 섬세하게 고려해 주기에는 너무나 공식적이며, 전형적이며, 도식적인 행동이라고 받아들이게 되기 때문이다. 이런 규범은 의사나 선생님 또는 변호사 등의 집단 내부에서 그들끼리 서로 전수되고, 준수될 때에만 비로소 그 실효성을 유지할 수가 있다. 결론적으로 이런 사회규범을 법규범으로 전환하는 것은 그 규범이 질서를 형성하고 있는 생활영역에서 사람들이 서로 신뢰하는 사회적 관계를 형성하는 데 커다란 장애가 된다고 할 수 있다.

9

법과 정치

Ⅰ. 정치주의와 법치주의

1. 법과 정치의 분리

우리사회에서 법과 정치는 흔히 서로 구분되는 것으로 인식되고 있다. 이런 전제에서 출발하여 법과 정치의 상호관계에 관한 태도는 이중적으로 전개된다.

(1) 정치에 대한 법의 우위

법치주의는 정치에 대한 법의 우위를 강조한다. 가령 정치적으로 민감한 사건에 대해서 정치적 해결이 막다른 골목에 부딪힐 때면 '법대로' 처리하라고 말하는 것은 법과 정치를 분리해 놓고, '정치에 대한 법의 우위'를 선언하는 것이다.

자연법적 사고는 이와 같은 법과 정치의 관계설정에 대해 이론적으로는 우호적이다. 하지만 현대사회에서 자연법은 비민주적이고 억압적인 실정법의 형성을 정당화하는 논거로 남용될 수도 있다.

이 점은 독일의 나치가 인종주의와 총통원리를 자연법이라고 외쳤던 역사에서도 잘 나타난다. 이를 자연법론의 정치화기능이라고 할 수 있다. 하지만 「헌정질서 파괴범죄의 공소시효등에 관한 특례법」(1995)이 공소시효를 배제하면서까지 군사독재체제를 청산하려 한 데서 보듯 자연법론은 정치에 대한 '올바른 법'의 우위를 보여주기 쉽다.

(2) 법에 대한 정치의 우위

다른 한편 법이 있는데도 실제 현실을 규율하는 힘은 법이 아니라 정치인 경우도 많다. 예컨대 의회는 정치적 타협이 이루어지면 헌법의 정신에 반하는 법률을 제정하곤 한다. 헌법재판소 역시 헌법의 원리를 명백히 위배하면서도 정치의 논리를 수용하여 위헌 여부를 결정하는 경우가 적지 않다. 법원도 이 점에서는 예외가 아니다. 정치적 갈등을 피하기 위해서나 정책적 목표의 달성을 위해 법의 집행을 왜곡시키는 경우가 적지 않다. 이런 현실은 '법에 대한 정치의 우위'라고 할 수 있다.

법실증주의적 사고는 이런 정치주의의 현실을 엄호해주기 쉽다. 왜냐하면 법실증주의는 법규범을 실정법의 협소한 해석틀에 가두어 놓음으로써 실정법의 형성과 운영이 실제로는 정치적으로 이루어지는 것을 방관하기 때문이다.

2. 법과 정치의 변증적 관계

이상과 같은 법과 정치의 관계에 대한 일상적인 이해에는 ① 법과 정치는 별개의 것이고, ② 법과 정치 사이에 어느 일방의 타방에 대한 우위가 가능하다는 도그마와 ③ 그 법철학적 배후로서 자연법론과 법실증주의의 대립이 진을 치고 있다. 그러나 법과 정치는 실제로는 별개의 것이 아니며, 서로 우열관계에 놓이는 것이 아니며 서로에 대해 변증적인 관계에 놓인다.

이 점은 법과 정치의 관계에 대한 이론구성에서 특히 자연법론과 법실증주의의 이원론적 대립을 지양할 때 더욱 분명해질 수 있다. 오늘날 헌법재판은 법과 정치의 변증, 자연법론과 법실증주의의 변증을 보여주는 대표적인 예이다.

Ⅱ. 정치의 개념

먼저 법과 정치의 관계를 올바르게 해명하기 위해서는 정치 개념의 의미를 제한할 필요가 있다. 왜냐하면 정치라는 개념은 그 외연이 무한히 확장될 수 있을 만큼 다양한 의미로 사용될 수 있기 때문이다. 먼저 정치 개념은 ① 일상적으로 '정치'(예: 정치인), 또는 '정치영역'이나 '정치체계'(예: 낙후된 정치체계)를 가리키기도 하지만, ② '정책'(예: 여성정책, 환경정책, 보건의료정책 등)을 가리키기도 한다. 또한 정치나 정책의 개념이 사용되는 맥락도 여러 가지일 수 있다. 이를 세 가지로 나눠볼 수 있다. 다만 이 유형화는 법과 정치의 관계현실 및 그 역사에 대한 인식관심에서 정치 개념의 사용범위를 제한하려는 목적에서 이루어지는 것임을 언급해둔다.

1. 인식론적 지평의 정치 개념

첫째, 매우 이론적인 사용맥락으로서 어떤 현상을 정치적이라고 파악할 수 있게 만드는 근원적인 기반, 즉 인식론적 지평을 들 수 있다. 이 지평에서 정치는 정치 개념이든 정책 개념이든 그 의미는 궁극적으로는 개인들이 희망하는 상태(욕망, 이익, 권리)를 성취하려는 (사회적) 행동으로 환원된다. 이를 인식론적 지평에서의 정치 개념이라 할 수 있다. 이런 정치 개념에 따르면 모든 사회적 삶의 영역들이(적어도 잠재적으로는) 정치적인 것이며, 따라서 정치로부터 자유로운 삶의 영역이란 존재하지 않게 된다. 그래서 어느 정치학자처럼 "모든 일은 잠재적으로는 정치적인 것일 수 있으며, 따라서 정치적 결정에 관계될 수 있다"[9]라고 말하거나, 어느 인문학자처럼 "모든 해석은 궁극적으로는 정치적이다"[10]라고 말할 수 있게 된다. 이런 언명에서 정치 개념은 인식론적 지평에서 사용된 것이다.

또한 정치와 정책의 개념도 분화되지 않는다. 그런데 개인들이 각자 그런 사회적 행동을 하면, 그 행동들은 서로 충돌하고 긴장을 불러오게 마련이다. 그런 충돌과 긴장의 상황 속에서 자신의 행동을 관철하려는 노력들은 '투쟁'의 성격을 띠게 되며, 투쟁에서 이기고 지는 것은 권력을 얻고 잃는 현상으로 비춰질 수 있다. 즉, 투쟁과 권력은 이미 인식론적으로 정치 개념의 술어가 된다.

	정 치	정 책
3. 역사적 지평	(1) 체제이데올로기	(2) 근대성, 탈근대성, 전근대성
2. 사회적 지평	(1) 공동체를 조직화하는 의사형성	(2) 재화의 체계적 생산과 분배
1. 인식론적 지평	희망하는 상태(욕망, 이익, 권리)의 성취	

2. 사회적 지평의 정치 개념

이런 인식론적 의미의 정치적 행동이 특정한 사회현실의 맥락 속에서 펼쳐지게 되면 일정한 당파성, 즉 어떤 개인이나 집단을 이

9) C. Schmitt, Der *Begriff des Politischen*(1933), 21쪽.
10) 변증법적 문학비평이론을 전개한 Fredric Jameson, The Political Unconscious: *Narrative as a Socially Symbolic Act*(1981), 20쪽.

롭게 하면서 다른 개인이나 집단은 해롭게 하거나 불리하게 만드는 속성을 띠게 마련이다. 즉, 이런 속성을 띠게 될 때 정치 개념은 사회적 지평 위에 서게 된다. 즉 정치 개념의 사회적 지평이란 사회적 삶의 실존적 기초에 관계하는 공동체의 의사결정이나 사회적 하부체계의 기능유지에 관련되는 행동으로서 언제나 '당파성'의 문제를 초래하는 상황적 맥락의 총체를 가리킨다. 법학에서 사용되는 정치 개념은 이런 지평에 서 있는 경우가 많다. 그런데 정치적 행동이 당파성을 띠게 되는 사회적 행동은 크게 두 갈래로 나눠볼 수 있다.

(1) 공동체를 조직화하는 의사형성

첫째, 사회적 지평에서 수많은 개인이나 집단을 하나의 공동체(국가나 사회)로 통합시키는 의사형성에 관계되는 행위들이 있다. 예를 들면 중앙선거관리위원회, 의회, 정당, 언론 등의 조직화와 그 고유의 임무를 수행하는 행위들 또는 그 구성원들이 직무와 관련하여 행하는 행위들이 이에 속한다. 가장 일상적인 정치 개념은 바로 이런 행위들의 총체라고 할 수 있다.

(2) 재화의 체계적 생산과 분배

둘째, 당파성을 띠게 되는 사회적 행동은 개인이나 집단의 실존에 필요한 재화를 생산하고 분배하는 일에 관련하여 발생할 수 있다. 여기서 재화란 물적인 것만이 아니라 인간의 바람을 실현하는 모든 수단을 포함하는 개념이다. 흔히 일상적으로 '정책'이라고 말하는 것은 주로 이런 사회적 행동에 관계한다. 예를 들어 보건의료정책은 보건의료서비스의 생산과 분배에, 교육정책은 교육서비스의 생산과 분배에 각각 영향을 미치는 의사결정행위를 가리킨다. 그런

데 현대사회에서 재화의 생산과 분배는 점점 더 많이 다양한 사회적 하부체계(subsystem)의 기능에 의존하고 있다. 따라서 사회적 지평에서 말해지는 정책의 개념은 대개 사회적 하부체계의 기능과 관련된 의사결정일 가능성이 매우 높다.

3. 역사적 지평의 정치 개념

정치 개념은 공동체의 '체제'나 '구성'의 기본적 양식이 말해지는 이해의 지평, 즉 역사적 지평에서 사용되기도 한다. 그런 지평은 두 가지로 나뉠 수 있다.

(1) 체제이데올로기

당파적인 정치적 행동이 역사를 형성하는 패러다임의 첫 번째 현상은 흔히 '(체제)이데올로기'라고 불리는 것이다.

㈎ 정치적 체제이데올로기　자본주의 경제체제 위에서 구축된 자유주의(자유민주주의)나 신자유주의, 사회주의 또는 공산주의라고 불린 '현실사회주의'(인민민주주의), 자유주의체제의 골격에 사회주의적 요소를 가미한 사회민주주의(사회국가적 법치국가) 등의 체제가 자기재생산을 지향하는 속성은 하나의 이데올로기가 된다. 이 체제이데올로기는 역사적 지평의 정치 개념을 형성한다. 이런 정치 개념은 정당제도나 선거제도, 언론제도의 현실 속에 녹아 있게 된다. 거꾸로 이런 제도들은 체제의 이데올로기적 성격을 구성하는 인프라구조라고 할 수 있다.

예컨대 "자유민주적 기본질서"(헌법 제4조)에 통합될 수 없는 공산당은 정당으로서 승인될 수 없다. 그래서 「헌법재판소법」은 "정당의 목적이나 활동이 민주적 기본질서에 위배될 때에는" 정부의 청구에 의해 헌법재판소가 정당해산심판을 하고 해산을 명하는 결정을 할 수 있게 한다(제2조 제3항, 제23조 제2항 1호, 제55조 내지 제60조). 통합진보당의 해산결정(헌재결 2013헌다1)은 그 대표적인 예이다. 「방송법」이 (공중파) 방송사의 지분 소유를 신문사나 대기업에게 어느 한도 내에서 허용하고, 겸영까지 허용할 것인가(제8조) 하는 문제는 — 「공직선거법」의 개정논란(예: 시민단체의 선거운동을 어디까지 허용할 것인지 여부)에서처럼 — 보수정당과 진보정당 사이에 첨예한 이데올로기적 투쟁의 장이 된다.

㈏ 정책적 체제이데올로기 그러나 정책도 이데올로기의 색깔을 벗어던지는 것은 아니다. 특히 시장의 자유를 얼마만큼 보장하거나 제한할 것인가 하는 점은 체제의 이데올로기적 성격을 결정짓는 중요한 요소가 된다. 예컨대 정리해고를 통한 기업의 구조조정이 자유로울수록 (신)자유주의체제에 가까이 다가간다면,[11] 모든 의료기관을 공공의료보험의 요양기관으로 강제하는 정책(국민건강보험법 제42조)은 사회민주주의에 가까이 다가간 것이다.

(2) 근대성과 탈근대성

그러나 오늘날 정책의 패러다임은 단지 (체제)이데올로기에 국한되지 않는다. 자유주의든 사회주의든 인간의 이성실현을 정치의 궁극적 지표로 삼는 정치 개념과 그것을 부인하는 정치 개념이 근대성(modernism)과 탈근대성(Postmodernism)이라는 패러다임의 옷을 입고 대립하고 있다. 예컨대 여성주의 정책이나 소수자보호가 — 근대적 이성 개념(의 재해석)에 의해 수용될 수도 있지만 주로 — 탈근대성의 기치 아래 전개된다. 또한 보건의료체계라는 사회(보장)체계의 기능화를 위해 의사와 환자의 만남이 치료적 대화가 아니라 서로 전략적으로 행동하는 관계로 변질됨을 감수하는 보건

---

11) 이상돈, *윤리경영과 형법*(신영사, 2005), 272~273쪽.

의료정책처럼[12] 개인의 인격적 가치보다 사회체계(국민건강보험체계)의 기능 유지와 고양을 더 우선시키는 정책이 점점 더 강해져 가고 있다.

Ⅲ. 법과 정치의 관계유형

이상과 같은 정치의 세분화된 개념을 전제로 법이 정치와 관계를 맺는 방식은 서구사회의 역사를 놓고 볼 때 다음과 같이 세 가지의 단계로 유형화할 수 있다. 이 유형화는 정확히 일치하는 것은 아니지만 한국사회에도 압축된 형태로 거의 비슷하게 실현되었다고 볼 수 있다.

탈근대적 관계	법과 정치의 재통합
근대적 관계	법과 정치의 분리
전근대적 관계	법과 정치의 미분화

첫째, 이러한 유형화는 이념형에 따른 유형화이다. 즉, 위의 세 유형은 시대적으로 날카롭게 분할되어 배치될 수 없고, 각 유형은 비중의 차이는 있지만 어떤 시대의 현실 속에도 존재해왔다고 할 수 있다. 둘째, 법과 정치가 미분화, 분리, 재통합 등의 관계를 맺는다고 할 때, 정치 개념은 주로 앞(Ⅱ)에서 설명한 사회적 지평과 역사적 지평에 관계한다. 왜냐하면 인식론적으로는 어느 시대 어떤 사회의 법도 궁극적으로는 정치적이기 때문이다. 물론 정치와 법은 그 규율대상영역에서는 역사적으로 차이가 있을 수 있다.

12) 이 점을 분석한 책으로 이상돈, *의료체계와 법*(고려대 출판부, 2000) 참조.

1. 법과 정치의 전근대적 관계: 법과 정치의 미분화

법과 정치의 첫 번째 관계유형은 법과 정치가 서로 구분되지 않고, 하나로 남아 있는 형태이다. 역사적으로 전근대사회(고대, 중세)에 주로 나타난 현상이다. 예컨대 민주주의적 정치제도가 꽃을 피웠던 그리스의 아테네에서는 권력의 중심인 민회(民會)가 정치적인 결정뿐만 아니라 법적 결정도 장악하고 있었다.[13] 아테네에서는 "소수에 의하면 부패하기 쉽고, 다수에 의하면 공평에 가까워진다"(Aristoteles)는 이념에 따라 입법, 행정, 사법이 모두 시민의 직접적인 의사가 반영되는 민회의 관할 아래 놓여 있었다. 특히 사법에서는 직업법관에 의존함이 없이 추첨에 의해 선출되는 시민 배심원들이 — 오늘날의 미국 배심제와는 달리 사실문제뿐만 아니라 법률문제 모두에 대해 — 판결을 내렸다.[14] 이와 같은 법과 정치의 미분화는 서양의 중세사회에도 이어졌다. 즉, 《국왕 → 봉건영주 → 기사》로 이어지는 위계적인 권력구조를 가지고 있었던 중세의 정치상황에서도 법과 정치는 분리되지 않았다. 정치권력을 지닌 자는 곧 사법적인 결정권을 갖고 있었던 것이다.

2. 법과 정치의 근대적 관계: 법과 정치의 분리

법과 정치가 분리되기 시작한 것은 근대에 들어서부터이다.

(1) 법의 탈정치화

서구사회에서는 근대시민혁명을 거치면서 개인의 자유와 권리

---

13) 아테네의 정치제도에 대해서는 빅터 에렌버그, *그리스 국가*(김진경 옮김, 민음사, 1991), 제2장 폴리스 참조.

14) 아테네의 사법제도에 대해서는 박홍규, "고대 그리스의 민중재판", *영남법학*(제2권 제1·2호, 1995) 참조.

의 확보를 최우선으로 삼는 자유주의 사상이 국가권력을 구성하는 기본이념으로 자리잡게 된다.

(가) 권력분립을 통한 법과 정치의 분리　이에 따라 정치권력이 모든 권력행사를 독점하는 형태의 고전적 통치형태는 지양되며, 국가권력을 독립된 개별 국가기구에 분산시키는 '권력분립의 원리'가 자리 잡게 된다.[15] 권력은 흔히 입법, 행정, 사법으로 분할되었다. 입법이 시민들의 정치적 의사형성이 모아지는 곳이었다면, 행정은 (국왕의) 정책이 집행되는 통로였고, 사법은 입법에 의해 산출된 법규범을 정치적·정책적 상황과는 독립하여 현실 속에서 확인시키고 선포하는 입과 같은 것이었다. 또한 사법기관은 정치권력으로부터 독립된 기관으로 자리 잡았다. 말하자면 근대법체계에서 법은 탈정치화된다.

(나) 자연법의 실행을 통한 법의 탈정치화　여기서 탈정치화라고 할 때 정치의 개념은 주로 역사적 지평의 정치 개념을 가리킨다. 근대시민사회의 이데올로기적 성격, 즉 자유주의체제의 이데올로기성은 무엇보다도 근대(법전)법이 자연법의 발현으로 이해됨으로써 희석될 수 있었다. 또한 그렇게 되면 법의 적용은 근대법에 침전된 자연법을 현실에 옮겨 놓는 집행에 불과하게 된다. 사법의 탈정치성은 바로 그렇게 확립된다. 오늘날에도 '정치사법'이란 이데올로기 비판적 용어가 사용되기도 하는데, 이런 용어사용은 사법은 '탈정치화'되어야 한다는 근대법체계의 맥락에서 비로소 가능한 것이라 할 수 있다.

(다) 정치의 법제화 흠결　더 나아가 법의 탈정치화는 정치영역에 대한 법적 규율의 흠결로부터 비롯되기도 하였다. 즉, 근대사회

---

15) J. Locke, *Two Treatises on Civil Government*, 1690; Montesquieu, *Del'esprit des lois*, 1748.

에서 정치영역은 국왕의 통치영역과 시민사회의 자유로운 공론영역으로 양분되었을 뿐 법에 의해 규율되지 않았다. 그러니까 근대사회에서 법은 사회적 지평의 개념으로서 정치와 분리된 것이 아니라, 단지 정치를 규율하는 법이 없었던 것이라 할 수 있다. 정치를 법제화하기 위해서는 헌법질서가 확립되어야 하고, 특히 헌법재판제도가 정상적으로 기능할 때 비로소 가능해진다. 우리나라에서는 1988년부터 헌법재판제도가 기능하기 시작했다.

■ 근대법의 자율성　이렇게 근대사회에서 법이 정치로부터 분리되고 사법기관이 정치권력으로부터 독립되는 상황을 '법의 자율성'이라고도 표현할 수 있다. 물론 '법의 자율성'이란 법이 정치뿐만 아니라 경제, 종교로부터도 독립되어 있다는 것을 뜻한다. 자유주의 시민사회에서 법의 자율성을 웅거(Robert Unger)는 실질적, 제도적, 방법론적, 그리고 직업적 측면에서 검토한 바 있다.[16] ① 실질적인 측면에서 법의 자율성은 국가에 의해서 제정되고 집행되는 법규범들이 경제적, 정치적, 종교적인 성격의 신념이나 규범들을 반복하는 것으로는 설득력 있게 분석될 수 없을 때 획득된다. 이것은 ② 방법론적 측면에서, 법적 추론의 방식이 도덕적, 정치적, 경제적 논의와는 다른 방법을 택하기 때문이다. 사비니(Savigny)의 해석카논에 관한 이론은 그러한 방법의 역사적 발전을 대표한다. 한편 제도적인 측면에서 법의 자율성이란 ③ 사법적 판단이 그 업무만을 수행하는 전문기관에 의해 독립적으로 이루어짐을 말하며, ④ 직업적인 측면에서의 법의 자율성은 그 활동, 특권, 훈련에서 특수성을 갖는 전문가집단에 의해 사법작용이 이루어짐을 가리킨다.

(2) 사법권의 독립

이런 의미에서 법의 자율성을 구축한 근대법의 원리는 '사법권의 독립'으로도 설명될 수 있다. 사법권의 독립이란 법관의 사법활

16) 웅거(R. Unger), *근대사회에서의 법*(김정오 역, 삼영사, 1994), 67~68쪽.

동이 외부의 간섭을 받지 않고 “헌법과 법률에 의하여 그 양심에 따라”(헌법 제103조) 독립적으로 수행되어야 한다는 것을 뜻한다. ① 이는 사법부를 입법부와 행정부로부터 조직상, 운영상 독립하게 한다는 원리, 즉 사법기관의 독립을 의미한다. 이를 위해 근대 헌법의 틀을 이어받고 있는 현행 헌법도 법원을 국가조직상 독립기구로 편제되도록 하고 있고(헌법 제101조), 법관의 인사권은 그 기구의 정점에 있는 대법원장 관할하에 두고 있다(헌법 제104조 제3항). ② 또한 사법권의 독립은 법관의 직업적 자율성을 의미하기도 한다. 이를 위해 헌법은 법원에게 법관들의 활동을 자치적으로 규율하는 규범들, 이를테면 내부규율과 사무처리에 관한 규칙제정권을 부여하고 있고(헌법 제108조), 법관의 신분적 특권, 이를테면 법관자격의 법정주의(헌법 제101조 제3항), 법관의 임기제 및 정년제(헌법 제105조), 신분상 불리한 처분의 제한(헌법 제106조) 등을 규정하고 있다. 또한 대학의 교육 이외에도 사법연수원의 교육과 각종 법관연수 제도들은 법관들에게 법관사회에 전승되어 온 법관의 직업적 정체성을 내면화시켜, 법관사회에 동화시킨다. 다음으로 ③ 사법권의 독립에는 법학방법론도 기여한다. 예컨대 유럽의 근대사회에서 대학의 합리적 법교육은 근대적인 법체계, 자율적인 법체계를 구축하는 데 중요한 역할을 하였다.[17] 우리나라에서도 근대법의 계수 이후에 지난 수십 년간 대학에서 개발·전수되어 온 법률해석방법들과 그 방법들을 사용하여 형성시켜온 법률텍스트의 고유한 의미론은 — 좀 더 구체적으로 말하면 법도그마틱(법률해석학)은 — 사법을 독자화하는 데 큰 기여를 해왔다고 할 수 있다. 또한 ④ 사법권의 독립은 근대법체계가 경제적, 종교적으로 뿐만 아니라

---

17) 이상돈·홍성수, *법사회학*(박영사, 2000), 75쪽.

정치적으로도 중립성을 유지함으로써 더욱 촉진될 수 있었다. 지금도 법관들이 정치적 당파성이나 종교적 편향성 또는 경제적 비효율성을 띠지 않는 근거들로써 자신이 내린 판결의 타당성을 근거지우는 것은 사법권의 독립을 지키는 중요한 요소가 된다.

(3) 법 학

법학은 근대사회에서 법과 정치의 분리를 떠받드는 기둥의 하나이기도 하다. 그런 법학을 근대적 법학이라고 할 수 있다. 근대적 법학의 특징은 ① 정치사적 맥락에서 보면 자연법사상을 배후에 두고, ② 정치에 대한 자연법의 우위를 신봉하며, ③ 법의 정당성기초로서 '합목적성'보다는(협의의) '정의'와 '법적 안정성'에 치중할 뿐만 아니라, ④ 법률적용은 논리적인 삼단논법의 과정이라는 인식틀을 내세운다. 그러므로 근대적인 법학의 중점은 실정법의 해석체계를 정치하게 구성하는 데 놓여졌다. 독일에서 19세기 말엽부터 20세기 초 사이에 만개했던 개념법학(Begriffsjurisprudenz)은 그런 법학의 결정체라고 할 수 있다. 특히 법과 정치를 분리시키는 법학의 자기이해는 켈젠(Hans Kelsen)의 법학이해, 즉 순수법학[18]의 이론에서 그 절정을 이룬다: "법에 관한 과학이 과학으로서 타당함을 주장할 수 있으려면 그 과학은 정치로부터 분리될 수 있어야만 한다."[19] 이런 근대적 법학의 전통은 오늘날에도 독일의 분석적 법이론(analytische Rechtstheorie)에서는 물론이고 우리나라의 법학에까지도 이어지고 있다. 우리나라 법학의 주류는 법률텍스트

18) Hans Kelsen, *Reine Rechtslehre*(1934)(변종필 · 최희수 역, *순수법학* [길안사, 1999]) 참조.

19) Hans Kelsen, "Was ist die Reine Rechtslehre?" *Festschrift für Z. Giacommetti*(1953), 143쪽 아래(심헌섭 편역, *켈젠법이론선집*, 1990, 271쪽 아래, 특히 281쪽) 참조.

를 여러 표지들로 구조화하고, 각 표지들의 개념을 정치하게 구성하고, 그렇게 구성된 개념을 현실사안에 적용하는 과정이라는 자기의식을 갖고 있다고 할 수 있다. 다시 말해 법률텍스트의 의미론은 정치적 고려와는 무관하며, 정치에 대해 독립적일 수 있다는 것이다. 이러한 법학의 자기이해는 근대적 법학의 그것과 매우 유사하다.

3. 법과 정치의 탈근대적 관계: 법과 정치의 재통합

근대사회에서 이와 같이 이념적으로 분리되었던 법과 정치는 19세기 말에 이미 시작하여 오늘날에 이르기까지 광범위하게 다시 통합되는 과정을 밟아 왔다.

(1) 법의 재정치화

(가) 정치의 법제화 19세기 말부터 오늘날까지 선진각국에서는 근대법체계에서는 아직 법제화되지 못했던 정치영역들(선거, 정당, 언론)이 법제화되었고, 또 지금도 계속되고 있다. 이렇게 정치가 법제화되는 현상은 법이 정치화되는 현상이기도 하다. 즉, 법은 사회적 지평의 정치 개념과 상호관련을 맺게 된다. 먼저 이 법제화 과정에서 헌법은 정치적 기본결정을 담는 제도가 된다(정치의 법제화). 이 기본결정은 역사적 지평의 정치 개념인 체제이데올로기에 대한 대강의 결정도 포함한다. 가령 우리나라는 사회적 시장경제체제를 채택하고 있다(헌법 제119조 제2항). 개별 실정법은 헌법 속에 침전된 정치적 기본결정을 다시금 세분화된 규범체계 속에 구현한다(법의 정치성). 헌정질서(憲政)란 바로 이런 맥락에 있다. 이런 헌정화의 과정에서 정치적 기본결정은 실정법이 수용해야 하는 선재된 그 무엇으로 자리매김 된다. 그러나 이는 법의 '재'정치화라기보다

는 '정치체계의(근대법전의 성립에 비교할 때) 뒤늦은 법제화' 또는 '법의 정치영역에로의 진입'이라고 할 수 있다.

(나) 법의 정책도구화 법과 정치가 재통합되는 또 다른 현상으로 법이 사회국가적 기획을 실현하는 정책을 수행하는 도구로 기능하는 것을 들 수 있다. 즉, 법률은 각종 사회정책을 현실에 옮기는 수단으로 자리매김된다. 예컨대 「건강가정기본법」은 "가정문제의 적절한 해결방안을 강구하며 가족구성원의 복지증진"(법 제1조)의 목적을 위해 '태아검진 및 출산·양육의 지원'(법 제21조 제2항 제4호) 정책을 현실에 집행하는 도구가 된다.

이와 같은 법의 기능변화는 법이념 가운데 '합목적성'을 '정의'나 '법적 안정성'보다 더욱 중요한 것으로 자리매김하게 만든다. 또한 법률은 정책의 집행도구로서 그 기능을 다하기 위해, 바꿔 말해 상황변화에 신속하고 능동적으로 대처해야 하는 정책의 속성에 맞추기 위해 흔히 일반조항이나 위임입법과 같은 입법기술을 점점 더 광범위하게 사용한다. 이로써 법은 사회적 지평의 정치 개념인 '정책'과 분리되지 않게 된다. 또한 이처럼 법에 의해 수행되는 정책은 그 성격에 따라 근대성과 탈근대성에 각각 배열될 수 있다. 바꿔 말해 법정책은 언제나 역사적 지평의 정치 개념과도 분리되지 않는다.

(다) 법과 정치의 미분화 그런데 한국사회에서 법과 정치의 재통합은 다른 특수성을 갖고 있다. 법과 정치의 재통합, 특히 법의 정책도구화는 한국사회의 법문화를 아로새겨 온 전근대적인 요소인 '윤리적 후견주의'와 '권위적 관료주의'를 재생산할 수 있게 만드는 기반시설로서 기능한다. 예컨대 위임입법은 법의 정책도구화에 필요한 정도를 넘어서, 마치 법이 아니라 행정관료의 령(令)이 사회질서를 형성한다고 말할 수 있을 만큼 과도하게 행해진다. 이

것은 법과 정치의 미분화(未分化)라는 '전근대적 법문화'의 전통이 연장되고 있음을 말해준다. 그러니까 한국사회에서는 법과 정치의 재통합이라는 탈근대적 현상과 법과 정치의 미분화라는 전근대적 현상이 언제나 함께 하고 있다. 이것은 한국사회에서 법이 재통합되는 정치 개념의 역사적 지평이 서구사회와는 달리 근대성과 탈근대성의 대립뿐만 아니라 근대성과 전근대성의 대립으로도 전개됨을 의미한다.

(2) 사법의 정치화

실정법의 (재)정치화는 사법의 (재)정치화로 이어진다.

㈎ **헌법재판** 사법의 정치화로서 가장 대표적인 것은 헌법재판제도이다. 헌법재판이란 넓은 의미의 사법기관, 그러니까 현행 헌법상으로는 헌법재판소가 입법부가 제정한 법률의 헌법합치성 여부를 심사하는 것을 뜻하는데, 정당해산, 탄핵, 권한쟁의, 헌법소원, 선거소송에 관한 심판을 포함한다. 헌법재판은 조직과 행위의 측면에서 볼 때 사법과 매우 비슷한 구조로 작동하면서도, 법률이 기획하는 정치적, 정책적 기획이 헌법에 침전된 정치적 기본결정에 부합하는지를 심사할 뿐만 아니라 정당해산이나 탄핵, 선거소송 등을 통해서 정치적 현상의 옳고 그름을 직접적으로 판단하기도 한다.

> ■ **소극적 정치를 하는 사법으로서 헌법재판** ① 헌법재판(헌법 제111조 내지 제113조)은 법원의 제청에 의한 법률의 위헌여부 심판, 탄핵의 심판, 정당의 해산 심판, 국가기관 상호간, 국가기관과 지방자치단체간 및 지방자치단체 상호간의 권한쟁의에 관한 심판(제111조 제1항)을 가리킨다. 여기서 위헌심판이 가장 중요한 기능이며, 이런 기능이 정치인지 사법(재판)인지가 문제된다. 요약하면 헌법재판은 정치이면서 사법이며, 헌법재판소는 정치기관이면서 사법기관이다.

이런 양면적 성격은 두 가지로 나뉘어 설명될 수 있다. ② 헌법재판은 정치인들이 제정한 법률이 헌법에 위배되는지 여부를 결정하는 방식으로 정치를 법제화(헌정화)한다. 이는 헌법질서에 맞게 정치를 재단하는 것이며, 그 한에서 헌법재판은 정치를 수행하며, 헌법재판소는 정치기관의 성격을 띤다. 이때의 정치는 의회가 입법을 통해 공동체의 질서를 형성하는 '적극적인' 정치를 하는 것에 비교할 때 '소극적인'[20]의미의 정치라고 할 수 있다. ③ 하지만 헌법재판은 의회처럼 시민적 공론을 일으키고, 경쟁력 있는 공론을 법으로 만드는 식의 '정치적 과정'이 아니라 '사법적 과정'이며, 헌법재판소는 사법기관의 하나가 된다. 왜냐하면 헌법재판은 첫째, (비록 시민적 공론을 먼 배후에 두긴 하지만) 전문가공론을 바탕으로 해석을 통하여 헌법을 구체적으로 형성하는 것이라는 점에서, 둘째 이때의 헌법해석은 시민의 여론에 의해서가 아니라 법원칙에 기초한 '논증'에 의해서 좌우되기 때문이다. ④ 예컨대 이라크파병과 같은 의회의 결정에 대해 헌법재판소가 '사법심사를 자제'하는 것(헌재결 2003헌마814)은 그 결정이 통치행위이기 때문이 아니라, 그런 사안은 시민적 공론을 일으키고, 경쟁력 있는 공론을 따르는 정치적 과정이 전제되어야만 올바른 결정을 내릴 수 있는 사안이기 때문이다.

(나) 사법의 정치화　더 나아가 헌법재판뿐만 아니라 좁은 의미의 사법도 실정법의 (재)정치화 흐름과 함께 정치적인 성격을 띠게 된다. 첫째, 사법부는 법률의 적용을 통해 그 법률이 갖고 있는 정치적, 정책적 기획을 현실에서 확인하고 관철한다. 예컨대 선거법 위반으로 인한 형사재판의 진행속도나 그 처벌강도를 조절함으로써 피소된 국회의원의 정치활동을 좌우하는 정치적 작용을 한다. 시민단체의 낙천 · 낙선운동에 대해 유·무죄판결도 같은 정치적 작

20) 의회의 정치를 '적극적인 정치', 헌법재판을 '소극적 정치'로 대비하는 독일연방헌법재판소 재판관을 지낸 W. Hassemer(이상돈 · 주현경 역), *정치와 헌법*(세창출판사, 2005), 특히 40쪽 아래 참조.

용을 한다. 둘째, 사법부는 민법이나 형법의 적용에서도 고유한 '정책적 프로그램'을 관철함으로써 정치적 작용을 하기도 한다. 예컨대 사법부는 불법행위책임(민법 제750조 이하)이나 형법상 다양한 범죄규정들(예: 사기죄, 업무상 과실치사상죄 등)의 전통적인 귀속요건을 변형함으로써[21] 제조물의 소비자, 주택임차인, 증권투자자, 의료소비자 등의 권익을 보호하는 정책을 추진한다.

더 나아가 사법은 역사적 지평의 정책 개념에도 관계한다. 예를 들어 강간죄를 적용할 때 남자에서 성전환하여 여성으로 살아가는 사람을 남자로 취급하는 판결(대판 96도791)은 여성성에 대한 남성주의적 이해, 바꿔 말해 '전근대적인' 성역할의 고정관념을 재생산하는[22] 반면, 성전환남자를 여성을 취급함으로써(대판 2009도3580) 성역할에 관한 전근대성을 해체하기도 한다.

(3) 법 학

법과 정치의 재통합에는 법학의 흐름도 기여한다. 예를 들어 1920, 30년대에 걸쳐 전개된 미국의 법현실주의(legal realism)는 '재판은 법률적 삼단논법에 따라 중립적이고 순수하게 이루어지는 것이 아니라, 현실적으로 사회적 힘의 영향을 받고 있'음을 밝혀냈다. 또한 미국의 비판법학운동(critical legal studies movement)은 '법은 계급지배의 도구'라는 맑스주의적 전통을 수용하여 '법은 정치의 한 형태'라는 주장을 펼쳤다. 이 두 흐름에 따르면 근대의 권력분립은 비록 정치와 법이 분리된 듯한 외양을 가지고 있지만, 정치와 법은 본질적으로 '동일한 정치적 목적'을 수행하는 것이다.

독일의 법학계에서도 법과 정치를 분리하는 개념법학적 전통이

---

21) 이에 관해서는 이 책 [4]단락 참조.

22) 이 점에 대한 비판으로 이상돈, "여성주의와 형법", *인권과 정의*(1997, 11월호), 72~89쪽; 기초법학(법문사, 2008), 749쪽 아래 참조.

'법해석학'(Juristische Hermeneutik)에 의해 결정적으로 무너졌다.[23] 법해석학은 법률의 적용에 해석자의 정치적, 정책적 관점도 '선이해'(Vorverständnis)의 한 형태로서 개입한다는 점을 밝혀냈다.

이와 같은 법학의 흐름은 우리나라에도 1980년대 이후 활발하게 수용되어 왔다. 그에 따라 법학은 '순수' 법학으로 머물러서는 안 되고, 주변학문과의 학제적 교류를 활발히 함으로써만 비로소 자신의 고유한 임무를 수행할 수 있다는 식의 새로운 자기이해를 형성해가고 있다.[24]

Ⅳ. 법과 정치의 이성적 관계

이제 오늘날 민주적 법치국가의 체제 하에서 법과 정치가 어떤 관계를 설정해야 하는지를 살펴보기로 한다.

1. 민주적 법치국가에서 법과 정치

법과 정치의 관계가 민주적 법치국가의 체제에 적합하게 설정되도록 하기 위해 민주적 법치국가의 기초이론으로서 하버마스(J. Habermas)의 대화이론[25]을 적용하는 것은 매우 유용하다. 먼저 ① 정치는 법에 의해 법제화되어야 한다. 즉, 정치적인 결정은 법적 형식을 따름으로써 구속력을 갖게 된다. 정치는 상이한 의견이 대립되는 가운데 힘을 가진 세력이 임의적인 결정을 내리는 식이지

---

23) 이상돈, *법이론*(박영사, 1997); W. Hassemer 지음(배종대 · 이상돈 편역), *형법정책*(세창출판사, 1998), [2] 단락; 양천수, *법해석학*(한국문화사, 2017) 참조.

24) 대표적으로는 ≪문헌해석학적 법학 → 정신과학적 법학 → 사회과학적 법학 → 학제적 법학≫으로 이어지는 발전 속에서 학제적 법학의 미래를 말하는 이상돈, *기초법학*(법문사, 2008), [17]단락 참조.

25) Habermas, *Faktizität und Geltung*(Suhrkamp, 1992) 제4장 참조.

만, '행위기대의 안정화'라는 고유한 기능(법적 안정성)을 갖고 있는 법의 형식을 거침으로써 이러한 정치의 임의적인 성격이 제어된다. ② 반면, 법은 다시 정치에 의해 제약된다. 즉, 정치를 법제화하는 법은 어디까지나 정치적으로 '정당하게 제정된 법'이어야 한다. 정당하게 제정된 법이란 민주적 법치국가에서 대화적으로 구조화된 정치적 의사형성의 절차 속에서 형성된 법을 말한다. ③ 그러나 법이 정치적 프로그램을 법규범으로 수용하는 절차(법적 절차)는 민주적 의견형성을 완전하게 보장하지는 못한다는 제도적 한계가 있다. 그러므로 실정법은 정당한 규범질서가 되기 위해서 제도적 한계 때문에 법적 절차에 수용되지 못하는 정치체계의 민주적 의견형성에 대해 끊임없이 열린 태도를 취해야 한다. 특히 시민불복종운동을 앞에 두고 법체계는 법규범의 구속력을 무조건 고집하기보다는, 법규범의 타당성을 반성하는 과제를 짊어져야 한다.

2. 법과 정치의 합리적인 관계설정

이와 같은 법과 정치의 관계에 대한 기본구상은 법이 앞에서 유형화된 정치 개념과 맺는 개별적인 관계에도 다음과 같은 방식으로 이어진다.

(1) 인식론적 지평에서 법과 정치

첫째, 인식론의 차원에서 법과 정치는 서로 분리되지 않는다. 이 점은 법인식과 정치적 실천 사이에 새로운 관계설정을 요구한다. 이른바 법률적 삼단논법은 법인식의 행위가 동시에 하나의 (인식론적 의미의) 정치적 행위라는 점을 은폐한다. 그러나 대화이론적 구상에 의하면 법관의 법인식은 그 인식에 의해 표현된 법규범의 타당성에 대한 대화의 시작으로 볼 수 있다. 바꿔 말해 법관의 판결은 곧 (기존의 또는 새로운) '법규범을 말하는 정치적 실천'으로서 자리매김 된다. 그러나 다른 한편 법관의 법인식은 미시적으로는 정치적 실천과 그 전개방식에 있어 차별성이 있다. 예를 들면 법관은 각 법분과의 고유한 규범적 맥락으로 들어가고, 그 분과에서 성장하고 전승되어 온 법률해석학의 논증도구들을 사용하여 '무엇이 법인지'를 인식하여야 한다(법인식의 전문성). 그러나 거시적으로 보면, 그런 전문적인 성격의 법인식도 정치적으로, 그러니까 민주적 의사형성의 메커니즘에 의해 그 정당성이 검증되어야만 한다.

(2) 사회적 지평에서 법과 정치

법은 사회적 지평에서 말하는 정치영역에 대해서 대화적 방식으로 관련을 맺어야 한다.

㈎ 정치의 법제화와 법의 정치적 자기반성　이를 위해서는 첫째, 법은 상호이해지향적인 대화의 구조를 모델링하여 정치영역을 법제화할 필요가 있다. 이것은 주로 '권위주의적 정치문화'를 비판하고, '자유롭고, 민주적인 의사형성의 메커니즘'을 정치영역에 터잡게 하는 것을 말한다.

■ 법에 의한 정치의 제도화　예를 들면 ⓐ 「정당법」은 당내민주주의를 실현하고 붕당주의를 견제하는 기틀을 확고히 하여야 하고, 「선거관리위원회법」은 금권과 관권이 시민들의 정치적 의사를 왜곡하는 것을 차단하는 선거제도를 마련해야 한다. 또한 ⓑ 「국회법」은 정당들의 패권주의를 견제하고 민주적 의사형성을 가능케 하는 입법절차를 마련해야 한다. 이렇게 될 때 정치는 법의 정당성기반으로 작용할 수 있게 된다. 아울러 ⓒ 「방송법」은 매스컴이 공론형성의 중심적인 매체로 기능할 수 있도록, 관권과 금권으로부터 자유로운 언론기구를 구축하고, 소수집단에 의한 언론독점을 차단하며, 보도(사건해석)의 편향성을 통제하고, 보도관점의 다원화가 가능하게 하는 인프라를 조

성하여야 한다.

또한 이와는 거꾸로 법이라는 제도는 다시금 정치를 통하여 끊임없이 반성되고, 견제되어야 한다. 왜냐하면 정치를 법제화하는 법적 절차는 언제나 정치체계 내에서 펼쳐지는 민주적인 의사소통의 흐름을 모두 수용하지는 못하는 제도적 한계를 갖고 있기 때문이다. 그러므로 실정법은 실정화된 입법절차의 정당화한계를 끊임없이 반성하여야 한다. 예컨대 시민불복종운동에 대한 권위적 합법주의는 지양되어야 한다. 법은 시민불복종운동을 '그 운동이 표방하는 정의내용이 법적인 입법절차를 통해 실정법 안으로 유입되지 못한 상황 속에서 권력적으로 형성된 법규범의 정당성을 의문시하고, 그 대안을 모색하는 공론의 장을 열어 놓으려고 하는 의사소통적 행위'로 받아들여야 한다.

(나) 법과 정책의 반성적 거리　둘째, 법은 각종 사회정책에 대해서도 대화의 에토스를 가져야 한다. 먼저 법에 의해 각종 사회정책적 목표를 달성하려는 기획으로부터 한 걸음 물러나야 한다(법에 의한 직접적 조종의 포기). 왜냐하면 법이 특정한 정책적 목표를 설정하고, 그 목표의 달성을 위해 사회적 행위를 직접 조종해 나아가는 방식은 현대사회현실의 복잡성과 다원성을 고려할 때 더 이상 가능하지 않을 뿐더러 예측할 수 없는 다양한 역기능만을 초래하기 쉽기 때문이다. 그렇다고 사회정책적 목표들을 시민사회의 자유, 그러니까 현실적으로는 (자유)시장의 조정기능에 내맡기는 것도 적절하지 않다(자유방임의 지양).

그보다 법은 대화적인 방식의 자율적인 규율메커니즘을 시민사회 내에 형성시키는 데에서 자신의 적절한 역할을 찾아야 한다. 즉, 정책의 합리성이 시민들 사이의 대화적 의사소통에 의해 검토되고, 그렇게 하여 설정된 목표가 시민들 간의 대화적 참여에 의해 형성·운영되는 사회체계의 기능에 의해 달성되도록 하는 것이다. 그러니까 법은 정책을 직접 설정·집행하는 것이 아니라 사회 내에서 정책이 대화적 방식으로 설정되고 집행될 수 있게 하는 메커니즘을 마련하는 데에서 그 역할을 다해야 한다. 이와 같은 방식으로 법이 정책과 반성적 거리를 두는 것은 법이 정책을 수용함으로써 초래되는 법 내부의 규범적 구조를 파괴할 위험성을 스스로 제어하기 위해서도 필요하다고 할 수 있다.

(3) 역사적 지평에서 법과 정치

더 나아가 법은 역사적 지평에서도 정치와 대화적 기획 속에서 다음과 같은 두 가지 방식으로 관련을 맺어야 한다.

㈎ 이념의 변증 첫째, 법은 체제이데올로기와 무관할 수는 없지만(실증주의적인 법치주의의 극복), 다른 한편 특정한 체제이데올로기에 일방적으로 예속되어서도 안 된다(정치주의의 극복). 그 대신 ① 법은 정치이데올로기와의 관계를 설정함에 있어 자유(자유주의)와 평등(사회주의)의 이념이 변증적으로 지양될 수 있도록 하여야 한다. 그러므로 자유주의에 편향된 법이나 사회보장정책의 강화에만 편향된 법은 법이 정치에 대해 잘못된 역사적 관계를 설정하는 것이라 할 수 있다. ② 법이 자유와 평등의 이념을 변증시키는 방법은 자유의 이념을 구현하는 제도나 평등의 이념을 구현하는 제도, 그 모두를 관련 당사자들의 '대화지향적인 의사소통'에 의해 형성·운영되도록 하는 것이다. 바꿔 말해 (민주적) '참여'는 자유와 평등을 변증시키는 첩경이 되며, 법은 그런 참여를 제도화하는 매체로 기능하여야 한다.

■ 시장과 체제이념의 변증 ① 우리나라 법제는 시장마다 자유와 평등의 이념을 실현하는 정도가 매우 다르다. 가령 증권시장은 거래세 이외에는 (누진)소득세 등의 평등을 실현하는 제도가 거의 없는 반면, 의료시장에서 의료서비스의 가격과 내용은 보건복지가족부 장관이 사회보장적 의료보험제도의 기능성을 유지하는 방향으로 정한다. 즉 의료평등과 의료공공성의 이념이 지배적이다. 증권시장과 의료시장, 이 둘 사이에 가령 방송시장, 부동산시장, 노동시장이 위치하고 있다. 그렇기 때문에 전체 법체계가 모든 영역에서 자유와 평등을 균등한 비율로 실현하고 있는 것이 아니라 시장마다 — 예컨대 ≪의료시장 → 방송시장 → 부동산시장 → 노동시장 → 증권시장≫의 순으로 평등은 적게 자유는 많이 — 차등적으로 실현하고 있다. ② 이처럼 시장 자체가 자유와 평등 가운데 어느 한 이념을 편중적으로 실현하는 것은 법의 정치적 합리성, 즉, 사회통합을 위한 것이다. 예컨대 한국사회에서 의료서비스가 평등하게 분배되지 않으면 갈등과 분열이 극대화되지만, 증권시장에서는 모두가 자유를 향유하여 일확천금을 꿈꿀 수 있기를 기대하기 때문에 법이 증권시장을 자유시장으로 조직화하는 것은 사회통합에 기여한다. 그러나 각 시장의 지배이념에 대응하는 이념이 그 시장에서 지배이념을 견제하도록 해야 한다. 예컨대 의료시장이 평등으로 지배되지만, 평등의료를 지향하는 건강보험의 보험자 역할을 정부의 대리인(국민건강보험공단)뿐만 아니라 민간회사가 동일한 조건에서 수행할 수 있게 한다든지 요양급여비용을 계약제[26]로 운영하는 것이다. 자유이념이 지배하는 증권시장에서는 내부자거래금지제도[27]나 분식회계에 대한 엄정한 통제 등을 통하여 시장참여자들이 투자정보를 '평등'하게 이용할 수 있게 하는 것이다. 이를 위해서는 그 시장의 구조와 기능에 관련한 제도의 형성과 운영이 최대한 관련 당사자들 사이의 대화적 의사소통에 의하도록 하여

26) 현행 요양급여비용계약제가 진정하게 계약의 논리를 실현하지 못하며 중재기능도 미흡하다는 문제점에 대한 분석과 대안에 관하여 이상돈, *수가계약제의 이론과 현실*(세창출판사, 2009) 참조.

27) 과도한 내부자거래금지제는 시장에 비친화적이므로 제한적으로 운영해야 한다는 제안으로 이상돈 · 임철희, "내부자거래의 시장유해성과 시장의 형법비친화성", *형사정책연구*(겨울호, 1999), 101~131쪽 참조.

야 한다.

(나) 법과 정책의 이성적 연관 둘째, 법은 정책과 이성적 연관을 유지해야 한다. 여기서 이성적이란 의사소통적(또는 대화적) 이성을 실현하는 측면을 가리킨다. 이는 두 가지 함의를 갖는다. 먼저 ① 법은 집단주의적 전통문화에 뿌리를 둔 정책(전근대적 정책)과 비판적 거리를 두어야 한다. 예컨대 헌법재판소의 위헌결정(헌재결 2001헌가9)에 의한 호주제의 폐지를 들 수 있다. 호주제는 가문주의의 전통을 재생산할 뿐, 개인의 자유에 기초한 가족관계의 형성에는 오히려 장애가 된다는 점에서 법은 이성의 이름으로 그와 같은 전통에 대해 비판적 거리를 두어야 하는 것이다. ② 법은 이성의 전체주의적 측면을 비판하고, 근대적인 이성 개념에서 소외되었던 소수자들의 권익을 옹호하려는 정책적 대안들을 소통적 이성 개념에 수용하여야 한다. 예컨대 여성주의적 정책대안들이 남성에 대한 새로운 차별(역차별)을 초래하는 경우라면 법은 실천이성의 이름으로 그것들을 거부해야 하는 반면, 남성주의적 문화에서 소외된 '여성의 자유와 권리'에 대한 보장이나 '성역할의 고정관념'을 해체하는 경우라면 법은 그 대안들을 수용하여야 한다. 이런 양면적 관계지음은 법이 여성주의적 기획과 대화적 관계를 유지할 때만 가능하다. 즉 역사적 지평에서 법은 정책과 대화이론적 의미에서 이성적 관련을 맺어야 한다.

10

법과 경제

Ⅰ. 법과 경제의 관계현실

우리나라에서 법과 경제는 경제가 법에 대해, 법이 경제에 대해 일방적으로 우위에 놓이는 관계로 이해되곤 한다. 앞의 입장을 경제주의라고 부른다면, 뒤의 입장은 사법주의라고 부를 수 있다.

1. 경제주의

경제주의란 법이 경제의 성장과 발전에 도구가 되는 것을 말한다. 우리 사회에서 이 현상은 크게 세 단계로 나누어 볼 수 있다.

(1) 개발독재

첫 번째 단계는 1960, 70년대 개발독재의 단계이다. 이때에는 경제성장을 빌미로 정치적 자유를 광범위하게 제한하는 독재체제가 정당화되었고, 법(예: 反共法)은 그러한 자유제한의 선봉장이 되었다. 이것은 법이 자신의 정당성기초인 민주적 법치국가의 이념을 제대로 실현할 수 없었음을 의미한다. 이 시기의 법의 경제적 도구화는 경제개발을 내세운 정치적 독재체제의 결과였다.

(2) 경제성원칙

1960, 70년대에 나타난 법에 대한 경제의 맹목적인 우위는 그 원인인 독재적인 정치체제가 1990년대에 성취한 정치적 민주화(文民政府의 출범)에도 불구하고 사라지지 않았다. 다만 1980, 90년대의 경제주의는 개발독재와 같은 이데올로기의 형태가 아니라, 법체계가 법의 합리성 범주 가운데 하나인 경제성의 원칙에 의해 재편성되는 형태로 나타나고 있다. 오늘날 한국사회에서 경제주의는 정치의 힘이 아니라 (경제)논리의 힘에 의해 법의 형성과 법체계의 조직에 커다란 영향을 미치고 있다. 이는 사법체계에 부과되는 업무량은 지나치게 많은 반면, 그 업무를 처리하는 사법체계의 인적·물적 자원은 상대적으로 적은 데에서 주로 비롯된다. 그렇기 때문에 소송경제가 강조되었고, 이는 사법의 민주성을 제약하는 원칙으로 작용하였다.

▪ 소송경제의 지배　① 오늘날 소송제도의 개혁방향은 거의 경제성원칙에 의해 각인된다. 예를 들면, 경제성장으로 복잡해진 현실이 사법체계에 업무의 폭증을 가져다주기 시작한 무렵인 1973년에 형사소송은 간이공판제도(형사소송법 제286조의2)를, 민사소송은 소액사건심판제도(「소액사건심판법」)를 도입하였다. 1981년에는 지방법원에서 소액의 민사사건을 간이한 절차에 따라 신속히 처리하기 위하여 민사소송법에 대한 특례를 규정하는 「소송촉진 등에 관한 특례법」이 제정되었고, 1990년에는 「민사조정법」이 제정되어 소송에 의하지 아니하고 법원이 분쟁을 신속하게 해결하기 위한 일반적인 절차가 마련되었다. 또한 1995년 형사소송법 개정도 간이공판의 전면 확대, 피고인 결석재판의 확대 등 그 개정의 핵심은 소송의 경제성을 높이는

데 있었다. ② 이에 비해 2007년 형사소송법은 2003년 참여정부의 출범과 함께 사법개혁의 요구가 강해지자 어느 정도 재판의 공정성과 합리성을 높이는 개혁을 좇는 듯 보인다. 그러나 이 개정도 여전히 소송경제를 강하게 지향하고 있다. 특히 공판준비기일제도(제266조의5 이하)에 의한 수명법관(제266조의7, 3항)의 심리계획은 수소법원의 심증형성을 사전에 프로그래밍을 할 위험이 있고, 공소장부본 송달 후 피고인 또는 변호인의 의견서·답변서 제출의무화(제266조의2)는 자백을 강요하는 심리를 불러일으킬 수 있고, 매일 공판을 열게 한 집중심리제도(제267조의2)는 예측하지 못한 검찰 측의 증거에 대한 방어준비를 불가능케 하고, 피고인의 방어피로를 쉽게 쌓이게 하여 방어심리를 현저히 위축시킬 수 있기 때문이다. 이와 같은 소송경제의 흐름이 소송(법)의 합리성을 얼마나 회복·증대시킬 것인지는 매우 회의적이다.

(3) 신자유주의와 기업사회화

㈎ 신자유주의의 의미 　경제주의의 새로운 단계는 1997년 경제위기상황에서 IMF의 재정지원을 받음을 계기로 그리고 21세기에 들어서는 세계화의 흐름과 함께 한국사회에 유입이 더욱 가속화된 신자유주의(Neo Liberalism)의 시대이다. 신자유주의의 대표적인 내용은 ⓐ 자유경쟁의 강조 ⓑ 효율성의 극대화 추구 ⓒ 이윤의 극대화 추구 ⓓ 시장원리에 대한 맹신 ⓔ (정부의) 규제철폐 옹호 ⓕ 공기업의 민영화 ⓖ 정부기구 및 기업의 구조조정 ⓗ 사회복지부문에 대한 공공예산 삭감 ⓘ 공공재의 개념 철폐 등을 들 수 있다.[28)]

■ 신자유주의와 고전적 자유주의의 차이 　신자유주의가 모든 경제활동에 대한 국가간섭 철폐를 주장한 고전적 자유주의와 두 가지 점

28) Elizabeth Martinez and Arnoldo Garcia. *What is "Neo-Liberalism"?*. http://www. corp watch.org/trac/corner/glob/neolib.html 참조.

에서 다르다. ① 첫째, 신자유주의는 역사적으로 복지국가 발전 이후의 자유주의이다. 즉 복지국가적 정책의 폐해가 정부실패(government failure)의 문제를 낳으면서, 그리고 세계사적으로는 영국의 대처리즘과 미국의 레이건노믹스의 정치적 후원 아래 급격히 성장한 것이다. ② 둘째, 신자유주의는 고전적인 자유주의처럼 국민경제 안의 체제이념인 것이 아니라 '초국가적인' 체제이념이다. 즉, 신자유주의는 특히 IMF, 세계은행 등과 같은 세계금융기관이 금융위기를 겪는 국가에 그 지원의 조건으로 미국식 자유주의 (금융)경제체제를 강요하는 방식으로, 즉 세계화의 물결을 타고 전파되는 이념이다.

(나) 신자유주의의 법제화 신자유주의는 다양한 법제로 실현된다. 대표적으로 노동시장을 유연화하는 제도인 정리해고제도(「근로기준법」 제24조),[29] 산업자본이 4%까지 은행지주회사의(의결권있는) 주식을 보유할 수 있게 함으로써 글로벌 금융투자・보험회사를 키우는 금산분리의 완화제도(「금융지주회사법」 제8조의2) 또는 은행과 보험의 금융시장과 증권시장이 통합된 자본시장제도(「자본시장과 금융투자업에 관한 법률」) 등을 들 수 있다.

(다) 신자유주의의 평가 그러나 신자유주의는 글로벌 기업의 경영효율성을 과도하게 지향하는 경향이 있다. 법에서 '경제성'이란 점차 '경영효율성'으로 변화한다. 물론 「독점규제 및 공정거래에 관한 법률」이 거대기업의 독과점적 시장지배가 초래하는 부작용을 통제하고는 있지만, 만족할만한 결과를 얻지 못할 때가 많다. 여기서 더 나아가 신자유주의의 시대에는 '기업사회화'라는 현상이 증대하고 있다는 점도 주목할 만한 현상이다. 기업사회화란 기업의 경영모델이 모든 사회영역에 확산되는 현상을 말한다. 예컨대 대학

29) 근로기준법상 정리해고는 해고의 자유를 인정한 것이 아니라 ① 긴박한 경영상의 필요가 있고, ② 해고회피 노력을 하고 합리적이고 ③ 공정한 해고기준에 따른 경우에만 예외적으로 허용된다

운영도 성과급제의 도입과 같이 기업경영을 모델링하면, 연구와 교육을 등한시 했던 교수들의 변화가 촉발될 수는 있다. 그러나 그로 인해 계량적 평가로 평가될 수 없는 학문연구의 세계가 위축될 수 있다.

■ 기업사회화　① 기업사회화란 기업(경영)의 효율성이 국가경제의 효율성과 동일시되고(경영의 경제개념화), 그 효율성이 사회의 다른 영역에 전승되어 온 가치들에 대한 압도적인 우위를 점하게 되는 것을 말한다. ② 이는 첫째, 기업권력이 정치권력을 압도하고, 법과 행정작용보다 우위에 놓이게 되며(예: 범죄를 저지른 대기업총수의 너무 쉬운 면죄), 둘째, 정부, 학교, 정당 등과 같은 다른 사회조직들이 기업(경영)을 모델로 하여 내부질서를 재구성하게 되며(예: 대학교수의 계량적 업적 평가와 성과급, 법관의 인사평가제), 셋째, 기업의 문화가 다른 문화의 가치를 압도함으로써 모든 사회구성원들이 결국 종업원과 소비자로 자리매김 되는(예: 대학의 학원시장화) 현상으로 나타난다. ③ 기업사회화는 기업 이외의 사회영역에서 합리화를 촉진시키는 장점이 있는 반면, 사회의 각 부문에서 공공성을 후퇴시키는 단점(예: 정의의 후퇴, 직업문화의 파괴,[30] 문화적 가치의 파괴)이 있다. 그러므로 기업사회화는 적어도 사회의 합리화를 넘어서서 어떤 사회영역의 전승된 문화나 규범을 파괴하는 역기능을 보이게 되면 제어되어야 한다.

2. 사법주의

경제주의와 정반대의 현상이 1990년대 시민단체의 운동이 본격화되면서 일어나고 있다. 경제나 경영의 효율성보다는 사회정의가 더 우위에 놓여야 하며, 법은 그런 사회정의를 관철하는 수단으로

30) 법관에 대한 인사평가제도는 법관 임용 당시의 사법연수원 수료 성적순이라는 단일 기준을 지양시켰지만, 법관들의 법원장 눈치보기 현상을 증대시켜, 법관의 독립을 현저히 위태롭게 만들고 있다.

기능해야 한다는 관점이다. 이를 사법주의라고 부를 수 있다.

(1) 법의 우위와 사회국가적 기획

사법주의는 시민단체의 사회정의관념을 반영한다. 예컨대 모든 분식회계는 사회의 악으로서 반드시 엄중 처벌해야 한다거나(「주식회사의 외부감사에 관한 법률」 제20조 제1항), 분식회계를 눈감아준 공인회계사도 경영진과 연대하여 투자자의 투자실패로 인한 전 손해를 배상할 책임을 져야 한다는 관점(「주식회사의 외부감사에 관한 법률」 제17조), 의료혜택의 평등을 위해 사회보장의료만 고집하고, 자유의료시장을 일체 허용해서는 안 된다고 보는 관점, 도산 위기에 처한 피인수회사의 자산을 담보로 대출을 받아 그 회사를 인수한 뒤 성공적인 기업회생경영을 한 경우('차입에 의한 기업매수'<LBO>)에도 담보급부를 제공함이 없었다면 배임으로 처벌하는 판례(대판 2004도7027; 2007도5987) 등을 들 수 있다.

이런 생각들의 공통된 점은 일반시민, 일반 투자자의 보호를 무조건적인 사회정의(또는 善)라고 보고, 법은 그런 선을 굴절 없이 강력하게 집행하는 수단이라고 보는 것이다. 이때 사회정의는 사회적 약자를 보호하는 목적의 관점에서만 인정될 수 있다. 그런 목적은 넓게 보면 사회국가적 기획에 속한다. 결국 법은 사회국가적 기획 속에서 경제(의 효율성)에 대하여 우위를 점하게 되는 셈이다.

(2) 경영합리성의 상실

그러나 이때 사회정의는 그런 관점을 가진 사람의 입장에서, 그것도 자신의 정의인식이 무조건 타당하다고 믿으며, 그 점에 대하여 과도한 확신 속에서 자신의 입장을 성찰하지 않고, 단지 관철하려고만 하는 일종의 도덕적 엘리트주의에서나 인정될 수 있다.

예컨대 경상이익이 많은 해에 보유자산에 대한 평가를 낮게 했다가 경상이익이 적은 해에 높게 하는 이른바 이익의 유연화도 분식회계이지만 경영위기를 극복하는 합리적인 경영전략이 되기도 한다. 부실감사도 회계판단의 차이나 과실의 회계오류의 경우, 고의적인 회계부정과 달리 투자실패의 손해에 대하여 배상책임을 인정할만한 불법을 갖고 있지 않을 뿐더러, 그런 과도한 부실감사책임의 부과는 장기적으로 볼 때 우수한 회계인력의 외부감사업무에서의 이탈을 촉진시켜 오히려 경영투명성의 실현에 역행할 수도 있다.[31] 피인수회사의 자산을 담보로 빌린 돈으로 그 회사를 인수하는 차입매수(LBO)는 자산을 지닌 인수자를 찾기 어렵고, 공적자금이 투입될 수도 없는 기업으로서는 그냥 정리절차에 넘어가지 않고, 기사회생할 수 있는 경영전략의 하나가 될 수 있다.

이런 행위를 법이 금지하고, 강하게 제재를 가하게 되면, 합리적인 경영전략을 상실하고, 경영합리성을 훼손하게 된다. 이와 같은 법의 경제나 경영에 대한 우위는 도덕인식에서의 엘리트주의, 즉 자신들만이 무엇이 도덕이고 선인지를 인식할 수 있다는 의식의 결과라고 할 수 있다.[32]

경제주의는 경제성이 사회적 합리성의 하나인 이상, 그 안에는 정의요소도 포함된다는 점을 간과하는 반면, 사법주의는 법적 정의에도 경제성이 내재한다는 점을 간과한다. 오늘날 한국사회에서는 이 두 가지의 문제가 동시에 펼쳐지고 있다.

---

31) 이런 방향의 연구로 이상돈, *부실감사법*(법문사, 2007) 참조.
32) 시민단체의 도덕적 엘리트주의에 대한 비판으로 이상돈, *시민운동론*(세창출판사, 2007), 14~20쪽 참조.

Ⅱ. 법경제학

경제주의와 사법주의의 대립과 그로 인한 법의 합리성 왜곡은 경제성을 법과 길항관계에 놓이는 외부적 요소가 아니라 법(적 정의)을 구성하는 요소로 바라보는 법경제학(law and economics)의 발전을 통해 얼마간 지양될 수 있다. 법경제학의 발전은 다음 세 단계로 나눌 수 있다.

- 경제성이 법을 비판하고 교정하는 요소가 됨(1)
- 경제성이 법의 실효성을 보장하는 법의 내재적 요소가 됨(2)
- 경제성이 법적 정의를 범주적으로 구성하는 요소가 됨(3)

1. 법의 경제학적 분석을 통한 법의 교정

경제학은 흔히 효율성을 추구하며, 이른바 도구적 합리성을 기반으로 비용과 편익의 분석과 그 계량화를 통해 최적의 이익을 추구하는 방법을 개발하는 분과로 이해된다. 경제학의 중심문제는 어떻게 유한한 자원을 효율적으로 사용하여 사람들의 욕구(필요)를 최대한으로 충족시킬 것인가에 있다.

(1) 법의 외재적 비판 · 교정요소로서 경제성

이런 경제학으로 법의 규제기능을 평가하는 것이 바로 첫 번째 단계의 법경제학이다. 예컨대 시카고학파(Chicago School)는 경제성을 '부의 극대화'(wealth maximization)로 바라본다.[33] 따라서 어떤 법으로 인해 (어떤 사람이) 이득을 보는 규모가 그로 인해 (다른 어

---

33) 시카고 학파의 법경제학에 대한 분야별 개관으로는 E. Posner(편), *Chicago Lectures in Law and Economics*(Foundation Press, 2000) 참조.

떤 사람이) 손해를 보는 규모보다 크다면, 그 법은 경제적인 것이 된다. 이런 의미의 법경제학에서 경제학은 법학과 통합되지 않은 상태에 있고, 경제성은 법의 '밖'에 위치하면서 법을 평가 · 비판하고, 교정하는 요소가 될 뿐이다. 이런 법경제학을 법의 경제학적 분석(economic analysis of law)이라고 칭한다. 미국에서 발전하고, 우리나라에 수용되어 온 법경제학의 주된 모습은 이런 법경제학이다.

그러나 법의 경제학적 교정이념인 '부의 극대화'도 — 평등의식이 매우 강한 우리나라에서는 더욱 더 — 어느 정도 배분적 정의를 고려하는 것이어야 한다. 그러므로 법의 경제학적 분석은 신후생경제학파의 창시자인 파레토(Pareto)의 '최적상태'(Pareto Optimality)를 교정이념으로 삼는 것이 적절하다. 파레토의 최적상태란 '기존의 재화의 분배상태에서 모든 개인들이 — 재화에 대한 각자의 선호체계를 바탕으로 — 재화의 교환을 통하여 다른 사람의 지위를 악화시키지 않고는 자신의 지위를 개선시킬 수 없는 상태'를 말한다. 가령 어느 한 사회구성원의 상황이 나아지지만, 다른 사회구성원들은 변화가 없는 경우에 재화의 최적분배는 아직 달성되지 않은 것이며, 개선의 여지가 있는 것이 된다.

■ **자유의료시장에 대한 법경제학적 진단** ① 우리나라 「국민건강보험법」은 의료체계를 오로지 사회보장의료체계로만 짜고 있다. 극히 예외적인 경우(예: 성형, 미용 관련 의료)를 제외하고는 정부가 정한 내용의 의료서비스를 정부가 정한 가격으로 사고 팔도록 한다(제39조 제2항). 이를 '규격진료'라 부른다. 이로 인해 '의료평등'은 상당히 실현되지만 최고수준의 의료서비스를 거래할 수가 없고, 그로 인해 의료기술과 의료산업의 발전이 저해될 수도 있다. ② 만일 사회보장적 의료보험인 건강보험 이외에 민간의료보험이나 자유의료시장을 허용할 경우에 — 건강보험가입자들은 기존 수준의 의료서비스를 똑

같이 누릴 수 있으면서도 — 의료서비스는 고급화되고 의료기술이 발전하여, 그 혜택을 입는 시민이 늘어나고, 또한 장기적으로는 그로 인해 건강보험의 보장수준도 높아지게 되는 압박을 받게 될 수 있다. 그렇다면 현행 「국민건강보험법」은 아직 충분히 경제적인 것이 아니다. 의료재의 총효용의 극대화를 위해서 자유의료시장은 일정한 범위에서는 허용될 필요도 있다.

(2) 거래비용의 최소화 요청

이로써 경제학이 법에게 제공하는 교정지침은 분명해진다. 법은 경제적 자원들을 모든 개인들이 각자의 목적을 최대로 달성할 수 있도록 그 사용을 배분하여야 한다는 것이다. 그런데 자원배분의 최적상태의 달성은 실천적으로는 시장에서의 거래나 교환이 보다 넓은 범위에서 자유롭게 이루어질 수 있을 때 비로소 가능해진다. 바꿔 말하면 거래비용(transaction cost)이 제로가 될 때 자원배분은 최적상태에 도달할 수 있다. 여기서 거래비용이란 경제활동에 수반되는 모든 '조직화비용'을 의미한다.

그러나 현실세계에서는 언제나 거래비용이 존재한다. 특히 사회제도의 하나로서 법이 규율하는 사회적 교류나 거래에는 일정한 비용이 수반된다. 법경제학은 법에게 '최대한 거래비용을 줄이라'고, 달리 말해 '거래비용을 최소화하라'고 요구한다. 이 요구에 따라 법은 시장의 교환(거래)을 가능한 손쉽게 하고 또한 그렇게 함으로써 시장의 자원배분기능을 촉진하도록 해야만 합리적인 것일 수 있다.

■ 거래행위의 법적 형식화와 거래비용 부동산거래에서 등기절차나, 각종 거래의 입증에 사용하기 위한 공증제도, 자필증서, 녹음, 공정증서, 비밀증서 및 구술증서에 의해서만 유언을 할 수 있게 하는 민법 제1065조와 같이 법적 행위에 일정한 형식성이 요구된다. 이런

> 법적 형식성은 거래비용을 줄여 주기도 한다. 예컨대 등기제도는 소유권관계를 명확하게 함으로써 부동산거래시장을 튼튼하게 만든다.

정당추천인이 의회의 대부분을 구성하는 정치현실도 정치적 이념의 조직화를 통해 수천만 명의 시민들의 의사를 수렴하는 행위의 비용(거래비용)을 축소시킨다는 점에서 그 정당성을 갖는다. 하지만 정당 간의 경직된 이념적 대립과 투쟁처럼, 때로는 법의 현실규율이 거래비용을 높이는 결과를 낳기도 한다.

(3) 권리 · 의무 분배규칙을 교정하는 법경제학

법의 경제적 합리성에 대한 이와 같은 요구는 입법자와 법적용자 모두에게 유효하다. 즉 법률적용자인 판사의 법률 해석 · 적용에 있어서도 거래비용의 최소화 요구는 법적용의 합리성을 실현하기 위한 규범적 요청이 된다. 우리나라 법원이 비록 법경제학적 접근을 명시한 것은 아니지만, 실질에 있어서는 법관법의 형성을 말할 수 있을 정도로 거래비용의 최소화 요구에 부응하는 판결을 — 사회적 약자의 보호를 위해 유리한 경우에 국한시킨다는 단서를 전제하고 — 꾸준히 내놓아왔다. 그 대표적인 예로 다음 두 가지가 있다.

㈎ 최소비용회피자의 배상책임　첫째, 거래비용을 최소화하는 방향으로 법에 의해 권리를 귀속시키고 의무를 배분함에 있어, 최소비용회피가 그 기준이 된다. 즉, 어떤 손해가 발생하였을 때 그 손해에 대한 배상책임은 그 손해를 가장 적은 경제적 비용으로 예방할 수 있는 사람, 즉 '최소비용회피자'(cheapest cost avoider)[34]가 짊어져야 한다는 것이다. 예컨대 제조물책임 소송에서는 결함의 유무와 그 원인이 엄격한 손해배상책임의 요건(민법 제750조)을 충족하

---

34) 이 이론에 대해 자세히는 G. Calabresi, *The Cost of Accidents: A Legal and Economic Analysis*(Yale University Press, 1970) 참조.

지 못하는 경우에도 제조자가 배상책임을 부담해야 한다. 왜냐하면 제조자는 제품의 위험에 관한 정보를 지배하고 있고, 바로 그 점으로 인해 더 적은 비용으로, 즉 불필요한 거래비용을 발생시키지 않은 채, 사고를 예방하는 조치를 취할 수 있기 때문이다. 제조자가 제조물결함으로 인한 손해의 배상책임을 부담할 때, 해당 사고로 인한 사회적 비용의 총량(total social cost)은 줄어들 수 있는 것이다. 이러한 책임이론은 2002년 「제조물책임법」으로 제도화되었다.

(나) 두둑한 주머니 둘째, 어떤 손해가 발생하였을 때 그 손해에 대한 배상책임은 재정능력이 가장 강한 사람, 즉 손해를 쉽게 배상할 수 있는 사람, 즉 두둑한 주머니(deepest pocket)가 부담하여야 한다는 것이다. 예컨대 의료사고 소송에서 병원은 의료사고의 원인이 손해배상책임의 요건(민법 제750조)을 충족하는지 여부를 판단할 수 있을 만큼 분명하게 밝혀지지 않은 경우에도 환자에 대한 배상책임을 짊어져야 한다는 것이다. 왜냐하면 병원은 환자보다 두둑한 주머니를 가졌기 때문이다. 즉, 배상책임을 지기 위해 지출해야 하는 재화의 효용은 두둑한 주머니의 사람(병원)에게서보다 얇은 주머니의 사람(환자)에게서 상대적으로 더 크고, 따라서 부자가 배상책임을 지는 것이 국민경제 전체로 볼 때 재화의 총효용이 더 커질 수 있다는 것이다.

> 대법원은 1970년대 중·후반부터 이런 책임귀속의 경향을 유지해왔는데,[35] 2011년 제정된 「의료사고 피해구제 및 의료분쟁 조정 등에 관한 법률」은 한 발짝 더 나아가 불가항력적인 의료사고의 보상(법 제46조) 가능성도 열어놓고 있다.

---

35) 이러한 점에 대한 전반적인 개관은 이상돈·김나경, *의료법강의*(법문사, 2009) [6] 단락 참조.

물론 두둑한 주머니의 이론은 미국의 법경제학을 계수하는 방식이 아니라 사회적 약자로서 환자를 보호하려는 정책의 배후에 존재해온 법감정이라는 토양에서 자생적으로 성장했다고 볼 수 있다.

2. 법의 내부적 요소로서 경제성

경제학이 법학에, 경제성이 법적 정의에 유입되는 두 번째 발전 단계는 법학 스스로 경제학의 관점을 수용하는 단계이다. 즉 기존의 법학방법론이 놓치거나 간과해왔던 경제문제들에 대한 고려가 법을 효과적으로 집행하게끔 하는 데에 매우 유용하다는 인식이 법학 내에서 성장하는 단계이다.

(1) 법의 실효성을 관철하는 경제성

가령 집단소송제가 소송의 폭증을 가져오고, 피소된 기업은 물론이고, 동종업계의 기업의 경영에 심각한 부담을 초래하여 장기적으로는 기업가치의 하락이나 도산 등을 통하여 투자자에게도 불이익이 초래된다는 점을 고려할수록, 집단소송제 법제는 완화된 방향으로 변화되어야 한다.[36)]

이런 인식은 심지어 형법에서도 성장한다. 형벌의 부과가 법적 정의를 — 부수형법의 영역에서는 각 개별법률의 정책적 기획을 — 실효성 있게 관철하기 위해서는 범죄인이 그 법을 위반할 때 분석하는 '비용(예상되는 형벌)—편익(범죄로 획득하는 이익)'의 분석을 고려해야만 한다. 가령 담합에 대한 형벌부과는 담합으로 인해 얻는 이익이 — 예컨대 설탕산업의 건전성(예: 업종산업평균수익률 5~7% 유지) 유지라는 기업의 이익과 그것을 통해 저가·저질의 외국

---

36) 자세한 것은 이상돈, *공익소송론*(법문사, 2006), 144쪽 아래(책임귀속의 완화) 참조.

설탕이 국내시장을 장악하는 것을 차단함으로써 고품질의 설탕을 안정적으로 구입・사용할 수 있게 되는 소비자의 이익[37]이 — 담합의 행위를 한 직원(예: 과장, 부장)이 받게 되는 불이익보다 상대적으로 훨씬 크기 때문에 실효성을 유지하기가 어렵다.

이런 사고에서 경제성의 고려는 법적 정의 그 자체를 설계하거나 재단하는 것이 아니라 그 실효성을 평가하는 요소로 기능할 뿐이다. 즉 이때의 경제성은 비록 법의 '내재적 요소'로 편입되기는 하지만, 여전히 법의 '범주적' 구성요소가 아니라 법의 '실효성' 변수로 자리 잡는다.

(2) 인센티브로서 법

법의 실효성변수로서 기능하는 경제성은 법에 의해 경제적 인센티브(incentive)를 만들어내는 것으로 발전할 수 있다. 인센티브는 사람들로 하여금 '좋은 일'을 많이 하고 '나쁜 일'을 적게 하도록 설득하는 수단이다. 예컨대 담배조세(「지방세법」 제47조~제64조)를 강화하는 법, 담배의 유해성에 대한 경고문구를 담배 포장지에 표시하게 하는 법(「담배사업법」 제25조) 등은 금연을 통한 건강증진을 가져오지만 담배산업을 위축시킨다. 이때 국민의 건강증진으로 인한 건강관리비용의 감소, 부 창출의 증대 등과 같은 효과가 담배산업의 위축에 따른 부의 손실을 훨씬 넘어설 수 있다. 그렇다면 법은 전체적으로 부를 증가시키는 것이고, 그런 경제성으로 인해 금연법은 더 실효적인 규범이 될 수 있다. 여기서 금연법의 합리성은 도덕적인 논거에 기초하는 것이 아니라 부의 극대화라는 경제적 효과에 기초하는 것이 된다. 이 경우 경제성은 법의 합리성을

---

37) 담합에 대한 이와 같은 새로운 관점으로 이상돈, *공정거래형법*(법문사, 2010), 124~126쪽 아래; 이상돈・지유미・박혜림, *사례연구 기업윤리와 법*(법문사, 2008), [13] 단락 참조..

구성하는 내재적 요소가 된다.

3. 법과 경제성의 범주적 상호구성

경제성이 법에 '완전하게' 내재화되는 진정한 단계는 법적 정의 자체를 구성하는 범주적 요소가 될 때이다. 법에 경제성을 투입시키면 법적 합리성이 더 실현될 수는 있지만, 바로 그로 인해 특히 경제성요청을 절대화할 경우에는 더욱 더 법적 정의를 파괴할 위험이 수반된다.

> 가령 자원배분의 최적상태를 실현하기 위해 의료사고에서 '두둑한 주머니'를 지닌 의료인(의·병원)이 엄격한 의미의 과실과 인과관계가 확인되지 않는데도 배상책임을 지는 것은 경제학적으로 바람직하지만 그런 불법행위법은 '방어진료'[38]를 가져온다. 이는 장기적으로 볼 때 의료소비자가 누리는 의료서비스의 수준이 떨어지는 것을 의미하고, 의료소비자가 누리는 의료서비스의 총효용은 환자보호편향 배상판결이 지속되기 이전보다 오히려 감소하는 결과로 이어질 수 있다. 여기서 경제성의 고려가 법적 정의를 — 구체적으로는 책임귀속의 일반원칙(='고의 또는 과실로 인한 위법행위로 타인에게 손해를 가한 자만 그 손해를 배상할 책임이 있다')(민법 제750조)을 — 훼손시키는 데 그치지 않고, 그런 법적 정의의 훼손이 오히려 반(反)경제성을 초래한다는 점을 말해준다.

이로써 경제성과 법은 일방적인 비판과 교정의 관계가 아니라 상호적인 관계에 있음을 알 수 있다. 법은 비경제성에 대한 반성을 통해 더 정의롭게 될 수 있고, 경제는 법적 정의의 훼손에 대한 반성을 통해 더 경제적으로 될 수 있다는 것이다. 여기서 진정한 의미의 법경제학이 성립할 수 있다. 법경제학은 법의 경제학적 교정

38) 이에 관해 자세히는 이상돈, *의료형법*(법문사, 1998), 36, 257쪽 참조.

이나 경제의 법적 재단이 아니라 지속적으로 법적 정의가 경제학에 의해 그 비합리성(비경제성)이 반성되고, 동시에 경제학이 법학에 의해 그 비합리성(정의왜곡)이 반성되는 과정 속에 존재하게 된다. 이때 경제성은 법적 정의를 관철하는 단지 실효적 수단이 아니라 그것을 구성하는 범주적 요소가 되고, 법적 정의는 경제성을 실천적-도덕적으로 재단하는 요소가 아니라 그것을 구성하는 범주적 요소가 된다. 다만 이런 범주적 상호구성은 하나의 법률이 아니라 다층적인 법제, 이를테면 형법, 민법, 배상책임보험법, 사고보험법 등의 지층을 갖는 법제들에 의해 비로소 실현될 수 있다.

Ⅲ. 법과 경제의 관계

법과 경제가 서로를 구성하는 범주적 요소로 내재화되어야 한다면, 법과 경제의 관계도 그런 방향으로 짜여져야 한다. 또한 그렇게 짜여질 때 법과 경제의 관계는 이성적인 것이 된다. 즉, 법이 경제적 효율성을 띠면서도 자신의 고유한 정의의 원칙들을 훼손하지 않는 상태인 동시에 경제가 법제화를 통해 효율성을 더 높이는 상태이어야 한다. 그런 관계의 구체적인 모습을 언제나 확정적으로 말할 수는 없다. 아래서는 법이 경제와 관계하는 두 가지 방식, 즉 개인의 경제적 행동을 규율하는 방식과 시장을 규율하는 방식으로 나누어 법과 경제의 이성적 관계를 설계해본다.

1. 법과 개인의 경제적 행동

법은 개인의 경제적 행동과 다음과 같은 관련을 맺을 때 이성적이며, 경제적인 것이라 할 수 있다.

(1) 합리적 경제행동의 승인과 보호

법은 개인의 합리적인 경제적 행동을 윤리적으로 정당한 것으로 승인하고 보호하여야 한다. 그렇기 때문에 법은 예컨대 소비자들에게 소비생활의 합리화를 도모하도록 물품 및 용역을 선택함에 있어서 '필요한 지식 및 정보를 제공받을 권리'나 '물품 등을 사용함에 있어서 거래상대방·구입장소·가격 및 거래조건 등을 자유로이 선택할 권리'(「소비자기본법」 제4조 제2호, 제3호)를 보장해줌으로써 경제적인 소비생활을 가능케 한다. 또한 법은 경제적 행동을 보호하는 데서 그치지 않고, 새로운 경제적 행동을 촉진시키는 역할을 수행할 필요도 있다. 이를테면 국가는 조세상의 혜택이나 각종 보조금의 지원을 법으로 규정하여 정책적으로 개발이 바람직한 영역에 생산성 높은 산업을 개발하기도 한다. 중소기업의 "신기술사업에 대한 자금의 공급을 원활하게" 하는 「기술보증기금법」은 그 대표적인 예이다.

(2) 비합리적 경제행동의 승인과 보호

법이 승인하고 보호하는 경제행동이란 반드시 개인이 효용의 극대화라는 목표를 향해 행하는 논리적이며 일관된 행태의 행동만을 의미하지는 않는다. 현실의 인간이 개인적인 습관, 타성, 충동 등, 제한된 의지력의 비합리적 존재라면, 인간의 비합리적인 경제적 행동도 적어도 법은 승인하고 보호해주어야 한다. 가령 「상가건물임대차보호법」은 "임차건물에 관한 조세, 공과금, 그 밖의 부담의 증감이나 경제 사정의 변동으로 인하여 상당하지 아니하게 된 경우"가 아니거나 임대차계약 또는 차임의 증액이 있은 후 1년 이내에는 아예 증감을 청구할 수 없게 한다(제11조). 이런 법은 임대인이 언제나 임차료를 늘림으로써 임대효용을 극대화하려 한다는 전제를 갖고 있다. 하지만 임대인도 법률상 임차료 증감사유가 없더라도 선행의 의지에 의해 임차료를 감액하려고 할 수 있다. 그런 점을 법은 승인하고, 그 가능성을 보호해주어야 한다.

(3) 경제적 합리성에 우선하는 도덕이나 공동선의 부분적 인정

법은 때때로 도덕이나 공동선을 위해 경제적 합리성을 후퇴시킬 수 있다.

㈎ 도덕의 경제성에 대한 우선정책 ① 경제적 합리성과 '사회적 연대성'의 관점에서 해석되는 도덕규범이 충돌할 때에는 도덕규범을 앞세워야 한다. 즉, 그런 도덕규범의 관철을 위해 법은 그 규범의 의무부담자에게 경제적 행동의 합리성을 외면하고, '비경제적인' 행동을 할 것을 요구한다. 예를 들어 직계혈족 간이나 배우자 및 생계를 같이 하는 친족 간에는 자기의 자력 또는 근로에 의하여 생활을 유지할 수 없는 경우에 그를 부양할 의무를 진다(민법 제975조). ② 국가나 지방자치단체는 국민경제적 관점에서는 비경제적인 투자이지만 "생활이 어려운 사람에게 필요한 급여를 실시하여 이들의 최저생활을 보장하고 자활을" 도와야 한다(예: 「국민기초생활보장법 제1조). 이는 국민이나 주민에게 비경제적인 재정지출을 요구하는 셈이다. ③ 법은 윤리규범에 위반되는 행동을 경제적 합리성만을 이유로 하여 정당화시키지 않는다. 예를 들어 법은 사람의 궁박한 상태를 이용하여 폭리를 취하는 것을 금지하며(형법 제349조), 이미 널리 인식된 타인의 상표와 혼동을 일으키게 하는 상표를 사용하는 것과 같은 부정경쟁행위를 금지한다(「부정경쟁방지 및 영업비밀보호에 관한 법률」 제2조 제1호, 가.). ④ 정책의 선택에서도 법은 형사사법의 정의를 위해 사회적 총비용의 증가를 감수하기도 한다. 예컨대 범죄를 감소시키려면 범죄인의 체포와 유죄판결

의 확률이 높고 형량이 무거워야 한다. 그런데 많은 형사정책연구들에 의하면 체포의 확률을 높이는 것이 형량의 증가보다는 범죄의 감소에 더욱 효과적인 반면, 비용은 더 많이 든다고 한다. 이런 전제에서 보면 경제적으로는 체포확률을 높이는 인적, 물적 자원의 확충보다 손쉬운 방법인 형량의 상향조정이 추천된다. 그러나 형벌의 과잉을 피해야 하기 때문에 법은 체포확률을 높이는 인적· 물적 자원의 증가 정책을 좇아야 한다.

(나) 도덕과 경제성의 장기적 조화 물론 여기서 어떤 도덕, 특히 어떤 윤리적 요청을 어떤 경제적 합리성보다 우선 시켜야 하는지는 분명하지 않다. 그 답은 문제마다 다양하다. 결국 이 문제는 광범위한 비판과 토론의 과정에서 그때그때 도출될 수 있는 합의에 의해서만 결정될 수 있을 뿐이다.

그러나 여기서 중요한 점은 이들 경우에 있어 법이 경제적 합리성을 포기하는 것은 단지 단기적인 관점에서라는 점이다. 장기적으로 보면 그런 경우에 법이 경제적 합리성을 포기하지 않으면 오히려 더 비경제적인 결과가 초래될 수 있다. 예컨대 가족 간 보호를 외면하면 가족공동체의 해체와 그에 따른 사회복지적 부양비용의 증가가 초래되고, 최저생계비마저 보장하지 않으면, 사회불안이 급증하고, 사회적 통합이 위태로워져 이를 수습하기 위한 정치 · 경제적 비용이 엄청나게 커질 것이며, 체포와 처벌의 확실성이 뒷받침 안 된 상태에서 형량의 인플레는 형법의 무력화를 초래해, 치안비용을 오히려 대폭 증가시킬 수도 있기 때문이다. 그러므로 이런 유형의 법들도 정의와 경제성을 장기적인 안목에서 통합시키고 있는 것이라 할 수 있다.

2. 법과 시장

법은 또한 개인들이 경제적 행동을 하는 공간, 즉 재화의 공급과 수요가 만나는 장소이자 공급자와 수요자가 재화와 돈을 교환하는 장소인 시장에 대하여도 일정한 관계를 유지한다.

(1) 시장의 전제조건 보장

첫째, 민주적 법치국가의 자유주의 전통은 시장이 작동하기 위한 기본전제를 법에 의하여 보장한다. 즉, 법은 모든 시민에게 계약의 자유를 포함한 자유와 사적 재산권을 보장한다. 헌법상의 행복추구권(헌법 제10조), 주거이전의 자유(제14조), 직업의 자유(제15조), 그리고 재산권보장(제23조) 등의 규정은 바로 이를 표현한다. 이런 법제도는 시장이 성립하기 위한 전제조건이면서, 시장에서 거래비용을 축소시키는 기능을 수행한다.

(2) 시장의 조정기능 보호

둘째, 개인들은 자신의 재산을 활용하여 수많은 재화의 공급자나 수요자로서 시장에 자유롭게 경쟁적으로 참여한다. 무수히 많은 공급자와 수요자 사이의 — 중앙기구에 의해 조종을 받지 않는 — 자유로운 교환거래는 결국에는 각자의 경제적 이익을 극대화시켜 주는 선에서 균형을 잡게 되고, 이 균형점에 서지 못하는 공급자나 수요자는 시장에서 낙오된다. 그리고 경쟁력 있는 새로운 공급자나 수요자가 시장에 다시 등장한다. 말하자면 공급과 수요가 끊임없이 균형점을 형성해 가는 지속적인 과정은 수많은 공급자와 수요자의 경제적 행동을 자율적으로 조정하는 것이라고 할 수 있다. 헌법 제119조 제1항은 이런 의미의 경제질서를 "개인과 기업의 경제상의 자유와 창의를 존중함을 기본으로" 삼는 경제질서라고 표현한다.

이러한 시장의 조정기능은 1980년대 말 붕괴한 구소련이나 동유럽 공산국가 그리고 북한의 계획경제체제보다 적어도 경쟁력에 있어 우위를 점한다는 점이 역사적으로 입증되었다.

■ **시장체제와 자본주의 및 사회주의 계획경제의 구별** ① 민주적 법치국가의 자유주의적 전통은 개인의 자유롭고 경쟁적인 교환거래의 체제로서 시장질서를 보호한다. 시장이 자본추구의 질서를 만들고, 모든 사회구성원에 대한 재화공급을 감독하는 책임도 지며, 시장의 조정이 가시적이고, 역동적이어서 《자본주의=시장체제》라는 등식이 성립한다는 오해가 있다. 그러나 시장체제는 자본주의와 동의어가 아니다. 예컨대 중국은 시장체제를 수용하면서도 미국식의 전형적인 자본주의를 따르고 있지 않다. ② 시장체제는 일정한 범위에서는 사회주의적 요소와 결합될 수도 있다. 예를 들어 우리나라 국내시장에서도 자본주의적 요소가 강한 시장(예: 증권시장)이 있는 반면, 사회주의적 요소가 강한 시장(예: 의료시장)이 있기도 하다. 이는 시장체제를 따르면서도 전형적인 자본주의와 사회주의 사이에 넓은 체제이념의 스펙트럼이 존재할 수 있음을 보여준다. ③ 시장체제는 자본주의적이든 사회주의적이든, 사회주의 계획경제와 구별된다. 사회주의 계획경제란 생산수단의 개인소유를 인정하지 않고, 국가의 조정과 계획이 시장의 조정기능을 완전히 대체하는 경제체제이다. 바로 그런 점에서 사회주의적 요소를 수용한 시장체제(사회적 시장경제)와 계획경제는 구분된다. 그러나 국가의 계획경제를 이끄는 (당)관료들은 열악한 정보능력이나 결정능력으로 인하여 생산성을 극대화하는 계획경제를 사실상 수립할 수가 없고, 개인소유권의 부정은 개인의 창의적인 경제활동의 동기를 위축시키며, 자유로운 교환거래의 차단은 (생산)자원사용의 효용을 극대화시킬 수 없게 한다는 근본적인 문제점을 안고 있다.

따라서 법은 특히 이러한 '시장의 조정기능'을 보호하여야 한다. 특히 경제학적으로 시장의 조정기능은 시장이 독점구조가 아니라 경쟁적 구조를 띠고 있을 때 제대로 발휘될 수 있다고 한다. 그렇기 때문에 예를 들어 「독점규제 및 공정거래에 관한 법률」은 특정 사업자의 시장지배적 지위의 남용과 과도한 경제력 집중에 의한 경쟁적 시장구조의 파괴를 방지하고 있다.

(3) 시장결과의 교정

셋째, 시장메커니즘은 노동의 고유한 가치를 충분히 반영하지 못하고, 오로지 수요와 공급의 자율적 균형의 메커니즘에 의해 가치(가격)를 결정하며, 또한 시장의 지배자에게 부를 편중시키는 맹목성이 있다. 그러므로 법은 시장의 조정기능을 절대적으로 보호해서는 안 된다.

(가) 사회적 시장경제　그럼에도 불구하고 시장메커니즘 자체에 메스를 가하는 것은 시장의 조정기능이나 개인의 창의력 유도기능에 손상을 입힌다. 따라서 법은 시장메커니즘은 보호하되 그 '결과'에 대해서만 '배분적 정의'의 관점에서 개입하게 된다. 예를 들면 「국민기초생활보장법」, 「국민연금법」, 「국민건강보험법」, 「장애인복지법」, 「산업재해보상보험법」 등과 같은 법률들은 사회보장제도를 마련하여 사회경제적 약자를 부조한다. 또한 「상속세법 및 증여세법」이나 「소득세법」 등과 같은 법률은 조세제도를 통하여 제한적이나마 부의 재분배를 도모하기도 한다. 그러므로 헌법 제119조 제2항은 "국가는 균형 있는 국민경제의 성장 및 안정과 적정한 소득의 분배를 유지하고…(중략)…경제주체간의 조화를 통한 경제의 민주화를 위하여 경제에 관한 규제와 조정을 할 수 있다"고 규정한다. 이런 시장질서를 흔히 '사회적 시장경제'라고 부른다.

(나) 정부의 실패와 법의 반성적 과제　그러나 법이 시장메커니즘의 결과에 어느 정도로 강하게 개입하여 부의 재분배나 사회적 약

자의 보호를 도모해야 하는지는 광범위한 비판과 토론의 과정에서 결정될 수밖에 없다. 무엇보다도 법에 의한 시장기능의 교정은 시장기능의 중심을 훼손해서는 안 된다. 이는 법이 경제성을 제한할 경우에 요구되는 자기반성의 과제이다. 신용카드사의 업종별, 가맹점(규모)별 차등 수수료율을 두고 영세 자영업자를 사회적 약자로 지정하고, 그들을 보호하기 위해 수수료율을 낮추게 하는 법을 예로 들 수 있다. 수수료율의 차이는 신용력과 담보안정성의 차이, 건당 결제금액의 차이로 인한 건당 수익률의 차이 등에 근거한다. 따라서 배분적 정의를 이유로 수수료율을 획일화하면, 신용카드사들은 이익이 거의 발생하지 않는 영세 자영업자들과의 가맹점 계약을 포기하게 되고, 영세 자영업자들은 현금거래밖에 할 수 없게 되며, 이는 소비자의 불편과 불이익(예: 신용카드 세금공제의 혜택상실)으로 돌아간다. 이를 '정부의 실패'라고 부른다.

■ 시장의 실패와 정부의 실패 ① 시장의 실패란 시장을 "개인과 기업의 경제상의 자유와 창의"(헌법 제119조 제1항)에 맡겨 놓을 경우에 시장 자체가 형성되기 어렵거나(예: 사회간접자본), 시장의 조정기능이 미약하여 사회적 통합을 어렵게 할 만큼 "경제주체간의 조화를 통한 경제의 민주화"(제119조 제2항)가 저해되는 현상을 가리킨다. 이럴 경우 국가와 법은 경제에 관한 "규제와 조정"을 함으로써 "균형 있는 국민경제의 성장 및 안정과 적정한 소득의 분배를 유지"하여야 한다(헌법 제119조 제2항). 예컨대 미국이 의료를 완전히 자유시장에 맡겨 놓은 결과 전국민의 30% 내외가 의료서비스를 제대로 받지 못하는 의료재의 편중분배가 발생했다. 이런 현상은 시장이 형성되지 않은 경우가 아니라 시장의 조정기능이 사회적 통합을 어렵게 할 만큼 미약한 경우에 해당한다. 여기서 의료시장에 대한 국가의 규제와 조정이 요구된다. ② 정부의 실패란 "경제주체간의 조화를 통한 경제의 민주화"를 도모하는 정부의 "규제와 조정"이 시장의 조

> 정기능을 지나치게 마비시켜 "개인과 기업의 경제상의 자유와 창의"(헌법 제119조 제1항)를 지나치게 훼손하고 아울러 정부의 규제와 조정이 목표하는 "균형 있는 국민경제의 성장과 안정"(제119조 제2항)에도 역효과를 가져오는 현상을 말한다. 예컨대 영국의 의료가 완전히 정부의 통제 하에 들어감으로써 의료재의 분배는 공평하게 되었지만 의료경제의 저성장과 의료시장의 비능률로 인해 국민들이 누리는 의료서비스가 오히려 위축되는 현상이 발생하고 있다. 여기서 자유의료시장을 확대하는 정책이 요구된다. ③ 우리나라 의료경제를 두고 자유의료시장주의자들은 정부의 실패를, 반면에 공공의료주의자들은 시장의 실패를 강조한다. 「국민건강보험법」은 일부 영역(예: 성형과 미용, 라식수술 등의 안과 시술 등의 '비급여'영역)을 제외하고는 시장의 실패를 가정하여, 의료재의 평등향유라는 목표를 향해 정부가 의료시장을 규제하고 조정하도록 하고 있다. 따라서 비급여영역에서는 시장의 실패가, 반면에 급여영역에서는 정부의 실패가 문제될 수 있다. 하지만 급여영역에서 영국과 같은 정부의 실패 현상이 발생하고 있는 것은 아니며, 단편적이고 미약한 수준의 정부의 실패 현상이 일어나고 있다. 반면 비급여영역에서는 아직 시장의 실패 현상이 관찰되지는 않고 시장의 능률적 성장(예: 외국인의 성형치료목적 방한 증가)이 진행되고 있다.

이처럼 법의 시장에 대한 교정은 일방적인 것이 아니라 그로 인해 벌어질 비경제성에 대한 반성을 통해 그 한계를 스스로 설정해야 하는 것이 된다. 그럴 때에 비로소 법적 정의와 경제성은 통합된다.

사항색인

ㄴ

ㄷ

ㅅ

ㅇ

저자 약력

서울 출생
중앙중학교 졸업
서울고등학교 졸업
고려대학교 법과대학 졸업(총장상 수상)
고려대학교 대학원 법학과 졸업(법학석사)
독일 프랑크푸르트(Johann Wolfgang Goethe)
대학교 대학원 졸업(Dr. jur.)
고려대학교 법과대학 교수
(現) 고려대학교 법학전문대학원 정교수

[주요경력]
검찰제도개혁위원회 위원
법무부 인권옹호자문단 위원장
법원행정처 국선변호위원회 위원
국가생명윤리심의위원회 위원
보건복지부 보건의료미래위원회 위원
고려대학교 법학연구원 원장
한국법철학회 회장

[대표저서]
의료법강의 제3판, 법문사, 2017
형법강론, 박영사, 2015
예술형법, 법문사, 2014
미술비평과 법, 법문사, 2013
경영과 형법, 법문사, 2011
기초법학 제2판, 법문사, 2008

법학입문[제5판]

2001년 9월 30일 초 판 발행
2006년 1월 5일 제2판 발행
2007년 4월 10일 제3판 발행
2009년 11월 20일 제4판 발행
2025년 9월 25일 제5판 3쇄 발행

검 인
BUM MOON SA

저 자 이 상 돈
발행인 배 효 선
발행처 도서출판 法 文 社
주 소 10881 경기도 파주시 회동길 37-29
등 록 1957년 12월 12일 제 2-76호(윤)
전화 031-955-6500~6, 팩스 031-955-6525
e-mail(영업) : bms@bobmunsa.co.kr
(편집) : edit66@bobmunsa.co.kr
홈페이지 http : //www.bobmunsa.co.kr
조 판 광 암 문 화 사

정가 25,000 원 ISBN 978-89-18-09103-7